POUR UN PACTE ÉCOLOGIQUE

DU MÊME AUTEUR

Tabarly : 45 ans de défi, Paris, Pac, 1976.
Ces enfants qui souffrent, Paris, Pac, 1978.
Chasseurs de pôles, Paris, Albin Michel, 1989.
Les Chemins de traverse, Paris, Lattès, 1989 ; Paris, Pocket, 1990.
États d'âme, Paris, Lattès, 1991 ; Paris, LGF, 1992.
Questions de nature, Paris, Plon, 1995 ; Paris, Pocket, 1996.
À mes risques et plaisirs, Paris, Plon, 1998 ; Paris, Pocket, 2000.
Pour que la Terre reste humaine (avec Robert Barbault et Dominique Bourg), Paris, Seuil, 1999 ; Paris, Seuil, « Points », 2001.
Ushuaïa nature : paradis du bout du monde, Paris, Michel Lafon, 2000.
Planète nature, Paris, Michel Lafon, 2002.
Combien de catastrophes avant d'agir ? (avec le Comité de veille écologique), Paris, Seuil, 2002 ; Paris, Seuil, « Points », 2002.
Ushuaïa nature, vol. 2 : *Voyages au cœur de l'extrême*, Paris, Michel Lafon, 2003.
Le Syndrome du Titanic, Paris, Calmann-Lévy, 2004 ; Paris, LGF, 2004.
Écologuide de A à Z : pour les juniors, Paris, Le Cherche Midi, 2004.
Ushuaïa : le grand album, Paris, Michel Lafon, 2004.
La Terre en partage : éloge de la biodiversité, Paris, La Martinière, 2005.
Graines de possibles. Regards croisés sur l'écologie (avec Pierre Rabhi), Paris, Calmann-Lévy, 2005.

NICOLAS HULOT

POUR UN PACTE ÉCOLOGIQUE

calmann-lévy

ISBN 10 : 2-7021-3742-3
ISBN 13 : 978-2-7021-3742-0

Note explicative sur la fabrication du livre

Le livre que vous avez entre les mains a été imprimé sur du papier CyclusOffset 90 g, papier recyclé à 100 %.

Il est fabriqué à base de pâte issue de vieux papier récupéré après usage, sans apport de pulpe de bois, c'est-à-dire de fibres de bois vierges. Le désencrage est effectué au savon noir et un agent blanchissant non chloré est utilisé, ce qui explique sa teinte très légèrement grisée. L'utilisation d'un papier 100 % recyclé peut entraîner quelques contraintes : suivant la nature du papier utilisé pour confectionner la pâte, qui varie quelque peu selon les arrivages, la teinte et la tenue du papier peuvent subir des variations légères. Quelques imperfections visuelles peuvent donc être observées, témoins caractéristiques de la production naturelle du papier.

Nous comptons sur votre compréhension si vous en rencontrez dans cet exemplaire. Il nous a paru essentiel d'utiliser, pour fabriquer cet ouvrage, une matière et des techniques en cohérence avec son contenu.

L'éditeur.

Que demain soit ce que nous décidons d'en faire, et pas ce que le temps décidera à notre place.

Je tiens à remercier tout particulièrement Jean-Paul Besset, pour son travail de coordination, sans lequel ce livre n'aurait pu voir le jour.

N. H.

LETTRE OUVERTE AU FUTUR PRÉSIDENT DE LA RÉPUBLIQUE

Nous sommes arrivés à un carrefour de crises : un péril écologique et social majeur guette l'humanité à échéance rapide et cette menace amplifie et accélère toutes les tensions à l'œuvre entre les hommes sur la planète. C'est une vérité effarante à dire et à reconnaître. L'irréversible est à notre seuil. Comment l'éviter ? Nous n'avons pas d'autre alternative que d'engager une vaste mutation économique, sociale et culturelle, en nous appuyant sur une mobilisation collective. Je propose qu'elle s'organise autour d'un « pacte écologique ». Un nouveau contrat pour une nouvelle donne.

Le moment est donc venu d'abattre vos cartes, mesdames et messieurs les candidats à la présidence de la République. Le temps de l'information, du débat, des controverses est révolu. Le temps est à l'action ! Tergiverser encore, ce serait s'obstiner dans le refus du réel, prolonger l'impuissance. Il faut sortir de l'hypocrisie. C'est l'heure de vérité, le temps de la cohérence. Vous devez affronter ce rendez-vous critique. Soit vous rejoignez le camp des cyniques, version Bush, et vous laissez la situation se dégrader encore, en vous accommodant d'illusions. Soit, au contraire, vous faites preuve de lucidité et de courage, c'est-à-dire d'une volonté sans faille, et, dans tous les domaines de l'action publique, vous faites de l'impératif écologique votre priorité pour interrompre la trajectoire folle d'une société en surrégime, pour parvenir à équilibrer bien-être et milieu de vie et pour éviter les drames sociaux qui se profilent.

L'épreuve du feu

Dans cette situation, une question s'impose : avec les citoyens qui partagent notre conviction, je vous demande, mesdames et messieurs les candidats, avec quels moyens allez-vous faire face à une crise qui, brusquement, nous fait changer de niveau dans l'échelle des problèmes de l'humanité ? Comment répondrez-vous aux multiples défis du changement climatique, de la crise énergétique, de l'extinction des espèces, de l'épuisement des ressources, de la raréfaction et de la contamination de l'eau potable, des pollutions chimiques, des maladies émergentes... et de leurs conséquences en termes de modes de production, de consommation, d'emploi, d'alimentation, de santé, de solidarité, de finances publiques, de fiscalité, d'urbanisation, d'aménagement du territoire, de transport, de logement, d'éducation, de fonctionnement démocratique, de recherche scientifique, d'immigration, d'aide aux pays du Sud ? Quel contenu allez-vous donner à votre politique pour que l'écologie, l'environnement, le développement durable, peu importe les intitulés, deviennent la base des choix économiques et sociaux, le déterminant majeur des politiques publiques, l'instrument privilégié de la régulation ? Comment allez-vous faire de l'impératif écologique le noyau dur du contrat collectif entre les hommes et les femmes de ce pays ?

Au moment où elle s'apprête à exercer un choix politique majeur en désignant un nouveau président de la République, la France a rendez-vous avec son avenir. Un vrai rendez-vous critique. Répondrez-vous présent, madame ou monsieur le futur président ?

Nous avons encore quelques atouts en main. Attention, nous ne les garderons pas longtemps ! C'est maintenant que tout se joue. C'est l'épreuve du feu. Il nous reste, selon les scientifiques, un petit créneau. Si nous voulons nous atteler à notre reprise en main avant qu'il ne soit trop tard, sans attendre je ne sais quel miracle technologique qui se produirait au cours des prochaines décennies, nous devons saisir cette étroite fenêtre d'opportunité. Ou bien les sociétés humaines décident d'entreprendre sérieusement la mutation à laquelle l'histoire les contraint, ou bien elles laissent au temps la liberté de leur dicter ce qui va changer et de leur imposer un monde implacable dans lequel elles devront survivre. L'avenir, notre avenir à tous, dépend de ce choix. Il aura le visage que le temps décidera de lui donner ou celui que les êtres humains, en conscience, choisiront de construire.

L'humanité dans l'éprouvette

Cela fait trente ans environ que la crise écologique est apparue au grand jour. Il aura fallu tout ce temps, en France comme ailleurs, pour que l'information sur sa gravité se diffuse dans l'ensemble des strates de la société. C'est désormais un fait scientifique central : l'espèce humaine risque une déstabilisation majeure car sa santé et ses activités dépendent du bon fonctionnement des écosystèmes et de ressources en abondance. Une telle phase était-elle nécessaire pour prendre en compte un phénomène aussi inédit et brutal ? Nous avons en tout cas perdu beaucoup de temps, sans doute parce que nous ne voulions pas y croire, ni renoncer à nos mirages, d'autant plus que la communauté scientifique tardait à venir étayer et conforter ce qui n'était, au début, qu'un faisceau de présomptions. Ces années perdues sont évidemment préjudiciables car, depuis, les phénomènes destructeurs se sont accélérés. La gravité de la crise globale s'est amplifiée, au point que certaines accusations traditionnelles de catastrophisme qui étaient proférées à l'encontre des écologistes passent désormais pour des débats éculés.

Au moins, maintenant, les choses sont claires : le temps du doute, du scepticisme et des polémiques est révolu. Aujourd'hui, nous savons, même si pour certains encore savoir n'est pas croire. La seule incertitude réside dans notre volonté et notre capacité d'agir. À vous de la lever, madame ou monsieur le futur président de la République, et cela dès le premier jour de votre élection. L'impératif écologique est devenu votre devoir le plus urgent et le plus décisif.

Depuis trente ans, le scénario se précise et le risque grandit. D'année en année, quasiment de jour en jour. J'ai tellement fait le tour de notre planète que j'ai en tête sa petitesse et sa vulnérabilité. Je ressens charnellement la fragilité des écosystèmes et l'imbrication de la communauté de destin entre les êtres humains, qu'ils soient chinois, peuls, amérindiens, aborigènes ou français. Chaque fois que la beauté naturelle est menacée de destruction, c'est pour moi comme si le sort de l'homme et sa dignité étaient en jeu. Mais il n'est plus besoin, je crois, de parcourir la terre des hommes pour s'apercevoir qu'elle est traumatisée. Aujourd'hui, cette réalité crève les yeux et chacun peut s'en pénétrer. D'hypothétique, le risque est devenu avéré. J'entends bien qu'on véhicule encore, ici et là, de sempiternels arguments fatalistes ou sceptiques auxquels les réponses scientifiques dénient pourtant toute pertinence. Oui, il y a toujours eu des cycles climatiques ou des mouvements d'extinction des espèces, mais jamais dans une échelle de temps aussi réduite qui va prendre tout le monde de court. Nous sommes entrés dans une expérience planétaire grandeur nature et c'est l'humanité qui se retrouve dans l'éprouvette. Tous les climatologues s'accordent pour estimer que, désormais, le climat est susceptible d'être soumis à de brusques effets d'emballements qui conduiraient au chaos. Il en est malheureusement des changements climatiques comme des autres maux de la planète. Ils ne se développent pas progressivement mais de manière quasi exponentielle, même si leurs multiples effets ne se voient pas encore dans toute leur ampleur.

Il faut vous en convaincre définitivement, madame ou monsieur le prochain président de la République : toutes les expertises dans toutes les disciplines vont dans le même sens, toutes les structures d'évaluation scientifiques dont la communauté internationale s'est dotée depuis de nombreuses années sonnent l'alarme et font état, chaque jour, de connaissances plus inquiétantes que la veille. Quelles que soient vos options politiques par ailleurs, vos croyances ou vos convictions, vous n'échapperez pas à la confrontation avec ce réel-là. Il est abrupt mais sans échappatoire.

L'âge d'or, c'est fini !

La crise ou, plus exactement, les crises multiformes et interdépendantes de la machine du vivant se font de plus en plus prégnantes. Leurs menaces se rapprochent de l'humain. La tragédie est-elle pour autant programmée ? Personne, moi pas plus que quiconque, n'est capable de dire si nous avons déjà franchi le seuil de l'irréversible. On sait néanmoins que demain, quand bien même nous arrêterions la croissance des émissions de gaz à effet de serre, le phénomène lié à la part anthropique du réchauffement climatique continuerait à opérer pendant des décennies, voire des siècles ou des millénaires, au prix de bouleversements naturels et sociaux considérables. Dans le domaine de la biodiversité, chaque disparition d'espèce constitue un préjudice inestimable pour l'humanité – selon les meilleurs spécialistes mondiaux qui ont lancé le 20 juillet 2006 un véritable cri de détresse, 12 % de toutes les espèces d'oiseaux, 23 % des mammifères, 25 % des conifères et 32 % des amphibiens sont actuellement menacés de disparition. C'est comme si nous abandonnions notre réservoir de secours. Les Nations unies ont récemment publié un volumineux rapport auquel plus d'un millier de scientifiques ont travaillé, le Millennium Ecosystem Assessment, qui établit que 60 % des services vitaux que les écosystèmes fournissent à l'humanité sont dégradés ou exploités de manière non rationnelle. La fin de l'âge d'or du pétrole et du gaz bon marché se précise : en 2004, les découvertes de pétrole n'ont pas représenté plus du quart de la consommation. La fertilité des sols s'affaiblit : six fois au cours des sept dernières années, la production céréalière mondiale a été inférieure à la consommation et il a fallu puiser dans des stocks qui reculent. L'air, l'eau, les sols et par la suite l'agriculture et les aliments héritent de molécules chimiques inédites susceptibles d'induire des cancers, des malformations ou des stérilités. On peut encore citer la baisse des ressources halieutiques, la raréfaction de l'eau douce dans quelques-uns des pays les plus peuplés, l'abaissement du niveau des nappes phréatiques, la montée de celui des mers, l'acidification des océans, le casse-tête du traitement des déchets, la disparition des forêts primaires... On apprend même aujourd'hui, par la rubrique des faits divers des journaux, que des bandes s'organisent pour dérober des métaux aussi banals que le cuivre ou le zinc parce que ceux-ci se font rares et deviennent donc précieux.

Tout indique que nous nous trouvons à la croisée des chemins. L'ère de l'abondance va se terminer. Celle de la rareté des ressources naturelles s'annonce. Un pas de plus dans la mauvaise direction, et l'irréparable peut se produire.

Une seule priorité SVP

Nous sommes à la fois responsables et victimes. Responsables des avancées du progrès et victimes de ses conséquences perverses. En voulant améliorer la condition humaine, l'humanité n'a pas pensé à mal au départ. Elle s'est même fait beaucoup de bien. Mais en se confondant avec la maximisation de la croissance matérielle, le progrès débouche sur un terrible malentendu. Voilà que, par absence de contrôle, par goût de l'excès, par emballement dans la démesure – le PIB mondial a été multiplié par sept en un demi-siècle ! –, les hommes se retrouvent beaucoup plus nombreux à consommer, à polluer, à peser infiniment plus sur le milieu de vie et les biens communs, avec des moyens techniques et productifs surpuissants. Cette croissance, de tous points de vue, n'est pas tenable. Nous vivons dans un espace limité. Comme d'anciennes civilisations, nous détruisons notre environnement à force d'en transgresser les limites. Jusqu'à la catastrophe ?

Parvenus à ce moment de l'histoire, nous pouvons légitimement être saisis d'angoisse. L'humanité a touché à quelque chose de phénoménal, qui n'est pas de l'ordre de l'humain mais de celui des grands équilibres naturels, notamment en ce qui concerne le climat. Quelque chose qui désormais la dépasse et lui échappe. D'une certaine façon, on est tenté de dire que la modernité a profané la sphère du sacré en outrepassant les limites imparties à l'humanité.

L'équation écologique vient s'ajouter à celles auxquelles l'humanité est confrontée, du brassage culturel à la mondialisation économique. Sauf que cette équation-là nous plonge dans une situation incomparablement plus tendue. Les conditions de vie à venir de l'humanité tout entière en dépendent. Il n'est plus excessif de penser que sa longévité, en tant qu'espèce, n'est plus garantie ! Madame ou monsieur le futur président de la République, l'impératif écologique n'est pas une priorité, c'est *la* priorité !

L'humanité qui se gave et l'humanité qui souffre

Dans quel contexte géopolitique les conséquences du changement climatique, celles de la raréfaction des hydrocarbures, de l'amenuisement des ressources et de la pénurie d'eau douce, ou encore celles liées à l'érosion de la biodiversité, vont-elles s'inscrire ? Le choc nous est promis à un moment où l'incertitude, les déséquilibres, les inégalités s'aggravent sur la planète. Dans les pays occidentaux, nous vivons avec le sentiment d'une paix relative, mais il ne s'agit que d'une illusion. Je peux en témoigner : quand on parcourt le monde, on s'aperçoit que les tensions s'accroissent et que les foyers de conflits potentiels sont immenses. Les raisons alimentaires, économiques, culturelles, idéologiques, religieuses ou historiques qui poussent à l'« ensauvagement » des populations, selon l'expression de la chercheuse Thérèse Delpech, deviennent de plus en plus nombreuses. L'humanité s'est scindée en deux mondes qui ne se comprennent plus. D'un côté se trouvent ceux qui ont tiré leur épingle du jeu et qui, dans un excès de frénésie consommatrice, n'ont plus d'autre repère que celui de posséder pour exister. De l'autre côté, il y a les damnés de la terre pour qui la difficulté se présente dès qu'ils commencent à respirer, et qui constituent la majorité de la population mondiale, l'immense famille des sans-espoir dont on continue, quoi qu'on en dise, à piller les ressources, qui subit les conséquences de nos activités, notamment les plus polluantes, et dont on a laminé les cultures – préjudice énorme ! – au profit d'une homogénéisation qui ne laisse, le plus souvent, que le vide du désarroi. Cette humanité souffre et n'en voit pas la fin.

Par le truchement de l'extension des moyens de communication et au contact de nuées de touristes au comportement parfois scandaleusement exhibitionniste, ces populations peuvent constater de visu les écarts et les disparités qui les séparent de celles qui s'en sortent et qui se « vautrent » dans l'outrance. Les frustrations sont gigantesques. La diffusion des images d'une opulence indécente exacerbe un profond sentiment d'injustice chez ceux qui parviennent à peine à se nourrir. Ils se sentent, non sans raison, exclus du festin. La communication planétaire qui devait rapprocher les hommes cristallise au contraire des rancœurs, qui ont tôt fait de se transformer en haine. Il faut le comprendre à défaut de l'approuver : dans ces conditions, la tentation est forte de céder aux sirènes d'un fondamentalisme religieux, d'un nationalisme exacerbé, d'un irrédentisme irrationnel. Ou de tout faire pour rejoindre les pays du Nord assimilés à la terre promise. Les voilà donc parmi nous, ceux dont parle si bien Octavio Paz à propos des migrants sud-américains, « ces gens de la périphérie, habitants des faubourgs de l'histoire [...], ces commensaux non invités, passés par l'entrée de service de l'Occident, ces intrus qui arrivent au spectacle de la modernité au moment où les lumières vont s'éteindre[1] ». Il faudra faire avec.

1. Octavio Paz, *Le Labyrinthe de la solitude,* Paris, Gallimard, 1990.

Or, en Occident, nous continuons de raisonner en vase clos, à l'intérieur de frontières dont on refuse d'admettre qu'elles sont d'ores et déjà obsolètes. Il n'y a plus de centre ni de périphérie, il n'y a plus qu'une seule humanité sur une seule planète, soumise aux mêmes contraintes. Rien dans le contexte actuel ne nous permettra de réguler pacifiquement et raisonnablement les flux migratoires tant que nous nous accommoderons du fait qu'une poignée d'individus concentre entre ses mains des fortunes équivalentes aux revenus de centaines de millions de pauvres gens, tant que nous nous contenterons d'habiller notre hypocrisie d'un peu d'humanitaire pour oublier que des millions d'enfants meurent alors que les médicaments existent pour les soigner, tant que nous n'aiderons pas ces populations à trouver de bonnes raisons de se fixer sur leur territoire, pour qu'elles puissent vivre dignement chez elles au lieu de tenter désespérément d'y survivre ou d'y échapper. Ne suffirait-il pas de prendre un peu ici pour investir ce qui représenterait, là-bas, quelque chose d'énorme ?

Le couvercle sur la marmite

Soyons clairs sur l'état du monde que vous allez participer à gérer, madame ou monsieur le futur président de la République. Il est très malade et le plus grave reste à venir. Les bouleversements catastrophiques liés au changement climatique ou aux pénuries de ressources (la liste des dégâts est longue : appauvrissement des sols, extinction d'espèces, contamination des eaux, raréfaction énergétique, baisse des ressources halieutiques, ralentissement de la croissance des rendements agricoles, inondations, sécheresses, canicules, incendies, famines, tempêtes, cyclones, montée des eaux dans les deltas et sur les littoraux, désertification, déforestation, épidémies, exodes, « bidonvillisation » sauvage, déculturation massive, encouragement aux économies mafieuses...) frappent prioritairement cette part misérable d'humanité à laquelle, rappelons-le, se rattache le plus grand nombre des habitants de cette planète et qui, d'ici une ou deux générations, en constituera plus des trois quarts. S'il fallait retenir une raison pour changer la trajectoire que l'humanité a empruntée, elle serait là, dans cette souffrance intolérable, ce drame absolu et honteux qui est entré dans la banalité de notre quotidien télévisuel.

Il y a une autre raison d'agir, madame ou monsieur le prochain président de la République. Vous la trouverez cette fois dans le principe de réalité : l'ensemble des facteurs de la crise écologique se conjugue pour concourir à une insécurité généralisée, à coups de migrations massives, de déstabilisations régionales, de sacrifices de populations ou de catégories professionnelles, de fragilisation économique, de chômage forcé, de conflits pour l'accès aux ressources et d'épidémies émergentes. La crise écologique amplifie les crises latentes de l'humanité et elle va en générer de nouvelles. C'est donc bien sur elle qu'il faut agir en priorité. Rien ne serait pire, mesdames et messieurs les candidats, que de continuer à se chamailler sur des questions annexes en laissant bouillir la marmite avec le couvercle dessus.

Quant à ceux qui nous prédisent que le génie scientifique et technologique nous tirera de ce mauvais pas, ils ont raison et ils ont tort à la fois. Nous avons besoin du jaillissement de la créativité et de l'inventivité humaine pour aider l'humanité à conjuguer ses impératifs écologiques et sociaux mais, simultanément, c'est à la révision comportementale et sociétale de nos civilisations qu'il faut s'attacher. L'un ne permettra pas de faire l'économie de l'autre. N'imaginons pas une seule seconde qu'à l'horizon de plusieurs générations nous soyons capables de régler la machine climatique ou de compenser la perte d'espèces indispensables à l'équilibre de la vie sur la planète. Miser sur le génie humain, oui, assurément, s'il s'attache à résoudre l'équation de l'impossible à laquelle nous sommes confrontés, plutôt que de laisser la recherche scientifique et les technologies se développer dans la confusion et la dispersion, avec pour seule feuille de route notre immense avidité, notre terrible aveuglement ou, comme le dit Hubert Reeves, notre « fol enivrement[1] ».

D'abord et avant tout, la société doit faire son autocritique et s'interroger sur son mode de développement. En même temps, chacun, quelle que soit la place qu'il occupe dans la société, doit prendre rendez-vous avec lui-même, une confrontation en conscience, afin de questionner le sens de son itinéraire, la dynamique de ses activités et, au bout du compte, sa finalité de vie.

Ouvrez les yeux !

La première chose dont nous avons besoin, madame ou monsieur le prochain président de la République, c'est de lucidité. Si l'on ajoute à la pénurie programmée de l'eau, de l'humus des sols, des poissons ou du pétrole, la propension « naturelle » de l'humanité aux conflits, comment ne pas redouter qu'apparaissent, dans un délai très bref, de « bonnes » raisons d'affrontements qui se dérouleraient à une échelle sans précédent ? Nos civilisations peuvent voler en éclats, emportées dans le choc, avec tout ce qui tisse nos codes moraux de bonne conduite. Je ne crois pas à la durabilité de notre éthique et de nos valeurs en période de paroxysme des conflits ou des tragédies. Nous ne sommes qu'en partie civilisés.

Regardons ce qui s'est passé à La Nouvelle-Orléans après le passage du cyclone Katrina. Comment les états d'âme ont été mis de côté, combien la réactivité s'est modifiée et de quelle façon la sélectivité des secours s'est opérée parce que le drame touchait des populations qui ne soulevaient pas les mêmes sentiments d'indignation… Si La Nouvelle-Orléans avait été habitée par une population à dominante blanche et riche plutôt que noire et pauvre, avec un mode de vie

1. Hubert Reeves, *L'Heure de s'enivrer. L'Univers a-t-il un sens ?*, Paris, Seuil, 1986.

identique à celui de la Floride, je ne doute pas qu'aux États-Unis et dans la communauté occidentale la réaction compassionnelle eût été totalement différente. Aujourd'hui, l'essentiel des malheurs touche les plus démunis mais, à un moment ou à un autre, les nantis vont être affectés. Nous risquons une implosion générale. Tous les facteurs concordent.

Trois attitudes sont alors possibles, mesdames et messieurs les candidats. L'état de sidération d'abord, tel que je le constate régulièrement chez les décideurs politiques, et qui revient à dire que l'analyse est exacte mais que tout cela est trop énorme, que les solutions impliqueraient trop de sacrifices économiques et de risques sociaux, et qu'il vaut mieux laisser le problème dormir dans l'arrière-boutique tant que l'opinion ne sera pas prête. Autant dire l'immobilisme. Le déni ensuite, c'est-à-dire une obstination à refuser de croire à ce qui est, une posture de moins en moins partagée tant l'évidence est aveuglante, mais qui résiste encore fortement, adossée aux multiples intérêts particuliers. Enfin, une attitude que de plus en plus de groupes, d'associations, d'individus s'efforcent de faire émerger et que nous vous demandons d'inscrire en tête de vos préoccupations, mesdames et messieurs les candidats, qui consiste à prendre acte du changement de cap auquel, de gré ou de force, nous sommes assignés et d'en tirer les conséquences dans le sens d'une mutation organisationnelle et comportementale de nos sociétés.

Je comprends bien que dans un monde frappé par le chômage, la précarité, les exclusions, avec des difficultés matérielles qui s'accumulent pour de larges franges de la population, évoquer en priorité la crise écologique et ajouter une angoisse d'un autre ordre peut paraître presque indécent. Pour moi, je le dis en conscience, la vraie indécence serait de se taire. Si, madame ou monsieur le futur président de la République, vous préférez cacher la dimension des enjeux plutôt que de les affronter, ne vous y trompez pas : tous les autres problèmes que connaît notre société, à commencer par ses souffrances sociales, se trouveront aggravés et s'avéreront de moins en moins gérables. Comme le disait Sainte-Beuve, nous sommes condamnés à faire mieux avec moins.

Mobilisation contre l'ennemi de l'intérieur

Il y a eu le temps de l'information, puis celui de la prise de conscience. Nous abordons maintenant une période qui nous fait entrer dans un face-à-face dramatique avec ce que j'appellerai l'effet de seuil, ce niveau à partir duquel les crises risquent de se conjuguer et de s'emballer. Éviterons-nous la spirale infernale ou nous attirera-t-elle vers le bas ? La réponse n'appartient qu'à nous. Nous sommes sommés de passer au temps de l'action. Que faut-il faire, peut-on le faire, va-t-on le faire ? C'est tout le débat qu'il vous appartient de mener, mesdames et messieurs les candidats. Il est en tout cas exclu d'en reprendre pour trente ans d'hésitations et de demi-mesures, de continuer à se payer de mots non suivis d'effets. La situation ne nous accordera pas ce délai. La complexité, la gravité et l'imminence des enjeux obligent à décréter un état d'urgence planétaire et, pour ce qui concerne la France, une mobilisation nationale.

Mobilisation ! J'emploie ce terme à dessein, dans son sens guerrier, même si cette guerre est d'un type particulier puisqu'elle est dirigée contre nous-mêmes. « L'ennemi » ne vient pas de l'extérieur, il siège à l'intérieur de notre système et de nos consciences. L'impératif écologique ne sera pas relevé en faisant l'impasse sur cette double dimension, collective et individuelle, en sous-traitant le problème aux scientifiques, aux politiques ou aux industriels. Tout le monde doit s'engager dans la même direction, nous avons besoin que chacun, là où il est, participe au changement. De la même manière que personne n'est immunisé contre la crise, personne ne peut se sentir dédouané de ce combat. Il va falloir faire surgir partout des alternatives qui dresseront un nouveau paradigme civilisationnel. Lequel ? Je le reconnais, c'est extraordinairement complexe, d'autant plus que l'urgence commande, qu'il nous faut faire très vite. Mais, par la politique que vous mettrez en œuvre, dès les premiers signaux que vous enverrez une fois élu à l'Élysée, c'est ce mouvement que vous devez encourager, madame ou monsieur le prochain président de la République.

Couper des têtes ?

Si, dans un monde aussi fragmenté, divisé et porté à la guerre des clans, le péril écologique ne fournit pas l'occasion de s'unir, rien d'autre ne le fera. Quel autre choix serait possible ? Si l'un ou l'autre d'entre vous, mesdames et messieurs les candidats, pense être seul détenteur, avec son parti et ses experts, de solutions susceptibles de relever le défi au niveau où il est posé, il se trompe et il trompe l'opinion. L'impératif écologique sonne le glas des deux grands systèmes économico-politiques qui se sont partagé le monde, l'ultralibéralisme et le collectivisme, lesquels ont d'ailleurs pris ces derniers temps du plomb dans l'aile. Aucun des deux n'est efficient par rapport aux enjeux du présent et ne s'avère capable de traduire le développement durable en programme politique. Au contraire. Chacun amplifie la crise en communiant dans les mêmes illusions. N'est-ce pas parce qu'ils ont le même angle mort dans leur champ de vision ?

Il ne s'agit pas de nier les clivages qui existent dans nos sociétés, en particulier entre la droite et la gauche. Ils font partie de notre histoire, de notre culture, ils sont inévitables et je dirais même qu'ils sont positifs quand ils favorisent un bouillonnement démocratique. Les questions doivent cependant être placées dans le bon ordre, c'est-à-dire dans l'ordre de leur importance relative. Aujourd'hui, le défi écologique détermine tout le reste. Il se situe sur une échelle de gravité sans comparaison avec les autres dilemmes qui agitent nos sociétés. Dire cela, admettre cette hiérarchie, ce n'est pas faire preuve de posture idéologique ou de lubie. C'est tirer les conséquences de ce que la science affirme. C'est se montrer cohérent. La crise écologique, parce qu'elle est inédite et d'une ampleur inégalée, pose des questions et suggère des réponses qui vont au-delà des positionnements hérités de l'histoire.

L'impératif écologique ne se présente donc pas comme un clivage supplémentaire. C'est, au vrai sens du terme, une question d'intérêt général. Et quel intérêt, puisque la vie de chacun est en jeu ! Le paysage politique qu'il dessine est par conséquent radicalement différent de ceux auxquels nous sommes habitués. Il suppose une confluence d'intérêts plutôt qu'un conflit d'intérêts. La crise des écosystèmes et le déséquilibre des cycles naturels ne trouveront pas d'issue dans le triomphe de l'intérêt des uns sur celui des autres, même si les inégalités de situation obligeront à des contributions différenciées à l'échelle des catégories sociales, même si certains sont moins blancs que d'autres. Couper des têtes, fabriquer des boucs émissaires ne serviraient à rien. C'est une stratégie fédératrice dont nous avons besoin d'urgence. Les hommes et les femmes de bonne volonté doivent pouvoir se rassembler sur l'essentiel, sans qu'il soit exigé de quiconque un laissez-passer idéologique.

Montrons l'exemple

Un autre système doit donc émerger autour du concept de développement durable et de son énoncé basique : conjuguer les impératifs d'aujourd'hui avec les nécessités de demain, et la solidarité entre les générations d'aujourd'hui et ceux qui vont nous suivre, à commencer par nos propres enfants. Ce nouveau système n'existe pas, il n'est même pas latent. Comment, par exemple, faire bénéficier la population d'une croissance en termes de bien-être social tout en engageant simultanément une décroissance matérielle en ce qui concerne les flux de matière et d'énergie ? Comment garantir les grands équilibres naturels et les écosystèmes dont notre avenir dépend sans ruiner l'économie sur laquelle reposent nos sociétés ? Comment concilier le développement légitime des pays du Sud avec la raréfaction des ressources ? On voit bien la complexité de telles équations, perçues comme contradictoires aujourd'hui, on comprend bien qu'elles ne se résoudront pas par de petits ajustements imposés du haut vers le bas. Nous n'y parviendrons, progressivement, que si toute la société partage le même objectif et si chacun prend sa part du fardeau.

La responsabilisation de tous est donc requise, même si les efforts ne peuvent pas être identiques pour chacun. Le niveau d'aisance matérielle des uns et des autres, des peuples comme des individus, de même que leur impact sur la dégradation de la situation, ne sont pas comparables. La Sierra Leone ne peut évidemment pas appliquer les mêmes critères que les États-Unis ou la France. C'est d'abord aux pays riches d'accomplir les gestes décisifs, chez eux, de s'appliquer les contraintes et de fournir aux autres les moyens de faire face, notamment en matière de transfert des procédés de fabrication et d'économie d'énergie. C'est à nous d'aider les pays émergents pour qu'ils évitent d'emprunter la même voie suicidaire que la nôtre. Contrairement à ce qu'on nous fait croire, le modèle occidental de croissance appliqué à la Chine et à l'Inde envoie ces pays-continents à la catastrophe, aussi bien pour eux-mêmes que pour le reste du monde. Nos capacités financières et techniques nous permettent de montrer l'exemple en construisant, à l'échelle européenne, des sociétés écologiquement viables. Alors qu'attendons-nous ? Montrons l'exemple !

Riches et pollueurs

J'entends parfois dire que l'impératif écologique est un luxe de nantis, un souci de pays riche. Non, c'est un *devoir* de pays riche ! Car ce sont les pays développés qui se trouvent à la source des désordres écologiques, en particulier climatiques, et ce sont les plus pauvres qui en deviennent les victimes, à cause de la montée des eaux dans les deltas, à cause de l'assèchement des fleuves, à cause de la désertification des sols, à cause des tempêtes, etc. Quand la nature se rebelle, tout le monde n'est pas exposé de la même manière. Aux pollueurs d'être les payeurs !

De la même façon, au sein des sociétés d'opulence, les politiques qui doivent être engagées et qui peuvent se révéler difficiles, comme par exemple le renchérissement de l'énergie fossile par l'instauration d'une taxe carbone, devront intégrer des mesures de compensation et d'accompagnement en direction des catégories sociales les plus fragiles. Les principes de solidarité et d'équité restent plus que jamais intangibles en période de crise, et il faudra aider aux inévitables reconversions industrielles, agricoles, professionnelles, territoriales. C'est le rôle de l'État de faire en sorte que chacun contribue selon ses possibilités à la mobilisation nationale, que certains ne « payent » pas proportionnellement plus que d'autres et que personne ne soit abandonné sur le bord du chemin. Mais, encore une fois, ne nous leurrons pas : si les industriels, les transporteurs routiers, les agriculteurs, les pêcheurs ou qui sais-je encore considèrent que leur catégorie socioprofessionnelle les exonère de l'effort collectif parce qu'elle présente ses propres difficultés, nous n'arriverons à rien. La fuite en avant continuera et ces catégories se condamneront elles-mêmes, avec la disparition progressive des ressources qui les rendaient possibles, pétrole à bas prix, subventions agricoles et pesticides à gogo, poissons abondants. La somme des intérêts particuliers ne fait pas l'intérêt général.

Admettre la priorité de l'impératif écologique ne revient pas à ignorer les enjeux sociaux et les inégalités mondiales. C'est au contraire les prendre fondamentalement en compte afin d'épargner une crise supplémentaire qui les aggraverait. Qui le dira ? Dans le grand vacarme de la communication, de la mise en scène, des postures médiatiques et des faux-semblants, pourrez-vous encore entendre le murmure de la raison ?

Signez un pacte écologique !

La première décision à prendre, madame ou monsieur le futur président de la République, c'est d'acter ensemble la nécessité d'une mobilisation nationale autour du déterminant majeur que représente l'impératif écologique, afin de bien signifier la communauté de destin à laquelle nous sommes rattachés. Affirmez-le solennellement, mesdames et messieurs les candidats : si ce n'est pas la société tout entière qui anticipe et conduit le changement, celui-ci nous sera imposé dans des conditions bien plus difficiles. Et vous, les candidats qui ne serez pas élus, engagez-vous à soutenir publiquement les propositions qui iront dans le bon sens. À situation extraordinaire, politique exceptionnelle : signez un pacte écologique !

L'idée du pacte consiste à dire que l'enjeu écologique du temps présent, parce qu'il est plus que tout autre d'essence collective, parce qu'il détermine l'avenir de tous et celui des générations futures, parce que c'est en quelque sorte la vie qu'il retient en otage, doit conduire à dépasser les différences politiques traditionnelles. Nous sommes habitués à ce que les positions des uns et des autres s'affrontent dans le champ démocratique. Propositions de droite contre propositions de gauche. C'est souvent légitime, parfois un peu mécanique et dérisoire, mais, en tout cas, c'est ainsi que fonctionne la démocratie. Cette fois, le terrain n'est plus le même. Le défi qui est devant nous ne peut s'accommoder de vraies-fausses divisions idéologiques ou d'obscurs appétits de pouvoir. Appliqués à un sujet d'une telle ampleur, au caractère aussi inédit et complexe, dont les échéances sont tellement dramatiques, la petite cuisine des divergences rhétoriques, le train-train de la vie politique nationale, les réflexes partisans sécurisants autour d'une représentation binaire du monde m'apparaissent déplacés, je dirais même coupables et indignes. La crise écologique ne peut plus être un objet de stratégie électorale. C'est, au contraire, une cause commune.

Ni à droite ni à gauche, ni au centre, mais au-dessus

Le pacte écologique n'est ni un accord entre appareils politiques ni un programme commun de gouvernement. Il s'agit d'une adhésion à une problématique qui transcende les querelles partisanes, de l'affirmation d'une volonté collective de faire face à un enjeu vital et de se mettre en mouvement ensemble pour trouver des solutions. Quand l'ennemi vous attaque, vous ne demandez pas à votre voisin s'il est de droite ou de gauche, riche ou pauvre, blanc ou basané. Vous rejoignez ensemble la barricade. Avec le péril écologique, c'est exactement la même chose. Ensuite, dans ce cadre, tous les débats sont légitimes. Que la gauche ou la droite fassent émerger des moyens, des méthodes et des propositions différents pour répondre à l'impératif écologique, qu'il y ait fermentation et pollinisation autour de ces questions, que l'émulation s'empare des esprits pour faire jaillir une nouvelle société, tant mieux !

De ce point de vue, d'ailleurs, on verra sans doute bouger les lignes. Et si quelque chose émerge, ce ne sera ni à droite ni à gauche, ni au centre, mais au-dessus.

On aimerait que les intellectuels alimentent le débat. Le silence de la plupart d'entre eux sur cet enjeu éminemment complexe et décisif laisse pantois. C'est pourtant leur job ! Se montreraient-ils à ce point aveugles pour croire que leur statut d'élite les immunise contre le risque ? Le phénomène est-il si scandaleux à prendre en compte pour qu'il « bouleverse les catégories qui servent encore à juger le monde[1] », comme l'analyse Jean-Pierre Dupuy ? Nous avons un très grand besoin des intellectuels. Au-delà des réformes économiques et sociales, c'est tout un capital de valeurs qu'il faut reconstruire si nous voulons que la société change. Au travail, mesdames et messieurs ! Ne laissez pas les écologistes, et eux seuls, être porteurs à la fois du diagnostic sur le risque, de l'alerte sur les effets, des solutions à mettre en œuvre et des réflexions sur la refondation d'une autre société.

Tous ensemble

D'abord, il s'agit de lancer le mouvement, d'enclencher la dynamique collective et, par conséquent, de rassembler ceux

1. Jean-Pierre Dupuy, *Pour un catastrophisme éclairé. Quand l'impossible est certain,* Paris, Seuil, 2002.

qui, à gauche, à droite ou ailleurs, sont décidés à relever le principal défi du temps présent et à s'engager sur un pacte écologique. Si le péril commun ne provoque pas un processus unitaire dans la sphère politique, si les familles idéologiques se déchirent sur l'impératif écologique comme elles aiment à le faire sur le reste et si elles reproduisent à l'envi des clivages qui n'ont pas lieu d'être sur ce sujet, nous n'emporterons jamais l'adhésion de l'opinion. Psychologiquement, la méfiance dominera. Le doute sera entretenu chez les uns et les autres, qui servira de prétexte au plus grand nombre pour rester en retrait. Cela ne fera que renforcer le sentiment de désenchantement de la France silencieuse, qui se rend de moins en moins aux urnes parce qu'elle se sent dupée par les faux-semblants et les débauches médiatiques. Oui, quitte à passer pour un incorrigible rêveur, j'estime qu'il est indispensable que toutes les familles politiques partagent le même diagnostic, qu'elles l'affirment à l'unisson, le véhiculent ensemble et votent de concert les grandes orientations pour une mutation écologique de notre société, d'autant plus qu'elles seront parfois rugueuses. Sans ce pacte au sommet, la société n'aura pas confiance. Or, sans la société, sans la responsabilisation de tous ses acteurs, rien ne sera possible.

Voilà pourquoi je propose aussi que les gens se manifestent, qu'ils participent à ce débat essentiel, qu'ils puissent faire entendre leur voix. Le pacte écologique est soumis à la signature et à l'adhésion de tous les citoyens. J'invite les individus à s'engager à accompagner la mutation en pratique, dans leur propre existence. En même temps, je les invite à m'aider à interpeller les prétendants au pouvoir, à demander aux politiques de faire de l'impératif écologique la priorité de leur action et, sur cet enjeu-là, à mettre fin aux faux clivages. J'invite chacun à se saisir de cette initiative et à prolonger son message à tous les niveaux de son engagement social ou politique. Chacun pourra ainsi peser dans la démarche et, grâce à mon exposition médiatique, j'essaierai d'être leur interprète. C'est une première étape dans la mobilisation populaire, un premier signe de rassemblement. J'espère que nous pourrons nous compter par centaines de milliers et que nous bousculerons la quiétude de la campagne électorale.

Le pacte écologique, c'est cela : un rassemblement d'union nationale, une nouvelle attitude politique, concentrée sur l'essentiel de l'enjeu, fédératrice des énergies, des esprits, des forces vives, de la créativité, capable d'insuffler un élan populaire. Une synergie débarrassée de pratiques héritées du demi-siècle écoulé, quand, grosso modo, tout allait bien, lorsque le progrès dessinait un avenir radieux, que les caisses étaient pleines et qu'on pouvait se complaire à loisir dans des mythologies réconfortantes ou des faux débats. Il ne s'agit pas d'exiger de quiconque qu'il renie ses idéaux ou ses appartenances. Ni de verser dans un apolitisme béat. Mais de considérer que l'impératif écologique rend obsolètes un certain nombre de clivages et de comportements, qu'il appelle à un panel de solutions qui ne surgiront pas clés en main soit du programme de la droite, soit du programme de la gauche, et qu'il invite expressément à construire des passerelles plutôt qu'à ériger des murs.

La conscience avant la consigne

Il faut pour cela en finir avec les logiques exclusives de parti, cette psychologie de horde où l'individu abdique toute conscience pour privilégier les intérêts de sa boutique. Combien voit-on d'hommes et de femmes politiques, a priori des gens honnêtes, respectables, capables d'écouter et d'échanger des arguments, de peser rationnellement leurs décisions, qui, dès lors qu'ils sont en campagne ou confrontés à l'autre camp, se comportent comme des bêtes féroces, affiliés sans aucun scrupule à leur clan, préférant la consigne à la conscience ? Il faut aussi en finir avec ces pratiques occultes, dites de « cavalier législatif », qui font passer en catimini des amendements favorisant tel ou tel intérêt particulier sans que l'opinion en soit informée. Ou encore avec l'accumulation des textes de loi dont les décrets d'application mettent parfois des années à sortir, voire ne sortent jamais. Ou encore avec cette dérive des mœurs politiques que constitue le cumul des mandats. Ou enfin avec des nominations de ministres qui interviennent parfois en fonction de critères qui n'ont rien à voir avec leurs missions ou leurs qualités politiques, mais seulement à leur affiliation à tel ou tel courant, à leur représentativité géographique, à des rapports de forces internes, que sais-je encore. Des ministres n'avouent-ils pas leur incompétence en privé ? On pourrait en rire si ce n'était si navrant.

Quand nous avons voulu faire adopter la charte constitutionnelle pour l'environnement, j'ai pu constater combien le personnel politique s'est comporté de manière indigne par rapport à sa fonction, tant les arguments qu'il opposa à cette initiative n'avaient rien à voir avec son contenu. Par pure stratégie politique, par réflexe clanique, des députés, à droite comme à gauche, ont tout fait pour torpiller ce qui était une inscription d'intérêt général, plus symbolique que contraignante d'ailleurs. Il en a été de même sur la taxation des billets d'avion promue par Jacques Chirac afin de dégager des ressources supplémentaires pour les pays pauvres, une bonne mesure à mon sens, que j'ai encouragée et qui n'a rencontré aucun enthousiasme, ni à droite ni à gauche. Rien que des ricanements grinçants, des soupirs las, du cynisme glacé. Alors que nous avons cruellement besoin de nouveaux instruments financiers pour lutter contre la pauvreté et le sous-développement.

Ces comportements sont aberrants ! Ils relèvent d'un blocage culturel engendré par l'ossification idéologique entre deux camps irréductibles. Deux camps faussement opposés d'ailleurs car, à droite comme à gauche, on partage le même engouement pour une croissance illimitée, pour l'augmentation du PIB, des productions, des consommations. Je n'ai jamais entendu un dirigeant politique émettre le moindre doute sur ces questions. C'est pourtant bien le fond du problème. Quelle production ? Quelle consommation ? Quelle croissance ? Les divergences en restent à des questions qui, permettez-moi de vous le dire franchement, mesdames et messieurs les candidats, relèvent souvent de l'accessoire, voire du dérisoire, au vu des véritables enjeux. Quand elles ne sont pas, purement et simplement, des postures de comédie. L'opinion le perçoit bien d'ailleurs.

Pas de boucs émissaires

Si, comme je le souhaite, les politiques acceptent de se regrouper sur l'essentiel, ils devront, pour redevenir crédibles, se débarrasser de pratiques préjudiciables à leur fonction. Évacuons cependant les malentendus. Les politiques ne sont pas des diables, et reconnaissons que le bien public les préoccupe au moins autant que chacun d'entre nous. Admettons que, à la croisée des intérêts, leur tâche est immensément complexe. Nous n'avancerons pas ensemble si nous ne purgeons pas l'opinion de la défiance permanente qu'elle entretient envers le politique. Désormais, celui-ci est systématiquement assimilé à l'incapacité et à la corruption, alors qu'en France le personnel politique n'est pas de plus mauvaise qualité qu'ailleurs. Faut-il rappeler qu'on a le politique que l'on mérite et qu'il ne possède pour marges de manœuvres que celles que le peuple veut bien lui donner ? En réalité, le politique détient moins de pouvoir qu'on ne l'imagine, si bien qu'il compense ce déficit dans une débauche de communication et de représentation pour donner l'illusion du pouvoir. Tout cela provoque une grande déconvenue dans l'opinion, accentue le discrédit et débouche sur une seule issue qui se répète d'élection en élection : sortir les sortants. Tant que nous n'accepterons pas le postulat que le législatif et l'exécutif n'ont qu'une part relative de pouvoir, qu'ils doivent composer en permanence avec d'autres (les industriels, les syndicats, les ONF, les lobbies, les médias, etc.), qu'ils sont pris au sein d'un réseau de contraintes et de réglementations internationales qui encadrent les initiatives nationales – 85 % du droit à l'environnement français est ainsi d'origine communautaire –, nous resterons figés dans un théâtre des apparences. Avec, d'un côté, l'illusion du grand cirque de la communication et, de l'autre, le ressentiment des déconvenues populaires. Si l'on veut entreprendre le changement, il faut prendre conscience qu'en haut on ne peut pas tout et qu'en bas on ne doit pas tout attendre.

Autre postulat qu'il faut intégrer : l'État français, comme bien d'autres, est plombé par ses déficits et par ses dettes – plus de 1 000 milliards d'euros, avec une charge qui représente le deuxième poste de dépense de l'État ! Chaque année, les administrations nationales dépensent 20 % de plus que le montant des prélèvements obligatoires. Par conséquent, sa marge de manœuvre se réduit comme peau de chagrin. Conférer à l'État des moyens qu'il n'a plus revient encore une fois à s'engluer dans le théâtre des apparences. La lucidité nécessaire pour affronter la nouvelle donne doit prendre acte de ce fait : l'État peut peu, et quand il peut, c'est de manière sélective. Et puisqu'on ne peut pas être sur tous les fronts en même temps, je pense qu'une large part des crédits consacrés par exemple aux parades d'une diplomatie protubérante ou aux dépenses d'une armée qui pourraient être mutualisées avec les autres pays européens serait plus utilement affectée ailleurs, à la lutte prioritaire contre l'effet de serre par exemple.

Dernière remarque : notre démocratie, qui est, comme chacun sait, le moins mauvais des systèmes, et qui se doit d'être à l'écoute de tous, ne permet pas à l'intérêt général de s'imposer facilement face aux intérêts catégoriels. Or, ceux-ci ne sont pas seulement animés par de basses intentions spéculatives ou le souci du maintien des privilèges. Ce sont souvent des corporations de travailleurs qui défendent légitimement leur métier, leur travail, leur savoir-faire, leur identité. Le politique est à la croisée de toutes ces contradictions, bien réelles. En démocratie, la conjugaison de l'intérêt du plus grand nombre et de celui des particuliers est un exercice périlleux. Il faut encore une fois en prendre acte.

Bref, si les politiques ne font pas toujours ce qu'on espère d'eux et si beaucoup de leurs pratiques demandent à être abandonnées, il ne sert à rien de leur faire porter à eux seuls le chapeau. Il y a une vraie difficulté dans l'accomplissement de la tâche politique et dans l'exercice du pouvoir. La reconnaître ne vise pas à exonérer qui que ce soit. C'est vouloir, au contraire, garder les idées claires pour bien mesurer ce qu'on peut faire à cette échelle, sans se satisfaire d'une chasse aux boucs émissaires. L'essentiel, le plus important, si l'on veut avancer, c'est de s'interroger sur les raisons de l'incapacité de la société à opérer les changements nécessaires. Pourquoi restons-nous bloqués alors qu'une ardente obligation de changement s'impose à nous ?

Au pied du mur

Chacun pressent que les choses ne seront pas faciles. Si la mutation doit s'opérer progressivement, elle n'évitera pas pour autant des réformes profondes et radicales. Des habitudes seront bousculées, des automatismes se briseront, des inerties évolueront, des ruptures interviendront, toute une culture devra se métamorphoser. Il s'agit rien de moins que de promouvoir d'autres façons de produire, de travailler, de consommer, de se comporter, d'acheter, de se déplacer, de se nourrir, de se chauffer, de se loger. Autrement dit, les modifications devront intervenir non seulement au niveau des structures mais aussi à l'échelle de nos faits et gestes quotidiens. Les bouleversements ne sont pas destinés à s'appliquer aux autres seulement. Non ! La mutation s'opérera aussi au niveau de chacun. Le problème n'est pas extérieur. Il ne s'agit pas de culpabiliser les individus, chacun étant victime du système qui l'a modelé. Mais maintenant que les enjeux sont posés et que plus personne ne peut ignorer les conséquences de la répétition de millions de gestes prédateurs ou polluants, l'individu est placé devant sa responsabilité. Chacun d'entre nous est donc appelé à prendre part au changement, selon une répartition la plus équitable possible, mais avec une participation certaine de tous.

C'est bien pourquoi l'acceptation de l'impératif écologique n'est pas chose facile. Si nous résistons si fort, c'est parce que nos esprits sont « colonisés » ! Amère constatation pour des sociétés qui se montrent si éprises de liberté et qui se sont tant battues pour cette grande idée. Ce n'est pas caricaturer la réalité que de dire que notre libre arbitre se trouve de plus en plus soumis à un conditionnement qui cantonne l'être humain à un rôle de consommateur agissant par automatisme ou par influence. La force de persuasion clandestine de la publicité, que nous subissons à longueur de temps et au cours de toutes nos activités, finit par nous convaincre que l'envie de posséder permet d'échapper au mal-être. Le résultat est là : après des décennies de ce régime aliénant, nous nous retrouvons formatés par l'idée que le progrès est quelque chose de continu et que chaque nouvelle technologie, chaque nouveau produit apporte forcément un mieux-être.

Mais les choses ne se présentent plus du tout ainsi, et c'est cette vérité que vous devez aux électeurs, mesdames et messieurs les candidats. Le système du progrès est grippé. En portant atteinte aux équilibres du vivant, l'excès de nos productions, l'outrance de nos consommations, la dérive de nos comportements ont engendré quelque chose qui nous dépasse et qui s'est retourné en risque majeur. La faute à qui ? À tout le monde et à personne ! Le retournement s'est produit sans que nous en ayons conscience, mais avec la complicité de tous. Qui aurait pu voir venir la fulgurance de la crise derrière les progrès fantastiques de la productivité et de l'espérance de vie ?

Sonnez le tocsin !

On pouvait dire jusqu'à présent que nous étions victimes des catastrophes naturelles ou des aléas écologiques. Désormais, nous devons dire que nous sommes responsables de leur aggravation, exception faite bien sûr des éruptions volcaniques, des tremblements de terre et des raz-de-marée. Nous ne pouvons plus nous accommoder de cette schizophrénie qui nous conduit à nous effrayer des conséquences du problème tout en continuant à en amplifier les causes ; qui nous amène à être pour l'écologie en général et contre ce qu'elle implique. C'est à une réinitialisation de nos processus mentaux qu'il faut procéder. À vous, mesdames et messieurs les candidats, de montrer la voie.

Tant que le message sera porté seulement par les écologistes « estampillés », dont je fais partie, il restera relativement marginal, il s'avérera incapable de lever les réserves de la société. Pour que l'idée d'une mutation en profondeur s'impose à l'opinion, il faut qu'elle soit collégialement assumée et popularisée par tous les responsables politiques, à droite comme à gauche. Si le politique a un rôle éminent, comme je le crois, c'est désormais à lui de s'emparer du message, aussi bien sur les causes du mal que sur les moyens à mettre en œuvre pour y faire face. C'est tout le sens du pacte écologique que je propose.

Madame ou monsieur le futur président de la République, vous devez parler vrai à nos concitoyens. Vérité sur le diagnostic, vérité sur la thérapie ! Quoi qu'il vous en coûte, cessez de dire ce que l'opinion a envie d'entendre. Ne faites plus l'autruche. Ne masquez plus les réalités. Affirmez haut et clair que notre avenir commun est en jeu. Sonnez le tocsin et, en même temps, ouvrez le débat sur la société vers laquelle nous devons nous orienter, montrez ses avantages, rendez-la « désirable ». Einstein disait que si on veut changer le monde, il faut changer la société, si on veut changer la société, il faut changer les hommes, et si on veut changer les hommes, il faut leur donner envie de changer. On ne leur donnera envie de changer qu'en faisant appel à leur raison, on n'y parviendra pas par autoritarisme. Il ne me paraît pas impossible de parier sur l'intelligence collective. Qui ne peut comprendre qu'il a tout à gagner au changement quand il s'agit d'éviter un mal qui n'épargnera personne ?

Quel contenu donner au changement ? Quelle feuille de route collective se fixer pour engager la mutation ? Le diagnostic ne suffit pas, encore faut-il l'incarner dans une thérapie.

Je ne doute pas que, dans les discours électoraux des uns et des autres, vous usiez et abusiez, mesdames et messieurs les candidats, de vocables environnementalistes. Mais si les propositions, les moyens d'action, les outils ne sont pas au rendez-vous de votre campagne, si vous vous contentez d'évoquer le développement durable plutôt que de l'appliquer, si vous vous en servez comme d'un leurre au lieu de le faire vivre, ce sera vraiment à désespérer... Si, une nouvelle fois, alors que nous sommes au pied du mur, les responsables politiques font l'impasse sur cette question prioritaire, je crois que c'en sera terminé de la capacité de la France à jouer un rôle moteur dans le monde. Personnellement, j'en tirerai la conséquence : j'orienterai différemment mon combat, en m'efforçant de ne pas céder au fatalisme.

Des pistes pour une mutation

Jusqu'à présent, quelle que soit la bonne volonté des uns et des autres, nos politiques n'ont répondu aux enjeux que par ce qu'il faut bien appeler des mesurettes, au coup par coup, quand ce n'était pas par des faux-semblants. Ont ainsi été créés des organismes qu'on prive ensuite de moyens (l'Agence française de sécurité sanitaire environnementale, par exemple) ou qu'on ne consulte pas (le Conseil national du développement durable, par exemple). On accumule les comités de toute sorte. Quand le point de non-retour sera franchi, parions que l'on créera un observatoire de la fin du monde !

Or, nous disposons d'un arsenal de moyens impressionnant. Nous avons d'ores et déjà à notre disposition des outils techniques pour réagir : nous savons économiser l'énergie, produire proprement, recycler. Mais cela se fait en ordre dispersé. Il s'agit maintenant de passer à un niveau d'action stratégique, sans commune mesure avec ce qui a été fait jusqu'à présent. Je ne veux plus entendre parler de journées sans voitures, de circulation alternée, de semaine du développement durable ou de fariboles de ce type ! Nous ne pouvons plus nous payer de mots, sous peine de payer en numéraire. Il faut accorder le verbe et l'action, sans quoi la facture sera insupportable. Notons au passage, au chapitre des inepties, que le risque budgétaire lié aux dossiers litigieux environnementaux entre l'Europe et la France a atteint 1,2 milliard d'euros avant que les autorités ne se décident à réagir, selon le rapport de la sénatrice Fabienne Keller. À la Cour de justice des communautés européennes, le 12 juillet 2005, la France a été condamnée à une amende forfaitaire de 20 millions d'euros, plus 57,76 millions d'astreinte par période de six mois, sur des problèmes de quotas de pêche. L'inconséquence aboutit vite au gaspillage de sommes colossales.

L'heure est aux mesures fortes, aux réformes radicales, aux actions coordonnées pour faire de l'impératif écologique le déterminant majeur des politiques publiques. À vous, madame ou monsieur le futur président de la République, de rassembler les idées, quelles que soient leurs origines, et de les mettre au pot commun d'une société en mutation.

Nous proposons dans ce livre une dizaine de principes qui identifient les objectifs du changement et qui ouvrent autant de chantiers à bâtir progressivement : orientation vers une « économie circulaire », afin que chaque produit industriel soit conçu pour durer, être réparé ou recyclé ; priorité à la fonctionnalité des biens avec un système substituant à l'achat d'un bien la vente de son usage ou la location du bien ; réduction massive de la consommation d'énergie fossile pour échapper à la double menace du réchauffement climatique et de la raréfaction pétrolière et gazière ; prime aux économies d'énergie et aux énergies renouvelables ; changement des méthodes de production agricole ; révision des politiques budgétaires et fiscales ; nouvelle conception de l'aménagement du territoire pour lutter contre l'étalement urbain ; coup d'arrêt à la dictature du transport routier ; mise en place d'une réelle protection du patrimoine naturel et de la biodiversité ; application rigoureuse du principe de précaution dans le domaine de la santé publique ; rééquilibrage des disciplines scientifiques en réorientant crédits et activités de recherche vers les défis écologiques ; engagement d'initiatives internationales fortes, particulièrement en direction des pays du Sud…

On peut imaginer d'autres pistes, et les ONG qui se sont regroupées au sein de l'Alliance pour la planète, notamment le World Wide Fund (WWF), Greenpeace, les Amis de la

Terre, le Réseau action climat, France nature environnement…, ou d'autres comme la ligue ROC pour la préservation de la faune sauvage ou la Ligue de protection des oiseaux (LPO), ne manquent pas de projets ou de suggestions qu'elles tiennent à votre disposition, mesdames et messieurs les candidats. Une fois pour toutes, cessez de les considérer comme des Cassandres infréquentables, sortons de ces visions binaires et dogmatiques. Recevez, écoutez et, surtout, je vous en conjure, évaluez d'urgence leurs propositions. Elles n'ont pas la prétention de livrer une boîte à outils miracle, mais probablement quelques clés essentielles pour ouvrir le champ des possibles. Autant de pics à glace pour fragmenter la banquise du fatalisme. Dans cet ouvrage, et dans un souci constructif, nous soumettons les objectifs qui nous paraissent essentiels à la réflexion collective.

Nous allons même plus loin en proposant des outils précis dont nous avons étudié la faisabilité. Leur mise en œuvre quasi immédiate constituerait déjà un coup de gouvernail décisif vers un changement de cap, sans qu'il soit nécessaire de recourir à des financements supplémentaires : création d'un poste de vice-Premier ministre chargé du développement durable ; instauration d'une taxe carbone progressivement croissante sur tous les combustibles fossiles afin d'en réduire la consommation ; reconversion des subventions agricoles vers l'agriculture de qualité, biologique ou certifiée ; systématisation des procédures de démocratie participative sur toutes les questions afférentes au développement durable ; promotion d'une grande politique d'éducation et de sensibilisation à l'écologie et au développement durable.

C'est notre contribution, et elle devra être enrichie, complétée ou amendée. Mais il est impossible de faire l'impasse sur son idée centrale. Si nous ne voulons pas nous résigner à subir les conséquences dramatiques du déclin économique, social et civilisationnel que nous promet la crise écologique, il faut en passer par une révision sans tabou de ce qui précipite la dérive de nos sociétés. La croissance, la fameuse croissance du PIB, telle qu'elle est comprise aujourd'hui, en constitue une des clés.

La croissance pose problème

Pour tout le personnel politique, pour tous les décideurs, la croissance constitue le critère essentiel de bonne santé de la société, non seulement sur le plan économique, mais pour l'ensemble des activités. La croissance est identifiée à la richesse, au progrès, à la modernité. C'est incontestablement une bonne nouvelle quand elle se traduit par des gains sociaux, comme en matière d'emploi. Mais c'est aussi une mauvaise nouvelle quand elle instaure une logique infernale de toujours plus de production, de consommation, de mouvement, qui épuise nos ressources, encourage l'excès, transgresse les limites et précipite la crise. Il faut donc renoncer à l'enthousiasme général pour le principe de croissance maximale en tout domaine et en toutes circonstances qui constitue un des principaux aveuglements de l'époque. L'addiction à une croissance matérielle qui n'a pas d'autre objectif qu'elle-même n'est pas compatible avec l'impératif écologique. Il faut trouver des outils de régulation qui, tout en maintenant une activité nécessaire aux besoins de la société et en permettant à la croissance de se prolonger en termes de satisfaction des besoins, de services et d'amélioration de la condition humaine, engagent une décroissance de l'utilisation des ressources naturelles, des flux de matière et d'énergie, des déplacements, c'est-à-dire de l'impact écologique global.

Ce n'est pas facile. De quelque côté qu'on se tourne, on s'aperçoit que le « moins » doit intervenir dans les secteurs sur lesquels repose l'essentiel de notre système économique et de nos modes de vie : consommation énergétique, matières premières, eau, régime alimentaire, produits périssables, déchets, étalement urbain, engrais, pesticides, circulation, transports routiers, vols aériens, déplacements, artificialisation du territoire… Comment y parvenir sans casser la baraque et provoquer une régression brutale ? Comment découpler l'amélioration de la condition humaine de l'idée – très occidentale – d'un processus continu d'accumulation quantitative ? Pour être socialement acceptable et économiquement viable, la décroissance de la consommation des biens et des ressources matérielles ne peut s'envisager que de manière progressive, ciblée, sélective, équitable, équilibrée. Sa mise en œuvre doit être maîtrisée, d'autant plus que si nous ne l'organisons pas, elle nous sera imposée brutalement et s'appliquera indistinctement. Comment concilier progrès humain et dématérialisation accélérée ? C'est à cette équation redoutable que nous sommes confrontés.

L'idée de planifier une politique de décroissance des consommations de matières premières et d'énergie peut choquer, tant nous sommes habitués aux discours inverses. De notre point de vue, elle recouvre néanmoins un principe de réalité incontournable et il est temps, mesdames et messieurs les candidats, que vous osiez poser le problème et réfléchir à ses solutions plutôt que de continuer à conforter l'aveuglement béat pour le toujours plus.

Une révolution ? Oui !

Personne ne souhaite aller vers une société de privation et d'abstinence, mais la mutation de notre société passera inévitablement par une régulation à la fois incitative et dissuasive. Nous n'avons pas d'autre choix que de mettre en place des normes, des réglementations, des instruments fiscaux qui concourront à la modération des productions, des comportements et des consommations. Je vois déjà venir les arguments démagogiques dénonçant les contraintes et la privation de liberté. Mais si nous n'opérons pas de cette manière, à quoi ferons-nous appel ? Au seul marché, dont on connaît le peu de cas qu'il fait de l'intérêt général si on le laisse jouer librement ? À la vertu de l'humanité, qui, comme chacun le sait, présente quelques fragilités ?

Une fois que la nouvelle culture économique et comportementale sera passée dans les mœurs, les mesures coercitives tomberont sans doute d'elles-mêmes. Mais en attendant, on ne peut plus proposer en permanence la tentation d'un côté et, d'un autre côté, la culpabilisation de ceux qui y cèdent. Il faudra bien, entre mille exemples, qu'on cesse de fabriquer des véhicules dont on vante avant tout la puissance, alors qu'elle entraîne surconsommation énergétique et pollution et qu'elle encourage la transgression des limitations de vitesse. Commençons donc par imposer, au niveau européen, le bridage des moteurs. Serons-nous vraiment moins heureux si nous nous déplaçons dans des véhicules adaptés aux contraintes de la réalité ? Le bien-être est-il conditionné à la performance et à la vitesse ? L'industrie automobile s'effondrera-t-elle si elle doit reconvertir sa production sur des gammes de voitures différentes ?

J'entends déjà les cris d'orfraie : c'est une révolution ! Eh bien, oui ! Nous sommes, de fait, engagés dans une révolution, planétaire de surcroît. Qui peut croire que le défi écologique pourra se relever à la marge ? Qui peut imaginer que l'imposture des faux-semblants masquera encore longtemps la gravité de la crise ? Nelson Mandela aime à répéter que le plus grand danger, ce n'est pas notre puissance, c'est notre aveuglement. Il a mille fois raison.

« N'ayez pas peur ! »

Il faut maintenant aller au bout de la logique, avec des trains de mesures en cohérence les unes avec les autres. Sur l'instant, elles peuvent paraître contraignantes, mais elles ne promettent pas pour autant un avenir de larmes et de sang. Elles visent au contraire à éviter le pire ! Je suis par ailleurs convaincu que cette révolution générera une fantastique créativité industrielle et qu'elle stimulera la recherche scientifique. Elle permettra aussi de découvrir de nouveaux gisements d'emplois. Par exemple, la reconversion de l'agriculture industrielle vers des méthodes respectant les équilibres biologiques appelle un surplus de travail paysan, le passage à une « économie de fonctionnalité » où l'usage et la durabilité d'un bien se substituent, par la location d'un produit ou la vente d'un service, à sa possession et à son obsolescence, ouvrant ainsi un grand éventail d'emplois de recyclage, d'entretien, de réparation, de maintenance, des emplois localisés de surcroît. De même, le développement des énergies renouvelables ou la rénovation de l'habitat pour rendre les logements moins énergivores sont fortement créateurs d'emplois. Grâce aux nouvelles technologies, l'industrie a acquis une plasticité remarquable. Pour peu que les règles soient claires, elle saura s'adapter aux nouvelles normes. Si les objectifs sont perçus comme légitimes et inévitables, ils susciteront alors créativité et efficacité.

Il y aura bien sûr des transitions difficiles dans certains secteurs, des reconversions douloureuses à accompagner le mieux possible. Certains, dans un premier temps, seront plus pénalisés que d'autres. La solidarité nationale devra y remédier, par la contribution des activités les plus coûteuses à l'environnement, par la taxation des produits et des services de luxe ou par des redéploiements budgétaires.

N'ayez pas peur, madame ou monsieur le futur président de la République ! La « révolution » écologique, comme les révolutions agricole et industrielle l'ont été en leurs temps, est porteuse de nouvelles activités, d'une nouvelle ère économique et sociale et, au final, d'améliorations de la condition humaine. C'est une arme de construction massive !

Le test

Votre volonté de changement va très rapidement être soumise à un premier test, madame ou monsieur le prochain président de la République. Elle s'incarnera d'abord dans une mesure simple qui, de surcroît, n'implique pas de dépenses immédiates : l'introduction, dans l'architecture gouvernementale, d'un poste de vice-Premier ministre chargé du développement durable, au rang de numéro 2 du gouvernement, avec une administration dédiée.

Je me suis beaucoup impliqué pour que l'écologie et le développement durable soient réunis dans un seul ministère, avec d'un côté la protection de la nature et de l'autre une planification à grande échelle qui mette en cohérence l'action publique et les objectifs d'un développement respectueux des équilibres naturels et sociaux. On a donc considérablement élargi le domaine d'action de ce ministère. Mais sans lui en donner les moyens ! On l'a ainsi réduit à l'impuissance, condamnant au passage ses titulaires à une mission impossible. Je ne dis pas que cela a été décidé intentionnellement, mais le fait est là. Il faut reconnaître l'échec, ou tout au moins la faible moisson. Mon but n'est pas de faire des procès d'intention, mais de tirer des leçons pour l'avenir. Que pouvons-nous donc proposer en termes de gouvernance à la lumière de cette expérience malheureuse ? D'abord, garder évidemment un ministère de l'Écologie avec des moyens opérationnels renforcés pour la protection de la nature et de la biodiversité. Et parallèlement, faire en sorte que la stratégie de développement durable et la vision à long terme soient placées au plus haut niveau de l'État, avec la création d'un poste de vice-Premier ministre chargé du développement durable, auquel seraient rattachés les préfets et les organismes de prospective. Il deviendrait un instrument privilégié de planification, opérant comme un tamis sur chaque choix ministériel, du ministère de l'Économie et des Finances à celui des Armées, en passant par ceux de l'Agriculture, des Transports, de l'Équipement, de la Santé, du Logement, du Tourisme, etc., afin que chacun de ces choix soit compatible avec l'objectif prioritaire. Sinon, ni l'administration, ni les différents corps d'État, ni a fortiori l'opinion ne verront la logique de l'action. L'État ne sera alors pas en position d'exiger une cohérence de comportement de la population et il découragera les initiatives individuelles. L'autre vertu d'un tel dispositif serait de soulager l'exécutif de la prospective et de distinguer le regard à court terme de la vision à long terme. Ainsi, l'anticipation ne sera pas sacrifiée à la réactivité, comme c'est de plus en plus le cas.

La création d'un poste de vice-Premier ministre chargé du développement durable constitue un symbole, une garantie et une clé de voûte pour passer à un programme public à la hauteur des enjeux, pour mettre en place des politiques qui anticipent au lieu de réagir au coup par coup, pour réorienter les financements en amont plutôt qu'en aval, pour refuser les projets des ministères d'exécution qui nous enverraient un peu plus vite dans le mur. Si dans votre futur gouvernement, madame ou monsieur le prochain président de la République, vous n'instituez pas une telle architecture, la dilution des actions et les visions à court terme se perpétueront. Jusqu'à l'impuissance habituelle. S'il y a une mesure à prendre, c'est bien celle-là. Elle ne coûte rien mais elle symbolise tout. Car la réorientation de nos politiques vers le développement durable, c'est d'abord une planification autour de l'objectif de la mutation écologique.

Sobriété et diversité énergétiques

La planification de ces choix est urgente, madame ou monsieur le futur président de la République. Quelle politique énergétique allez-vous choisir, par exemple, au moment où la baisse de la consommation de combustibles fossiles est rendue inévitable par leur prochaine raréfaction, et alors qu'ils sont à la source de l'aggravation de l'effet de serre ? Comment allez-vous faire baisser volontairement la consommation de pétrole et de gaz avant que la baisse involontaire ne déstabilise toute notre économie ? Nous proposons l'instauration d'une taxe carbone pour inverser la tendance. Elle doit évidemment s'accompagner de mesures sociales compensatoires mais, si nous ne donnons pas un prix au problème, nous n'en sortirons jamais.

Que déciderez-vous par ailleurs de faire de nos centrales nucléaires, dont le parc doit être progressivement renouvelé ? Je pense quant à moi que la sortie à terme du nucléaire doit être envisagée du fait de la somme d'incertitudes que la production de cette énergie et la gestion des déchets comportent. À moins bien entendu que la recherche scientifique parvienne à apporter des réponses satisfaisantes en termes de sécurité. Je pense aussi que nous ne devons pas chercher à étendre cette technologie aux pays en voie de développement en raison des risques de prolifération nucléaire. Mais il faut prendre en compte deux réalités. La première est d'ordre économique : il s'avère impossible de renoncer immédiatement à la technologie nucléaire, à la fois en raison du coût de démantèlement des centrales et de la longueur des procédures. La seconde renvoie à une question de hiérarchie parmi les priorités : la disparition soudaine du nucléaire en France provoquerait un effet pervers, un « appel d'air » qui entraînerait ipso facto un recours plus massif aux énergies fossiles, notamment au charbon. Dans l'échelle des risques, tout ce qui participe à l'effet de serre représente selon moi un risque supérieur.

Par conséquent, nous ne pourrons nous passer du nucléaire en France avant d'avoir réuni deux conditions : d'abord, la baisse de notre consommation d'énergies fossiles ; ensuite, l'utilisation de sources alternatives et renouvelables d'énergie, afin que nous disposions d'un « bouquet » énergétique diversifié. Il s'agit, en quelque sorte, de profiter du temps de répit que nous offre le nucléaire pour notre approvisionnement électrique pour préparer un avenir énergétique qui ne soit pas celui de la pénurie, avec toutes les conséquences dramatiques que cela suppose. Si ces conditions sont remplies, alors il appartiendra à la société française de décider démocratiquement si elle garde ou si elle abandonne la voie nucléaire en fonction de la quantité d'électricité dont elle souhaitera disposer. Je propose que, à ce moment-là, la question soit tranchée par référendum. En attendant, le nucléaire est là et nous devons faire avec – selon des règles de transparence mieux établies. Le nucléaire ne doit relever ni de la raison d'État, ni du secret militaire.

Faisons un rêve !

Nous sommes, en France comme ailleurs, très en deçà de ce que la situation exige. Comme toutes les nations industrialisées, notre pays participe à l'origine du mal. Il est symptomatique de cette société productiviste et consumériste qu'il s'agit de refonder. Bien sûr, insérée dans un système global de concurrence, la France ne peut pas devenir vertueuse toute seule et sa propre mutation ne changerait pas significativement la donne mondiale. Il lui faut donc s'appuyer sur une dynamique collective plus vaste. Ça tombe bien : la France fait partie de l'entité européenne, elle en constitue même une des forces motrices. Or, depuis l'échec du projet de traité constitutionnel, l'Europe hésite, elle tâtonne, elle divague. Elle n'a plus de grand dessein.

Faisons un rêve ! Si la France, au lendemain de l'élection présidentielle, se dote d'une architecture gouvernementale orientée vers le développement durable, avec un vice-Premier ministre aux commandes et des préfets agissant en cohérence, si elle affiche dans tous les domaines la priorité de la lutte contre le réchauffement climatique, si elle commence à diminuer sa consommation énergétique, si elle revisite son économie et sa fiscalité, si elle mobilise sa population sur les questions relevant du développement durable à travers des procédures systématiques de démocratie participative, tout en prenant l'initiative de porter des propositions à l'échelle internationale (par exemple, la réforme de la politique agricole commune et des règles du libre-échange, la fin des subventions à l'exportation et leur reconversion vers l'agriculture biologique et certifiée, la construction d'une autorité mondiale de l'environnement aux pouvoirs aussi étendus que ceux de l'OMC), si donc la France fait de l'impératif écologique la priorité absolue de sa politique, je pense qu'elle entraînera rapidement l'Europe dans son sillage. Elle recréerait par là même une aspiration collective qui a tant manqué au moment du référendum sur la Constitution européenne, sans doute parce que celle-ci était marquée de trop d'ambiguïtés. Au moment où des signes positifs apparaissent aux États-Unis, comme on le voit avec l'application des critères de Kyoto par des grandes villes américaines ou le succès du film d'Al Gore sur le réchauffement climatique, alors qu'au sein des grands pays émergeants comme l'Inde ou la Chine des prises de conscience se font jour, plus qu'on ne le croit, l'affirmation d'un bloc européen construisant son identité autour de l'objectif du développement durable est susceptible de cristalliser et de fédérer un élan planétaire décisif.

La France peut à nouveau rayonner à partir de cet enjeu. Le fameux discours de Chirac sur la maison qui brûle pendant que nous regardons ailleurs, prononcé à Johannesburg en 2002, a rayonné. Pas longtemps, puisque la France n'a pas engagé une politique à la hauteur de ces propos. Mais si demain les actes suivent enfin les paroles, alors oui, la France retrouvera sa crédibilité. La patrie des droits de l'homme deviendra celle des droits des générations futures.

De ce point de vue, mesdames et messieurs les candidats, cette élection présidentielle est plus que jamais un moment de vérité. Ou bien vous en restez à une campagne « franchouillarde », atrophiée, ou bien vous considérez que le destin de la France est indissociable d'une vision planétaire, laquelle est aujourd'hui fondamentalement déterminée par la crise écologique, et que, dans cette conjoncture, notre pays peut jouer un rôle très important, notamment au sein de la construction européenne.

Maintenant ou jamais

Il me semble que c'est le moment opportun pour mettre en œuvre ce mouvement d'ensemble. Les faits sont probants et, malheureusement, ils renforcent toujours la cause écologiste. La diffusion de l'information a opéré. Il n'y a plus de doute, personne ne peut plus dire : je ne sais pas. Reste à tomber les masques. L'élection présidentielle en fournit l'occasion.

À la faveur de diverses initiatives, l'opinion a montré sa disponibilité, et elle m'apparaît plus favorable qu'on ne le dit au changement. Car, fort heureusement, le sens commun résiste, et fait comprendre aux gens que notre mode de développement a atteint une limite et que, si nous persistons dans cette fuite en avant, la vie de leurs enfants sera plus difficile que la leur. N'importe qui est capable de comprendre qu'on ne peut pas tirer indéfiniment des chèques sans réapprovisionner son compte. Peu à peu, notre société se responsabilise. « L'insurrection des consciences[1] », pour reprendre la belle formule de Pierre Rabhi, est, d'une certaine façon, en marche. L'initiative Défi pour la terre, que la fondation Nicolas Hulot pour la nature et l'homme a lancée avec l'Agence de l'environnement et de maîtrise de l'énergie (ADEME), l'illustre assez bien. C'était un test grandeur nature. Plus d'un demi-million de personnes se sont formellement engagées à accomplir des gestes en faveur de l'environnement. Ce n'est pas rien. La leçon que j'en tire est la suivante : les gens veulent bien accomplir des efforts, beaucoup ont parfaitement saisi les enjeux et s'affirment prêts à réviser profondément leurs modes de vie, ils savent que le chemin ne sera pas aisé, mais ils ne veulent pas s'engager isolément. Pour avoir le sentiment que leur action individuelle sert à quelque chose, ils ont besoin qu'elle s'insère dans une dynamique collective. Ils ont raison.

Les mots ne suffiront pas

De son côté, une partie du personnel politique a acquis une plus grande maturité sur ces questions si l'on en croit, par exemple, les derniers rapports parlementaires sur le réchauffement climatique. Beaucoup cependant en restent encore à une vision environnementaliste, qui se limite à agir sur les effets sans intervenir sur les causes. Si j'en crois les conversations que j'ai eues avec les responsables politiques de droite comme de gauche, si je fais la somme des initiatives qui sont prises un peu partout – y compris, parfois, au niveau gouvernemental – et qui véhiculent des velléités d'alternatives –, si je regarde l'engouement incroyable des milliers de personnes qui se déplacent pour assister aux conférences que je donne, pour entamer le dialogue, pour partager les interrogations, pour réfléchir aux solutions, je me dis que le moment est venu de passer à l'acte, c'est maintenant ou jamais. Est-ce

1. Pierre Rabhi, *Parole de terre. Une initiation africaine,* Paris, Albin Michel, 1996.

de la naïveté de ma part ? Peut-être. Non pas que je croie que l'élection présidentielle fournira une clé définitive à l'équation écologique. Elle présente seulement, et c'est déjà énorme, l'occasion de créer une synergie collective, de se mettre en ordre de marche autour d'un pacte écologique qui rassemblerait toutes les forces vives de la nation. Quel signal envoyé à l'Europe et au monde !

En cinq ans, madame ou monsieur le futur président de la République, vous ne pourrez évidemment pas tout. Il faudra beaucoup plus de temps pour que la société « digère » sa mutation profonde et que les chantiers de réforme soient menés au bout. Les enjeux écologiques s'inscrivent dans une autre échelle de temps que celle que la dictature du court terme instaure généralement en politique. L'opinion devra intégrer ce paramètre. Mais, en cinq ans, vous serez en situation d'appuyer sur le démarreur et de commencer à infléchir sérieusement les tendances. Vous arrivez à un moment charnière de l'histoire. J'attends de vous que vous soyez au rendez-vous. Que l'impératif écologique se traduise par une priorité politique claire. Que vous proclamiez ouverte l'ère du développement durable. Mais comprenons-nous bien : les mots ne suffiront pas, d'autant qu'ils ont été beaucoup galvaudés. Pour ma part, je me montrerai intransigeant pour que les outils, les moyens et les perspectives soient d'un niveau quantitativement et qualitativement différent de ceux qui ont été mis en œuvre jusqu'à présent.

Ni trop ni pas assez

Changer, oui, c'est nécessaire ; reste à le vouloir. Changer comment, on a déjà identifié la panoplie des moyens ; reste à les appliquer. Mais demeure une question : changer pour aller où, pour bâtir quelle société, pour envisager quel type de vie ? Si nous ne savons pas où nous nous dirigeons, nous avons des chances d'arriver ailleurs. Commencer à répondre à cette question, c'est d'abord examiner d'où nous venons. Jusqu'à très récemment, nous ne nous posions plus de questions sur rien. Nous obéissions à des besoins plus ou moins factices, nous nous comportions sans réfléchir, nous étions le jouet de caprices, souvent artificiellement provoqués. Consommer pour consommer, produire pour produire, bouger pour bouger ! Nous avons pris l'habitude de vivre, dans nos pays occidentaux du moins, dans une espèce de transgression permanente et systématique. Tels des démiurges. Tout à coup, face à l'imminence de la crise, nous devons nous interroger sur la finalité de nos choix, y compris les plus anodins, comme l'achat de tel ou tel objet, sur leur nécessité, sur la possibilité de faire autrement. Bref, nous devons nous réapproprier la notion du choix. Cela implique un changement profond de mentalité, individuellement et collectivement, dans le sens de la responsabilisation. C'est donc, dans tous les domaines, vers une société plus responsable que nous devons aller.

D'autre part, c'est à un mouvement significatif de dématérialisation qu'il faut procéder, non pour passer d'un excès à l'autre, du gaspillage à l'ascétisme, mais pour parvenir à un point d'équilibre entre le trop et le pas assez, un équilibre qu'il appartient à chacun de trouver et qu'il faut rechercher du côté de la sobriété. Mutation ne vaut pas nécessairement régression. Puisque nous sommes et nous resterons tous en quête de bien-être, ce sera peut-être l'occasion de découvrir des gisements de bonheur ailleurs que dans les biens matériels et l'étourdissement de la possession. Non pas qu'un certain nombre de richesses matérielles ne soient pas utiles, surtout pour ceux et celles qui en sont privés à travers le monde, mais leur envahissement s'opère au détriment des relations humaines et de l'épanouissement individuel. Le diagnostic, en réalité, est assez simple : nous avons abusé de tout en tout. Par conséquent, il s'agit de fixer des limites à notre avidité et à notre cupidité. La société à venir devra mettre fin à la surenchère, choisir ce qui doit continuer de croître et ce qui doit commencer à décroître. Elle sera, je l'espère, celle du rééquilibrage, dans une dimension plus humaine. « Moins de biens, plus de liens[1] », comme le propose Serge Latouche.

1. Serge Latouche, *Survivre au développement,* Paris, Mille et une nuits, 2004.

La modération, c'est mieux

Sachez-le clairement, madame ou monsieur le futur président de la République : si nous laissons faire, nous risquons d'entrer dans une société de privation, avec ses systèmes de quotas, ses cartes de rationnement et tout ce que cela peut compter d'atteintes aux libertés. Le meilleur moyen de s'y opposer consiste à mettre en place sans plus tarder une société de modération qui, une fois pour toutes, fasse son deuil de l'abondance matérielle illimitée et soit à même d'anticiper et d'organiser équitablement la rareté. Je pense d'ailleurs que l'avènement d'une telle civilisation serait salutaire pour l'esprit humain. Du moins peut surgir le mieux. Nous nous sommes perdus dans la société de l'avoir, nous avons été happés par l'ivresse de la consommation, de la vitesse, des déplacements, des technologies, du virtuel, du toujours plus, et cette vanité nous a éloignés des choses élémentaires dont l'homme a besoin, de certaines formes de simplicité. Nos vies nous ont échappé. Nous devons nous libérer de tous ces conditionnements, car sinon nous ne serons jamais des êtres totalement libres. Victor Hugo a eu tellement raison d'écrire qu'« à force de vouloir posséder, c'est nous-mêmes qui sommes devenus possédés[1] ». Cette démesure a brisé le contact avec la nature. Or, rompre avec la nature, c'est s'éloigner de l'humain. La civilisation moderne a substitué l'utopie matérielle au salut de l'âme. René Dubos l'a bien dit : « L'homme n'est plus relié à rien, c'est le désarroi tragique de l'homme moderne[2]. »

Nous avons des cartes en main. Nos capacités techniques sont importantes. En les orientant selon une stratégie cohérente, nous pourrions inverser des tendances. Réduire, réutiliser, recycler : grâce à cette stratégie dite des trois *r*, nous pourrions diviser par quatre nos consommations dans de

1. Victor Hugo, *Choses vues. 1830-1885,* Paris, Gallimard, 2004.
2. René Dubos, *L'Homme et l'Adaptation au milieu,* Paris, Payot, 1973.

nombreux domaines, sans que cela revienne à de graves privations ou implique un retour au temps des lampes à huile. Des modifications dans l'organisation collective et dans les comportements individuels, dans un sens moins gaspilleur, moins excessif, sont déjà à notre portée, sans entraîner de régression économique et sociale. Sans doute vivrions-nous mieux plus simplement, plus calmement, plus modérément. Peut-être y puiserions-nous un supplément d'âme…

Vaccination obligatoire

Bien sûr, la voie de la mutation ne se présente pas comme une promenade de santé. Il faudra du courage pour oser le changement. Pour autant, les contraintes auxquelles nous devons nous plier, les efforts qu'il faut accomplir, les reconversions qui s'imposent représentent autant de tragédies épargnées ou atténuées dans les décennies à venir. Voilà dans quelle perspective le changement se situe. Sinon ce sera pire. Un tel langage est celui de la vérité, il n'offre guère de séduction, il ne flatte personne, il est brutal et profondément perturbant. Mais ce langage doit être tenu, et pour ma part je le tiens.

Je souhaite néanmoins vous dire autre chose, mesdames et messieurs les candidats, qui constitue un des fondements de ma motivation. L'impératif écologique, paradoxalement, offre une opportunité providentielle à l'humanité de se ressaisir. Il impose un difficile rendez-vous critique pour tirer les leçons du passé, celles du XXe siècle, dont Soljenitsyne nous dit qu'il faut se servir comme d'un « vaccin », sinon « l'immense ouragan pourra bientôt se renouveler dans sa totalité ». On a trop tendance à croire que l'histoire ne se répète pas. Je le réaffirme, quitte à passer pour Cassandre : nous ne sommes pas civilisés en profondeur. En agrégeant toutes les crises à un niveau inouï, en combinant pauvreté des peuples et pénurie des ressources, le drame écologique a une capacité de nuisance sans précédent : celle de nous ramener au pire de l'homme et à la barbarie. La conscience de ce risque, qui revient à prendre la mesure de la démesure, constitue sans doute la seule issue qui puisse nous en préserver.

Une aubaine !

En même temps, si nous savons le maîtriser, l'impératif écologique offre l'occasion d'approfondir et de renforcer la civilisation humaine. C'est, en quelque sorte, une aubaine !

Il ouvre une perspective sur autre chose que ce monde implacable et violent, de plus en plus difficile à vivre pour le plus grand nombre. Il peut donner l'envie d'avancer, en se débarrassant de tout ce qui nous encombre, de nos comportements anxiogènes, de nos hypnoses consuméristes, de nos avidités dérisoires, des chaînes de nos désirs sans fin, de nos désenchantements successifs. Il peut répandre le sentiment que le mieux-être est possible, qu'il est accessible sans qu'il soit besoin de recourir aux utopies grandiloquentes ou totalitaires. Le désir constitue le plus puissant des stimulants. À nous, à vous, mesdames et messieurs les candidats, de le susciter.

Autrement dit, au temps de l'insouciance ne doit pas succéder, soudainement, celui de l'effroi. Une porte s'ouvre sur des circonstances exceptionnelles qui permettent de repenser la finalité de nos vies, de refonder des raisons d'être, de redonner du sens au progrès, de bâtir un espace commun de paix et de solidarité sur la planète. Le génie humain a créé de magnifiques outils technologiques et intellectuels. Nous détenons tout ce qu'il faut pour reconstruire un capital de valeurs. Le défi écologique nous fournit une occasion unique de réorienter tout cela positivement. De prendre conscience de ce que la profusion de biens et de technologies nous a fait perdre de vue. D'évacuer les leurres qui nous font prendre les vessies de l'aliénation pour les lanternes du bonheur. D'échapper à la tyrannie de la consommation mimétique. De redonner du sens à ce que nous produisons et à ce que nous consommons. De revenir dans le réel au lieu de continuer à se fourvoyer dans le virtuel. De remettre les pieds sur terre plutôt que de vouloir sans cesse dépasser les limites. De construire d'autres indicateurs de bien-être que celui de l'augmentation du PIB. De se pénétrer de la communauté de destin qui nous lie à tous les habitants de la planète et à tous les éléments du vivant. De se débarrasser de nos narcissismes identitaires pour nous comporter en citoyens de la planète. Bref, de nous reprendre en main. Pour moi, la pire humiliation serait de subir le changement plutôt que de l'orchestrer.

Le facteur écologique arrive à point nommé pour nous sortir de l'impasse dans laquelle nous nous sommes engouffrés et, ce faisant, il peut nous servir à mieux nous humaniser. Il invite à une extension de l'éthique en approfondissant la solidarité. Solidarité avec les plus démunis parce que ce sont eux qui, comme d'habitude, sont les premières victimes ; solidarité avec le vivant, parce que nous n'avons pas d'autre choix que de préserver les grands équilibres naturels et la biodiversité ; solidarité dans le temps, avec la prise en compte des générations futures.

Le progrès s'est transformé en risque. Mais le risque peut à son tour devenir une opportunité. L'impératif écologique nous offre la chance de construire un véritable mondialisme qui ne soit pas la mondialisation marchande, dont les effets pervers ne sont plus à démontrer, mais une mutualisation mondiale des ressources, des moyens et des cultures. À condition, encore une fois, de faire preuve de lucidité sur la réalité et de nous montrer capables de nous mobiliser tous ensemble, en partie grâce à vous, madame ou monsieur le futur président de la République. La raison des hommes recèle une énergie inépuisable. Il ne tient qu'à vous de la faire jaillir !

Comment nous avons travaillé

Les objectifs et propositions qui suivent sont le fruit d'une réflexion collective, arbitrée par moi-même, du Comité de veille écologique constitué en 2000 pour doter la Fondation Nicolas Hulot pour la nature et l'homme d'un corps de doctrine dans les domaines scientifique, économique et juridique.

Voyant que la précampagne de l'élection présidentielle de 2007 s'engageait sans que les questions d'écologie figurent si peu que ce soit aux programmes des candidats, alors que je la considérais comme la « campagne de la dernière chance », je proposai au Comité de veille écologique de « plancher » avec moi et les responsables de ma fondation sur l'élaboration d'une plate-forme définissant les grands objectifs à atteindre et présentant plusieurs propositions concrètes permettant d'avancer tout de suite dans ce sens, des propositions ambitieuses mais réalistes, et surtout juridiquement et institutionnellement applicables par le nouveau président dès le début de son mandat.

Le Comité, composé d'experts issus d'horizons très divers et n'ayant en commun qu'une passion pour l'écologie et une grande soif d'action concrète, se mit au travail avec un enthousiasme et une discipline qui dépassèrent mes espérances.

Au cours du printemps et de l'été 2006, ses travaux

donnèrent lieu à des dizaines d'heures de débats passionnants et souvent passionnés entre des hommes et des femmes grands spécialistes de leurs domaines respectifs, qui durent perfectionner l'art de l'écoute et du compromis, chacun ayant le sentiment légitime que ses propositions étaient prioritaires. La richesse des échanges, la probité intellectuelle et le respect mutuel qui marquèrent ces séances de travail apportèrent la preuve, s'il en était besoin, qu'écologie ne rime pas forcément avec cacophonie.

Il m'appartenait d'opérer une synthèse et de rendre les arbitrages inévitables pour que l'ensemble soit assez cohérent pour constituer les bases d'un « pacte écologique » entre les Français et leur nouveau président. Puis de le faire précéder d'une Lettre ouverte au futur président de la République qui n'engage que moi.

Ce qui suit répond, je crois, à ce cahier des charges. On pourra contester telle ou telle analyse, telle ou telle proposition, et, sans nul doute, on ne s'en privera pas. Mais ce pacte écologique est sur la table. À chaque candidat maintenant de prendre la responsabilité de l'adopter, de l'ignorer ou d'y puiser. Les électeurs jugeront.

Je voudrais remercier le Comité de veille écologique dans son ensemble pour son implication. Il est constitué de :
- Roland Albignac, zoologue, professeur émérite des universités, université de Franche-Comté, Besançon ;
- Robert Barbault, écologue, professeur des universités, directeur du département Écologie et Gestion de la biodiversité du Muséum national d'histoire naturelle, CNRS-Université Pierre-et-Marie-Curie, Paris ;
- Jean-Paul Besset, journaliste ;
- Dominique Bourg, philosophe, professeur des universités, directeur de l'Institut des politiques territoriales et de l'environnement humain (IPTEH), faculté des géosciences et de l'environnement, université de Lausanne, Suisse ;
- Patrick Criqui, responsable du groupe Énergie et politiques de l'environnement au Laboratoire d'économie de

la production et de l'intégration interrégionale (LEPII), CNRS-UMPF, Grenoble ;
- Nicole D'Almeida, professeur des universités en information et communication, université de Paris-Sorbonne ;
- Philippe Desbrosses, agriculteur, docteur en sciences de l'environnement, expert auprès de l'Union européenne ;
- Christian Dubois, ingénieur projet, élu municipal chargé de l'environnement et de l'urbanisme ;
- Marc Dufumier, agronome, professeur à l'INA P-G en agriculture comparée ;
- Pierre-Henri Gouyon, agronome, généticien, écologue, professeur au Muséum national d'histoire naturelle, département Systématique et évolution ;
- Alain Grandjean, économiste consultant ;
- Alain Grimfeld, pédiatre, professeur à l'université Paris VI, chef de service de pédiatrie et pneumologie à l'Hôpital d'enfants Armand-Trousseau, Paris ;
- François Guérold, écologue, professeur en écologie fonctionnelle à l'université de Metz, laboratoire d'écotoxicité, santé environnementale ;
- Jean-Marc Jancovici, ingénieur conseil, énergie et climat ;
- Lylian Le Goff, docteur en médecine, consultant-formateur Santé, environnement et alimentation ;
- Yvon Le Maho, écophysiologiste, directeur de recherche au CNRS, membre de l'Académie des sciences ;
- Thierry Libaert, enseignant en sciences de l'information et de la communication d'entreprise, maître de conférences à l'Institut d'études politiques (IEP) de Paris et à l'Université Paris IV ;
- Philippe Marzolf, écoconseiller et spécialiste en démocratie participative ;
- Marie-Antoinette Mélières, climatologue, maître de conférences à l'université Joseph-Fourrier, Grenoble ;

– François Moutou, docteur vétérinaire, épidémiologiste, mammalogiste ;
– Pascal Picq, paléoanthropologue au Collège de France ;
– Jean-Pierre Raffin, écologue, ancien responsable du DESS Espace et Milieux de l'université Paris VII-Denis-Diderot ;
– Martine Rémond-Gouilloud, professeur des universités en droit maritime, environnement et risques, université de Marne-la-Vallée ;
– Jacques Weber, économiste et anthropologue, directeur de l'Institut français de la biodiversité.

Mille mercis également à Jean-Paul Besset, qui a eu la lourde tâche de coordonner leur travail, et à mes collaborateurs de la Fondation, qui n'ont ménagé ni leur temps ni leur peine pour faire éclore ce pacte écologique.

N. H.

DIX OBJECTIFS
POUR UN CHANGEMENT DE CAP

Nous le savons : la crise écologique globale – épuisement et raréfaction des ressources, déséquilibre des grands cycles naturels, pollution des milieux de vie – est en passe de bouleverser les conditions d'habitabilité de la planète. Il faut maintenant que nous y croyions : cette crise menace d'imposer une récession brutale à l'activité économique, d'affaiblir les capacités productives, de précipiter des drames sociaux, d'inverser le sens du progrès et de fragiliser l'espèce humaine au moment où les besoins de l'humanité augmentent, à mesure de sa croissance démographique et de l'extension planétaire du modèle occidental de la société de consommation. Ce risque majeur de collapsus n'est pas contestable et, d'ailleurs, il n'est plus contesté. Il est même inévitable s'il n'est pas anticipé.

Tout se passe comme si la nature, autrement dit la réalité physique et vivante à laquelle l'espèce humaine appartient et dont elle dépend, quel que soit le génie des conquêtes scientifiques et des innovations technologiques, opposait un refus non négociable à la frénésie des activités humaines. Au monde fini que nous habitons ne saurait correspondre une croissance infinie de la consommation de matières et d'énergie. La nature commence d'ailleurs à le faire savoir, sans états d'âme : bouleversement climatique aux conséquences humaines imprévisibles, déplétion des combustibles fossiles qui constituent le moteur de notre développement, raréfaction et contamination de la première des sources de vie, l'eau, accumulation de pollutions, de molécules chimiques et de déchets toxiques préjudiciables à la santé, érosion de la diversité biologique, diminution de la fertilité des terres, des fleuves et des océans qui nourrissent les hommes...

Cette crise relève de l'humain, rien que de l'humain. Elle est la conséquence directe de nos comportements et de nos modes de production et de consommation. L'obsession quasi pathologique d'une croissance illimitée de biens, de services, de déplacements et d'innovations est identifiée à l'idée d'une civilisation évoluée. Le moteur du progrès s'est emballé. Au point que tout concourt désormais à ébranler les fondements de la société : nos organisations économiques, nos modes de fabrication, nos systèmes de transport, nos manières de nous nourrir, d'acheter, de nous loger, de travailler et de nous distraire, nos façons d'habiter le territoire ou de nous déplacer, nos petites habitudes comme nos grandes manies.

Mais c'est justement parce qu'elle relève des hommes que la crise n'est pas sans issue. Interrompre la spirale nous appartient, ici et maintenant, à commencer par ce pays – la France – dont nous sommes les citoyens. Le moment est venu de donner un contenu au terme de « développement durable » qui, depuis le Sommet de la Terre de Rio, constitue la doctrine officielle du gouvernement français comme de la plupart des autorités de la planète. Sans plus attendre, il s'agit de faire ce que les discours et les expertises répètent à longueur de temps.

Les questions que soulève l'impératif écologique sont complexes, multiformes et interdépendantes. Les réponses nécessiteront des transitions peut-être difficiles. Elles impliquent un choix prioritaire qui mobilise à la fois l'action de l'État, celle du monde économique et la responsabilité de chacun.

Nous proposons ici quelques grandes orientations dont les principes nous semblent incontournables : une économie économe dans ses flux de matière et d'énergie, une industrie reconvertie vers la production de biens durables et recyclables, une consommation d'énergies fossiles en baisse massive, une agriculture respectueuse du sol, de l'eau et des équilibres écologiques, des moyens budgétaires et fiscaux revisités, la relocalisation du travail et des activités, des circuits courts d'échange, une limitation de l'étalement urbain, un système de transports ne reposant plus essentiellement sur le mode routier, un patrimoine naturel réellement préservé, l'application du principe de précaution dans le domaine de la santé, une recherche scientifique réorientée…

La nécessité d'un changement de cap de nos sociétés s'impose dans tous les champs de l'action publique, de l'activité économique, de l'organisation sociale et des comportements individuels. Le problème n'est pas seulement d'ordre industriel, énergétique, agricole, fiscal, territorial ou scientifique. Il concerne aussi et surtout le ressort de nos existences, à savoir une course à la puissance, à la vitesse et aux consommations de tous ordres qui constitue une finalité humaine illusoire, autant qu'elle épuise les systèmes naturels. L'enjeu dépasse infiniment la sphère économique et sociale, il invite à la réorientation de nos liens collectifs et de nos trajectoires personnelles vers un mode de vie désormais inséparable de la finitude qui caractérise le milieu naturel.

Une métamorphose est inévitable. Il n'y aucune compatibilité entre notre mode de développement actuel et la durabilité des écosystèmes dont nous sommes dépendants. Si le laisser-faire productiviste et consumériste continue d'imposer sa loi, la régression économique et sociale nous est promise. Comment éviter cette régression, source d'insécurité majeure et de conflits multiples ? La rupture nécessaire passe essentiellement par le « moins » – moins de consommation d'énergie, moins d'utilisation de matières premières, moins de déchets, moins de déplacements, moins de produits chimiques… –, c'est-à-dire, au final, moins d'impact écologique, alors que, de tous côtés, tout pousse au « plus ». Des choix politiques s'imposent pour engager la mutation vers une société de modération : ils impliquent de mettre en œuvre démocratiquement de nouveaux instruments de régulation permettant de réconcilier les équilibres naturels et les activités humaines.

1

ÉCONOMIE : VERS UNE LOGIQUE DE DURABILITÉ

Objectif : concevoir les produits industriels pour qu'ils durent, soient réparés ou recyclés afin de réduire les flux de matières, de déchets et d'énergie ; remplacer la vente d'un produit par sa location.

Le système actuel de production industrielle fonctionne comme une machine infernale : à un bout du tuyau, il engloutit massivement des ressources non renouvelables, à l'autre bout, il rejette sans vergogne gaz, déchets et molécules chimiques. Au total, seuls 7 % des ressources utilisées pour obtenir des produits finis se retrouvent dans ces derniers, ce qui signifie que la grande part des 93 % restants sont, en un sens, perdus ; 80 % de ces mêmes produits ne donnent lieu qu'à un seul usage. Les flux sous-jacents nécessaires à la réalisation de tous les biens qui alimentent notre quotidien sont considérables : par exemple, la production d'un ordinateur portable de 3 kilos exige l'équivalent énergétique de 350 kilos de pétrole, celle de 1 kilo de céréales nécessite 1 000 litres d'eau, celle de 1 hamburger 10 000 litres. Par ailleurs, l'espérance de vie des produits est de plus en plus courte et c'est en masse qu'ils finissent en décharge, dans la nature, ou qu'ils partent en fumée. En Grande-Bretagne, 100 millions de téléviseurs, ordinateurs, téléphones mobiles, chaînes hi-fi et autres appareils électroniques ont été abandonnés en 2005. Aujourd'hui, chaque Français jette en moyenne 14 kilos d'équipements électriques ou électroniques par an, contre 3 kilos en 1965.

Or, ces flux qui se développent et qui circulent à l'échelle mondiale se heurtent désormais à la finitude planétaire des ressources : ainsi Nissan et Suzuki ont-ils dû interrompre leurs chaînes de production fin 2004, faute d'acier disponible sur le marché ; les ressources mondiales de platine ne suffiraient pas à équiper le parc mondial de véhicules avec des piles à combustible ; si la Chine connaissait le même taux d'équipement automobile que les États-Unis – on dénombre chaque jour mille voitures supplémentaires à Pékin –, la production pétrolière mondiale suffirait à peine à faire rouler les voitures chinoises ; etc.

Prélèvements d'actifs d'un côté, accumulation de passifs de l'autre. Jusqu'à quand ? La spirale est, à proprement parler, insoutenable.

Développer une nouvelle stratégie industrielle

Il s'agit donc de modifier en profondeur le modèle productif dominant et ses modes de fabrication. En lieu et place d'une économie « linéaire » qui, d'un même mouvement, épuise les ressources et accumule les déchets, c'est vers une économie « circulaire » (selon l'appellation germanique, puis sino-japonaise, qualifiée également de façon moins évocatrice d'« écologie industrielle ») qu'il faut s'orienter, en cherchant à rapprocher nos écosystèmes industriels du fonctionnement équilibré et quasi cyclique des écosystèmes naturels.

Avec cette modification des règles du jeu de la production, l'impératif de réduction des flux de matière et d'énergie se substitue au diktat du toujours plus de produits nouveaux et de biens jetables. L'ambition industrielle s'inverse : elle ne consiste plus à produire pour produire mais à *réduire,* à *récupérer*, à *réutiliser*, à *réparer*, à *refabriquer* et à *recycler* les productions ; à transformer les déchets en ressources et les matières utilisées en matières premières ; à réviser ou à changer les procédés de fabrication en fonction de leur bilan écologique ; à mettre en réseau et à mutualiser les unités de production au lieu de les multiplier ; à valoriser plutôt qu'à jeter ; à économiser et non à gaspiller. Soyons clair : il ne suffira pas de construire un puissant secteur de réparation écologique au sein du système industriel actuel, en renforçant par exemple les éco-industries des secteurs de l'eau et des déchets, même si le développement de celui-ci s'impose. C'est d'une autre logique industrielle globale dont l'économie a besoin, si elle veut échapper à un inéluctable déclin. Cette logique doit s'appliquer progressivement à l'ensemble des activités, selon des rythmes compatibles avec les contraintes des reconversions techniques et sociales, secteur par secteur. C'est ce que nous proposons de faire, par exemple, dans le domaine de l'énergie, avec l'introduction d'une taxe carbone différenciée et progressive (voir p. 209).

Au critère de l'intensité productive et marchande, l'économie circulaire substitue son propre régulateur, celui de la durabilité : elle privilégie la durée des biens mis sur le marché en lieu et place de leur obsolescence planifiée et d'une offre indéfiniment élargie. Sa mise en œuvre repose sur une étude systématique du métabolisme des activités économiques, à savoir les quantités de matière et d'énergie nécessaires à la production, aux échanges et à la consommation, aussi bien par type de produits que sur un territoire donné. Seule l'analyse approfondie de ce qui est constitutif de chaque produit et de son cycle de vie, du berceau jusqu'à la tombe, permet d'identifier les flux qu'il entraîne et qui suscitent un impact environnemental significatif, et de dégager des solutions afin de réduire la quantité des ressources nécessaires à la fabrication de chaque unité de biens.

L'économie circulaire se singularise encore par la recherche de synergies entre acteurs et entreprises, fussent-ils concurrents, et le souci de dégager des complémentarités, soit dans le cadre d'écoparcs industriels, soit dans celui de filières, ou à l'échelle de territoires. Cette recherche de synergies peut être conduite de deux manières, non exclusives :

- d'abord, dégager de nouveaux usages pour un flux de matière donné. On peut donner comme exemples la valorisation énergétique des déchets graisseux des charcuteries industrielles à des fins de fabrication de vapeur ; l'utilisation des poussières d'aciérie pour la production de pigments de peinture ; des boues de stations d'épuration pour la création de briques ; des bourres de grattage et de rasage de l'industrie textile pour la confection des mousses de conditionnement, etc. ;

- ensuite, identifier les synergies entre entreprises et initier ou soutenir le développement de boucles de matière et d'énergie entre les entreprises d'un même territoire. Les déchets des uns deviennent alors les ressources des autres.

On s'aperçoit ainsi que l'économie circulaire, au-delà de ses conséquences industrielles, devient aussi un puissant outil d'aménagement du territoire et d'encouragement à la recherche-développement (voir p. 106 et 174).

In fine, ce nouveau type d'organisation productive oriente l'économie, autant que faire se peut, vers la recherche du bouclage des flux de matières. Les voies disponibles sont alors multiples : utilisation des coproduits, sous-produits et déchets d'un type de production par d'autres productions, collaboration d'une industrie avec une autre, réutilisation, réparation, *remanufacturing*, recyclage. Ainsi peut-on envisager un système industriel qui ne produirait que des biens ou des déchets recyclables, réutilisables, réparables, valorisables ou biodégradables, au sein d'un périmètre territorial le plus étroit possible, avec le moins de déchets ultimes possible et un moindre apport de ressources extérieures. Un système où, en quelque sorte, la réduction à la source l'emporte sur la croissance en volume.

L'évolution à venir des technologies moléculaire, génétique et informatique pourrait permettre, sous condition de leur maîtrise par la société et de la stricte application du principe de précaution, de rapprocher les techniques de production de l'agrégation à froid de la matière propre au vivant, et d'ouvrir ainsi des horizons nouveaux au bouclage des cycles. On pense, par exemple, à l'utilisation des organismes d'origine végétale et des micro-organismes pour une bioconversion de l'industrie chimique vers une « chimie verte ».

Cette nouvelle stratégie industrielle ne peut être fondée que sur les connaissances dont nous disposons quant à la dangerosité de la concentration au sein de la biosphère de telle ou telle substance, par exemple de métaux lourds, de polluants organiques persistants ou de dioxyde de carbone et sur un approfondissement de nos connaissances, notamment en matière de risques. Elle doit donc s'appuyer sur le secteur nouveau de l'écologie scientifique et sur la connaissance encore balbutiante de l'enveloppe de viabilité qui entoure la Terre, à savoir la biosphère.

Le souci d'une économie circulaire et économe en matière et en énergie ne relève pas de l'utopie. Elle est d'ores et déjà expérimentée avec succès ici et là, et elle s'avère porteuse d'innovations et créatrice d'emplois. C'est, par exemple, la stratégie du zéro déchet appliquée en Nouvelle-Zélande, ou la politique de développement durable mise en œuvre par le canton de Genève[1] ; c'est encore la création d'une cinquantaine d'écoparcs dans le monde, notamment au Danemark, au Canada, en Suède, en Allemagne, en Autriche, aux États-Unis, en Chine, au sein desquels les échanges entre industriels sont systématisés, permettant de substantielles économies d'énergie, d'eau ou de matières premières, et l'optimisation des productions ; c'est aussi, on l'a vu, la mise en place de bourses aux déchets, le développement de stratégies complémentaires par filières, de synergies entre les sous-produits de différentes entreprises ou la valorisation de leurs matières industrielles résiduelles.

S'orienter vers une économie de fonctionnalité

L'économie circulaire peut trouver dans l'avènement d'une « économie de fonctionnalité » un puissant allié. Celle-ci, à la différence de l'économie circulaire, n'implique pas un changement direct des techniques de production. Elle consiste à substituer la vente de l'usage ou de la fonction d'un bien à la

1. Celle-ci est fondée sur une analyse préalable de tous les flux sur son territoire. Les différentes actions ont ensuite été conduites en fonction des résultats de cette étude : obligation pour les constructions publiques nouvelles en béton de recourir pour moitié à du béton recyclé ; chauffage géothermique d'un quartier grâce aux eaux du lac ; appui à la recherche de synergies éco-efficaces pour les entreprises de la ville, etc.

vente du bien lui-même. Le bien en question doit bien sûr toujours être produit, mais avec l'économie de fonctionnalité, la règle change : l'objet support du service ou de la fonction est conçu pour durer. À l'inverse, dans le cadre de l'économie classique, l'activité de production ne peut se perpétuer que si les objets produits sont rapidement usés ou obsolètes, faute de quoi la demande de production serait insuffisante.

L'intérêt de l'économie de fonctionnalité est de rompre ce cercle. En louant un bien (ou en vendant son usage), on n'associe plus le flux financier au renouvellement des objets, mais à leur durabilité. Autrement dit, la pérennité relative des objets ne s'oppose plus à l'activité économique, elle en constitue au contraire la condition. On peut dès lors comprendre que le passage à l'économie de fonctionnalité puisse affecter profondément la conception des produits comme supports des services : ils doivent être conçus pour durer, voire pour incorporer des innovations successives. Ainsi comprise, l'économie de fonctionnalité permet le découplage de la croissance des activités économiques de celle des flux de matière sous-jacents, ce qui constitue un avantage décisif du point de vue écologique. Elle permet aussi de dégager d'autres avantages environnementaux, notamment de contrôler le cycle de vie des produits, de les récupérer et de les valoriser au terme de leur existence.

C'est ce que réalise par exemple depuis de nombreuses années l'entreprise Michelin, qui vend moins de pneus que par le passé tout en augmentant son chiffre d'affaires dans le secteur du transport routier : elle a mis en place un système lui permettant de gérer elle-même la maintenance des pneumatiques des sociétés de transport. C'est encore ce que développe depuis des années la compagnie Xerox, qui produit plus de photocopieurs avec une moindre quantité de matières à l'unité : elle associe la location exclusive d'appareils à un système de récupération, de remise en état et de réutilisation des composants de chaque machine. Résultat : les éléments recyclés forment à eux seuls 90 % du poids d'une machine louée. Bien évidemment, le remplacement de la vente par la location est la condition sine qua non d'un tel taux de réutilisation.

Avec la vente d'un service ou la location d'un bien, l'éco-conception des produits devient nécessaire : le principe de réutilisation/recyclage présuppose un effort de conception approprié, qui privilégie la durabilité – en apportant des perfectionnements à des objets en cours d'utilisation – et la modularité – afin que les pièces puissent servir sur des machines différentes. La prise en compte, dès sa conception, du produit tout au long de son cycle de vie pour qu'il reste durable et sûr devient la règle industrielle n° 1.

L'environnement et l'emploi privilégiés

Le maintien, jusqu'à la fin de vie des objets, du lien juridique d'appartenance à leur fabricant pose une problématique inédite. La responsabilité du producteur est en effet considérablement étendue. Celui-ci n'est plus seulement responsable de ce qu'il produit mais aussi des conséquences qu'implique l'usage de son produit. Qu'adviendrait-il par exemple du secteur automobile si ses industriels se convertissaient massivement à l'économie de fonctionnalité ? En d'autres termes, s'il devenait impossible d'acheter une voiture – si l'on pouvait seulement la louer –, leur métier changerait tout autant que les voitures qu'ils finiraient par produire, puisqu'ils devraient concevoir celles-ci pour qu'elles durent. Ne serait-ce pas une manière d'endiguer le flot grandissant du parc d'automobiles individuelles et ses conséquences désastreuses sur l'environnement et la biosphère, tout en maintenant une offre de véhicules correspondant aux besoins ?

De façon générale, les contrats de location devraient être plus élaborés. Comment garantir la durée nécessaire à leur rentabilité ? Comment les renouveler, fût-ce sous une autre forme, après leur terme ? Comment se prémunir contre des usages destructeurs par les locataires ? La propriété continue du fabricant a pour corrélat l'absence d'appropriation des usagers et cela n'ira pas sans poser quelques problèmes du point de vue de la responsabilisation individuelle. Mais le frein mis au réflexe d'achat systématique et l'interruption du cycle accumulation/rejet présentent des avantages bien supérieurs sous l'angle de la durabilité.

Dans le cadre d'une économie de fonctionnalité, toutes les opérations de valorisation – récupération, réutilisation, *remanufacturing*, réparation et recyclage – deviennent prioritaires et sont facilitées, le producteur gardant la maîtrise du produit jusqu'à son terme. Par conséquent, leur impact sur l'emploi en général et sur sa localisation en particulier devrait être positif : la maintenance est en effet plus consommatrice de main-d'œuvre que la production ; l'usage d'un bien, du fait du système maintenance/récupération, s'accompagne alors nécessairement d'une création locale d'emplois. Enfin, si l'on imagine que les camions ou les automobiles, à l'instar des photocopieurs, n'étaient plus vendus mais seulement loués, le fabricant pourrait alors tirer un flux financier nouveau de chaque usage.

Déjà le progrès technologique débouche sur des gains de productivité et donc, le plus souvent, sur une diminution de la consommation de matière et d'énergie. Toutefois, en rendant moins chers les objets produits, ce progrès permet d'intensifier l'usage de ces biens, puisqu'ils sont fabriqués et vendus en plus grand nombre. Force est de reconnaître que les économies réalisées par unité sont absorbées par le nombre grandissant d'unités produites. Au bout du compte, l'environnement est toujours perdant. Les économies de matière et d'énergie sont quasi systématiquement annihilées par la croissance de l'usage ou par la libération de possibilités financières s'investissant dans la consommation de biens nouveaux. Les avancées techniques en matière de motorisation automobile (moindre consommation, moindre pollution) sont, par exemple, toujours annulées par la croissance du trafic et l'augmentation de la taille des véhicules, les vertus énergétiques des appareils électroménagers par l'élargissement de la gamme d'objets disponibles, etc. Le développement de l'économie de fonctionnalité devrait permettre de casser cette spirale.

Quelles seraient au bout du compte les conséquences d'une généralisation de la location quant à l'identification aux objets devenue si prégnante dans nos sociétés ? D'une part, l'économie de fonctionnalité sape l'un des fondements de la société marchande – la propriété individuelle – et son ressort psychologique – le sentiment d'appropriation. Elle conduit à se procurer un produit seulement pour son usage strict. D'autre part, elle peut avoir un effet pervers pour les catégories sociales les plus défavorisées : la location de services assécherait le marché de l'occasion et il ne serait plus possible de récupérer des objets proches de leur fin de vie. Fût-il modeste, chacun devrait acquitter un loyer. Cependant, l'expérience des services de location sociale de voitures, c'est-à-dire de voitures plus anciennes à des tarifs très bas pour permettre de se rendre sur un lieu de travail, montre que la vente de services peut aussi être adaptée aux différents niveaux de revenus.

Au-delà de la peste et du choléra

Économie circulaire plus économie de fonctionnalité : ces deux voies complémentaires débouchent sur une stratégie générale de dématérialisation de l'économie. Ensemble, elles permettent de disjoindre la création de valeur, notamment monétaire, des flux de matière et d'énergie qui la sous-tendent généralement. Dans ce système, ce n'est pas parce qu'on produit plus que l'on crée plus de richesses. L'augmentation de la viabilité économique des entreprises (et de l'emploi) est ainsi découplée de la croissance des flux sous-jacents à la production. Autrement dit, cette mutation, si elle oblige à des révisions et à des innovations d'ampleur, ne casse pas techniquement l'outil industriel, et ne l'appauvrit pas financièrement. Elle ne ruine pas l'économie au moment où il s'agit de faire face à l'extension de la pauvreté et des précarisations. Elle est porteuse de nouveaux emplois.

Elle encourage l'innovation et la créativité autour de l'écoconception des produits.

Une issue s'ouvre ainsi face à l'alternative paralysante à laquelle nos sociétés semblent condamnées, d'un côté la peste de la récession et du chômage si l'on veut préserver les ressources et les équilibres du vivant, d'un autre le choléra de la destruction de ces ressources et de ces équilibres si l'on souhaite conforter l'activité économique. L'économie circulaire et de fonctionnalité permet d'échapper à ce piège. Augmenter le bien-être social sans que celui-ci soit systématiquement relié à la comptabilité simpliste du PIB et à l'accumulation de biens privés, sans continuer de détruire les écosystèmes, sans compromettre le dynamisme scientifique, technologique et économique des sociétés humaines, c'est possible !

Ce n'est pas tant de produits nouveaux, plus propres, plus écologiques, moins énergivores, dont nous avons besoin, dans la mesure où leur effet positif risque d'être annihilé par la tendance lourde à leur multiplication. Si nous voulons sortir de la contradiction production/dégradation, il nous faut disposer de moins de produits nouveaux, avantageusement remplacés par des biens durables, recyclables, réutilisables, récupérables, valorisables ou biodégradables.

L'engagement de la puissance publique

L'économie circulaire et l'économie de fonctionnalité ont-elles la moindre chance de se généraliser spontanément ? Si elle n'est pas étendue, cette stratégie de dématérialisation de l'économie ne saurait en effet atteindre son but : la réduction massive de l'utilisation des ressources finies. L'efficacité environnementale de l'une comme de l'autre dépendra de leur degré de généralisation. De nombreuses expérimentations d'économie circulaire voient le jour et l'économie de fonctionnalité s'applique déjà dans plusieurs domaines. Mais elles restent encore dans des sortes de ghettos commerciaux ou expérimentaux. À l'évidence, le marché n'accomplira pas spontanément cette mutation et ne l'étendra pas à l'ensemble de la sphère économique, même si l'augmentation inévitable du prix de l'énergie et des matières premières pourrait en renforcer l'intérêt pour les acteurs privés.

Il faut donc que la puissance publique – l'État et les collectivités territoriales – s'engage résolument dans l'application coordonnée des principes de circularité et de fonctionnalité à toute l'économie. Le chantier est immense puisqu'il implique une reconversion globale des moyens privés de production, une modification de la nature des produits, un changement du statut des biens et une mutation des systèmes commerciaux. Ouvrir ce chantier, l'encadrer, le planifier et le mener à son terme n'ira pas sans poser des problèmes techniques, ni sans imposer des contraintes réglementaires. Les intérêts constitués se cabreront. Les habitudes résisteront. Il nous apparaît néanmoins qu'il n'y a pas d'autre voie pour économiser les ressources et « réencastrer » l'économique dans un choix de société.

Ces nouveaux principes peuvent commencer à s'appliquer rapidement : dans le secteur des déchets et des filières pérennes de récupération et de recyclage, où cela a été commencé avec succès pour le verre et le papier ; avec la création d'écoparcs (quatre projets seulement sont à l'étude en France) ; et plus encore par la mise en place de réseaux interentreprises. Les institutions et les laboratoires de recherche et développement y trouveront un encouragement décisif. Préalablement cependant, un premier verrou doit sauter : celui des obstacles réglementaires. Certes, des dispositifs d'incitation ont déjà été mis en place, avec par exemple la directive européenne relative à l'instauration d'un marché de permis d'émissions de dioxyde de carbone (CO_2) négociables pour certains secteurs industriels, ce qui constitue un instrument potentiellement puissant d'incitation à la décarbonisation de l'énergie, c'est-à-dire à la réduction des émissions de CO_2. On constate également que la directive rendant obligatoires la collecte et la valorisation des déchets d'équipements électriques et électroniques, ou celle concernant les véhicules automobiles hors d'usage constituent des incitations fortes à la mise en boucle de certains flux.

En revanche, certains aspects de la réglementation française constituent un obstacle au développement de l'économie circulaire : la valorisation d'un déchet dans une Installation classée pour l'environnement (ICPE), c'est-à-dire un site industriel soumis à des normes particulières pour protéger le voisinage, exige une procédure d'autorisation longue (dix-huit mois en général), lourde, et donc dissuasive, même si cette valorisation ne représente aucun danger. C'est ce type de procédures qu'il faut faire évoluer en priorité afin de libérer les initiatives. L'Allemagne et la Belgique ont trouvé des solutions pour la valorisation des flux au sein de ce qu'on appelle en France les installations classées. Plus généralement, il conviendrait de mettre en place, au-delà des deux directives mentionnées, un système réglementaire général, à l'instar de la loi chinoise en préparation, relative à l'économie circulaire : elle concerne tout autant le prix des ressources naturelles, le coût du traitement de la tonne de déchets, la limite de consommation d'eau par point de PIB, que la fixation d'un seuil minimal de recyclabilité pour la plupart des matières. Associé à un système d'incitation fort pour substituer, là où cela a un sens, la vente de service ou la location d'un bien à la vente de produits, un tel dispositif constituerait un tournant majeur vers une économie écologisée.

2

ÉNERGIE : ORGANISER LA BAISSE DE LA CONSOMMATION

Objectif: lutter contre le changement climatique en réduisant massivement le recours au pétrole, au gaz naturel et au charbon afin d'économiser les ressources fossiles et de diviser par quatre nos émissions de gaz à effet de serre d'ici 2050.

L'humanité est prise en étau entre deux menaces. D'un côté, les combustibles fossiles qui ont permis à la révolution industrielle d'atteindre son plein régime sont les premiers responsables de la concentration croissante de gaz carbonique dans l'atmosphère. En augmentant rapidement l'effet de serre, cette concentration bouleversera le climat de telle façon que l'hospitalité de la terre pourrait fortement diminuer – et l'activité économique et la population avec. De l'autre côté, ces mêmes combustibles fossiles vont entrer en déplétion, le pétrole d'abord, suivi de près par le gaz puis, à horizon plus lointain, par le charbon, asséchant le moteur du développement économique actuel et interdisant les niveaux de consommation qui lui sont attachés. Quelles que soient les dates où la production pétrolière et gazière va commencer à décliner – entre quelques années et une trentaine d'années – et le rythme d'aggravation du réchauffement climatique – son emballement, synonyme de chaos, devient une hypothèse rationnelle –, ces deux phénomènes interviendront à coup sûr. Et cela, à l'échelle d'une vie d'homme, c'est-à-dire avec une célérité que l'histoire géologique n'a jamais connue.

Nos générations se trouvent dans l'obligation d'anticiper et d'amortir ce double choc, si elles ne veulent pas condamner l'humanité à subir les lois physiques de la nature.

On peut penser que si les combustibles fossiles viennent à manquer, le gravissime problème du réchauffement climatique sera résolu. On recourrait alors à d'autres sources d'énergie, qui n'ont que peu ou pas d'impact sur l'effet de serre. Nucléaire, hydraulique, bois, éolien, solaire, géothermie, biogaz, biocarburants, hydrogène viendraient ainsi progressivement remplacer les précieuses ressources carbonées qui, après nous avoir fait tant de bien, vont commencer à nous faire très mal.

Sauf que les énergies fossiles sont tellement utilisées dans les activités économiques et les gestes de la vie quotidienne qu'il paraît a priori impossible de leur substituer, ipso facto et à volume équivalent, des ressources énergétiques alternatives. Certes, en France, la part prise par le nucléaire dans la production d'électricité a permis de desserrer, plus qu'ailleurs, la dépendance vis-à-vis des combustibles fossiles. Celle-ci reste cependant très forte, à cause des transports (les voitures, les camions et les avions brûlent du pétrole), du chauffage (qui consomme certes de l'électricité, mais aussi du gaz et du fioul), de l'agriculture et du secteur agro-industriel (fabrication des engrais, importation d'aliments pour le bétail, utilisation généralisée des machines agricoles, transport des denrées alimentaires, fabrication des emballages) et de l'industrie (besoins en chaleur). L'approvisionnement énergétique primaire de la France est composé à 53 % d'énergie fossile (33 % pour le pétrole, 15 % pour le gaz naturel et 5 % pour le charbon). Mais si nous raisonnons en « énergie finale », réellement utilisée, les combustibles fossiles comptent pour les trois quarts de la consommation française, et les produits pétroliers pour la moitié environ.

En vérité, nous ne possédons que des solutions partielles pour remplacer, à volume égal, en quelques décennies, un pétrole, un gaz naturel et un charbon dont la consommation doit diminuer. Aucune offre nouvelle d'énergie n'est susceptible de répondre quantitativement à la demande si celle-ci reste en progression constante[1], quels que soient par ailleurs les progrès accomplis en matière d'efficacité énergétique.

La conclusion s'impose : il n'y a pas d'autre solution à l'inévitable et nécessaire régression de l'énergie d'origine fossile que la réduction de la consommation énergétique globale. Pour ce faire, nous proposons d'introduire une taxe progressive et continue sur toutes les sources d'énergie à base de carbone (voir p. 209).

L'impossible continuité

Chercher à prolonger la croissance des hydrocarbures « tant que ça passe » nous amènerait assez vite dans une zone où « ça ne passe plus », du fait de la raréfaction des ressources ou pour des raisons climatiques, ou encore pour les deux à la fois.

L'humanité « brûle » actuellement près de 10 milliards de tonnes équivalent pétrole (TEP) chaque année. Les réserves cumulées de pétrole, de gaz et de charbon s'élèveraient à environ 800 milliards de TEP. On entend par « réserves » les quantités de combustibles qu'on pense pouvoir extraire du sol ou des fonds marins aux conditions techniques et économiques du moment et d'un futur proche. Il existe par ailleurs des « réserves supposées ». Ce sont des ressources dont l'existence est déjà connue, ou au moins supposée (dans ces cas, on considère qu'on a de bonnes chances de les découvrir dans le futur). On espère pouvoir extraire « plus tard » une certaine fraction de ces ressources quand les techniques auront progressé et/ou le prix monté. Elles représentent au plus 3 200 milliards de TEP, essentiellement sous forme de charbon (pour environ 3 000 milliards de TEP).

Toutefois, du fait de la logique implacable des exponentielles, si la consommation de combustibles fossiles se

1. De l'ordre de 1 à 2 % chaque année en France, sauf en 2005 où elle n'a augmenté que de 0,3 % en raison de la hausse des prix des carburants.

maintient à 2 % de croissance par an (comme c'est le cas depuis trente ans), toutes les réserves connues (charbon compris) seront épuisées en cinquante ans, et toutes les réserves supposées en un siècle !

En réalité, une consommation de ressources non renouvelables ne va jamais sans cesse croissant pour ensuite devenir brutalement nulle : les acteurs économiques baissent leur consommation à mesure que les ressources s'épuisent. Mais cet exercice théorique permet de déboucher sur une conclusion simple : au vu des données publiées, qui n'ont pas beaucoup changé sur les trente dernières années, il est impossible d'envisager une croissance continue de la production et de la consommation d'énergie fossile au-delà de quelques décennies (et même d'une grosse décennie pour le pétrole). Les opérateurs pétroliers annoncent d'ailleurs depuis peu que la production d'or noir culminera aux alentours de 2020, pour inexorablement décliner ensuite.

Le choc climatique

Imaginons cependant qu'il reste assez de pétrole, de gaz et de charbon pour prolonger encore longtemps l'ivresse énergétique. Il n'y en aurait pas moins urgence à faire baisser leur consommation. En effet, ces combustibles sont directement responsables du renforcement de l'effet de serre à cause de leur teneur en carbone et de sa diffusion dans l'atmosphère sous forme de gaz carbonique. Or, le changement climatique ne peut raisonnablement pas aller en s'accélérant encore longtemps. L'inertie de notre système économique est tel (les infrastructures de transport, les logements, les règles commerciales, l'agriculture, les activités industrielles et commerciales ont besoin de quelques décennies pour se transformer radicalement sans chaos) qu'attendre encore avant d'engager une vaste mutation économique et sociale serait proprement suicidaire. Il faut donc passer à l'action sans perdre un instant pour réduire la consommation d'énergies fossiles, sous peine de précipiter une catastrophe écologique, donc humanitaire, sans précédent.

La prolongation des tendances actuelles d'émissions de gaz carbonique conduirait inévitablement à une élévation de la température moyenne de la planète de plusieurs degrés en un siècle. Ce réchauffement s'est déjà amorcé et se manifeste de façon croissante depuis les trois dernières décennies, conduisant déjà au bouleversement des équilibres. Il faut se convaincre que, si ces tendances continuent, nous n'avons encore rien vu. Le Groupe d'experts intergouvernemental sur l'évolution du climat (GIEC) créé en 1988 par l'Organisation météorologique mondiale (OMM) et le Programme des Nations unies pour l'environnement (PNUE) estimait, dans son troisième rapport de 2001, la valeur haute moyenne du réchauffement à + 5,8 °C d'ici à la fin du siècle. Depuis cette date, un nombre croissant de simulations climatiques tiennent compte du début de saturation des puits naturels de carbone (océans, sols, forêts) qui résulte du changement climatique en cours, et le haut de la fourchette pourrait avoir gagné 2 °C. En outre, des mécanismes de possibles emballements ont été identifiés (dégagement d'hydrate de méthane issu de la fonte des sols gelés, dépérissement possible de l'Amazonie), mais elles ne sont pas prises en compte dans les modèles actuels, faute d'éléments précis pour leur modélisation.

Ces incertitudes sont lourdes de menaces supplémentaires : de moins en moins de physiciens et de climatologues sont capables de garantir un « haut de fourchette » que nous ne dépasserions pas dans un avenir proche (moins d'un siècle) quoi que nous fassions.

Cinq degrés de différence sur la moyenne de la température planétaire actuelle, c'est ce qui sépare notre époque de la dernière période glaciaire, quand la calotte glaciaire s'étendait jusqu'à l'Écosse et que la steppe boréale couvrait la France. À la sortie de l'âge glaciaire, il a fallu plusieurs milliers d'années pour que la température moyenne remonte de cinq degrés et que s'établisse le climat que connaît la planète depuis environ dix mille ans. Les perturbations climatologiques que notre société industrielle a déclenchées conduisent à un phénomène du même ordre, c'est-à-dire à un changement d'ère climatique. Mais, cette fois, le mouvement se déroulerait sur un siècle, soit cinquante fois plus vite que dans le passé, ce qui risque de provoquer un choc considérable pour la vie sur terre, bouleversant les équilibres des écosystèmes, modifiant le régime des pluies et la répartition de la végétation, entraînant la migration des espèces survivantes et des parasites, et la dispersion des virus, provoquant sécheresses, désertification, inondations, canicules et cyclones, précipitant la fonte des glaciers et des banquises, élevant le niveau des mers, acidifiant les océans... Ces répercussions sont déjà à l'œuvre pour certaines, mais encore de manière minime. Ce ne sont plus des hypothèses, mais des réalités qui s'amorcent. Les conséquences en termes de sécurité des populations et des États, de santé, d'alimentation, d'accès à l'eau douce, d'agriculture, d'habitat, d'infrastructures, d'activités économiques, de migrations s'annoncent incalculables, au Nord comme au Sud, même si, face à ce même danger, les pays du Sud souffriront plus que ceux du Nord, précisément parce que ces derniers disposent pour l'heure de l'énergie abondante qui les rend plus résistants aux perturbations.

L'enjeu est donc considérable, puisqu'il menace de déstabiliser l'ensemble des équilibres planétaires et l'humanité avec. Le bouleversement climatique constitue sans conteste le principal défi du XXIe siècle, et pour le relever, il faut d'abord maîtriser la consommation d'énergie fossile. Pour arrêter d'enrichir l'atmosphère avec du gaz carbonique et espérer équilibrer le climat à un niveau compatible avec les capacités d'adaptation de l'humanité, la communauté scientifique estime qu'il faut au moins diviser les émissions planétaires de gaz à effet de serre par deux d'ici 2050, en passant de la moyenne d'un peu plus de une tonne de carbone par habitant et par an à cinq cents kilos environ. Du fait de l'extrême inégalité des situations selon le niveau de développement et de consommation de chaque pays, cela signifie une division des émissions par quatre ou cinq en France (et par plus de dix aux États-Unis). Avec l'objectif

« facteur 4 », c'est d'ailleurs ce que le gouvernement français s'est engagé à mettre en œuvre.

Reste à le faire !

Retour à la modération énergétique

L'objectif est clair : il convient de « décarboner » le plus rapidement possible l'essentiel de notre consommation d'énergie, et cela concerne donc notre industrie, notre agriculture, nos transports, nos habitations, nos comportements commerciaux, nos loisirs, nos habitudes de vie. Les moyens d'y parvenir sont complexes. Il faut d'abord réduire la consommation d'énergie fossile, dans des proportions qui supposent des changements de comportement et de nouveaux « choix citoyens » (voir notre proposition d'extension de la démocratie participative, p. 236). Pour maintenir une consommation énergétique suffisante à la continuité de la société – mais néanmoins réduite –, il faudra en outre faire feu de tout bois, inventer des technologies et des pratiques peu gourmandes en énergie, recourir massivement aux énergies renouvelables – tout en sachant que les potentiels sont très variables selon les techniques, et qu'elles ne pourront remplacer les combustibles fossiles à quantités et prix inchangés – voire conserver le nuléaire.

Depuis les temps préhistoriques, la population mondiale a été multipliée par 1 000 tandis que la consommation unitaire d'énergie par individu était multipliée par 10 à 20. Grâce aux hydrocarbures, un Français « moyen » dispose aujourd'hui de l'équivalent mécanique d'une centaine de domestiques ou d'esclaves pour répondre à ses besoins (un Américain du Nord en possède deux fois plus, un Indien huit fois moins, ce qui fait encore de lui un privilégié comparé au Français du XVe siècle !). Ces esclaves modernes s'appellent voitures, camions, avions, trains, usines, machines, robots, chaudières, ampoules, appareils électroniques et électroménagers… Ils donnent à l'espèce humaine une superpuissance matérielle inédite à laquelle celle-ci s'est évidemment attachée, surtout son pôle « développé », au point d'en faire son paradigme. C'est de ce paradigme qu'il faut sortir ; les conséquences en termes d'organisation économique et de modes de vie en seront peut-être douloureuses, et c'est bien là toute la difficulté.

Car, quelles que soient les prouesses techniques de nos ingénieurs, il n'existe pas de solution permettant à neuf milliards d'individus de consommer pour l'éternité comme un Français d'aujourd'hui. Nous ne ferons pas rouler au nucléaire une voiture de une tonne par adulte pour un prix de cinquante centimes d'euro au kilomètre, l'énergie solaire ne maintiendra pas une aviation civile pour tous, la microélectricité de proximité ne fera pas tourner les usines, nous ne nous priverons pas de blé ni de viande pour dégager l'espace agricole nécessaire à l'alimentation en biocarburants de nos véhicules, etc.

Poste par poste, on s'aperçoit que la limite est tracée. La technologie nucléaire a atteint en France un niveau maximal de production d'électricité (près de 80 %) et elle reste spécifique au secteur électrique. Les équipements hydroélectriques sont eux aussi proches de la saturation, car il reste peu de sites éligibles. Un recours accru au bois et à la biomasse est possible, mais l'extension des surfaces forestières est contrainte par les besoins de l'agriculture et des prairies d'élevage (la consommation de bois peut probablement être doublée ou triplée, mais cela ne constituera qu'un petit 10 % de l'approvisionnement français). Les autres énergies renouvelables – l'éolien, le solaire et la géothermie – pèsent très peu aujourd'hui : moins de 1 % en France. Bien que possédant d'importantes marges de progression, elles partent de si bas que leur contribution restera longtemps marginale et qu'elles ne parviendront pas à combler le vide que laisseront le pétrole et le gaz. Tant que la faisabilité, l'efficacité et l'acceptabilité de la capture et du stockage du CO_2 n'auront pas été démontrées, un retour massif – et de toute façon transitoire – au charbon (dont les réserves sont dix fois supérieures à celles du pétrole) signerait probablement une catastrophe climatique majeure pour nos petits-enfants.

Enfin, en l'état des connaissances, les énergies parfois présentées comme des solutions miracles – fusion nucléaire, hydrogène – ne pourraient être opérationnelles qu'à trop long terme (un siècle pour la fusion, si on y parvient !) ou, ce que peu de gens savent, seraient directement dérivées des énergies fossiles (l'hydrogène est inexistant « prêt à l'emploi » dans la nature et s'obtient aujourd'hui à partir du gaz naturel ou du charbon, avec force émissions de CO_2), ce qui ne ferait donc que déplacer le problème.

Développer les énergies renouvelables

La réduction de la consommation d'énergies fossiles reste la priorité des priorités. Elle doit parallèlement conduire au développement volontariste d'un bouquet énergétique faisant une large part aux énergies renouvelables, diversifié selon les régions, les conditions climatiques et les ressources locales. A priori, il est surprenant que des énergies disponibles, quasiment propres et proches de l'inépuisable comme celles du soleil, du vent, de la terre ou de la biomasse soient si peu utilisées. Leur potentiel est loin d'être négligeable, d'autant que la technologie s'est améliorée. On estime que, malgré ses intermittences, l'éolien pourrait fournir environ 10 % de notre production électrique actuelle, au prix, cependant, d'une consommation d'espace importante si l'on souhaite passer à un stade industriel. Le solaire pourrait couvrir 20 à 30 % d'une consommation énergétique fortement réduite, principalement dans les secteurs résidentiel et tertiaire, en mode décentralisé pour l'essentiel (un dispositif de chauffage solaire basse température par bâtiment, peut-être un toit photovoltaïque sur chaque bâtiment si la question du stockage est résolue et enfin le déploiement du solaire à concentration). Enfin, la biomasse pourrait couvrir une part significative des besoins de chauffage et de chaleur industrielle.

On le voit, si les énergies renouvelables ne sont pas susceptibles de remplacer le pétrole, le gaz et le charbon à leur niveau d'utilisation actuel – d'autant que l'éolien ou le solaire ne bénéficient pas de la souplesse de stockage, de transport et d'usage des hydrocarbures –, leur apport est cependant susceptible de satisfaire une partie non négligeable de la consommation énergétique. C'est assurément un secteur où l'offre énergétique peut encore progresser. Nous aurons besoin du solaire, de l'éolien, de la biomasse, des biocarburants et de la géothermie au fur et à mesure que les combustibles fossiles déclineront. Nous en avons d'ores et déjà besoin pour éviter de renforcer l'effet de serre. Mais, parce que les énergies fossiles nous sont données presque prêtes à l'emploi, elles coûteront toujours moins cher à produire que les renouvelables : un kilowattheure de pétrole jaillissant du désert saoudien coûte 0,3 centime d'euro, contre dix fois plus pour l'éolien, alors que le vent est gratuit ! Pour développer les renouvelables, c'est donc la régulation économique, et elle seule, qui peut venir à notre secours : il faut taxer plus fort les énergies « sales » pour rentabiliser et, si nécessaire, subventionner les énergies « propres ».

Une politique nationale s'impose afin de développer les différentes branches de ce secteur. Elle peut prendre de nombreuses formes : aide financière (financée par la taxe carbone) aux producteurs d'énergie renouvelable, sans considération de l'origine (on pourrait imaginer un tarif de rachat unique quelle que soit l'énergie, ce qui favoriserait de fait les filières les plus proches de la rentabilité et celles nécessitant le moins de processus de transformation), aide à la formation ou à la reconversion de certaines filières, renforcement de la recherche dans certains secteurs (par exemple le stockage de l'électricité, qui reste un problème pour les énergies intermittentes, comme l'éolien ou le solaire), développement de certaines filières pour l'export (solaire à concentration), etc. Il faut toutefois garder à l'esprit que rien de tout cela n'aura de portée si nous n'acceptons pas un renchérissement du prix de l'énergie fossile et une baisse significative de notre consommation globale.

Favoriser la sobriété et les économies

En effet, des gains importants d'efficacité énergétique dans le bâti, les process industriels, les moyens de transport et les équipements ménagers semblent réalisables sans attendre, à condition de ne pas accroître en parallèle la production et la consommation de ces produits, ce qui annulerait les effets positifs de ces gains d'efficacité. Le gaspillage est roi, au sein des entreprises comme au sein des foyers, dans les véhicules comme dans les hypermarchés, dans la mesure où l'énergie d'origine fossile est, contrairement aux idées reçues, d'un coût extrêmement faible par rapport aux services qu'elle rend. La mise en place d'une politique coordonnée de maîtrise de l'énergie s'impose donc pour promouvoir des comportements sobres reposant sur une plus grande efficacité de l'usage de l'énergie. Elle avait commencé à être menée avec succès en France après les chocs pétroliers des années 70. Il faut la réhabiliter et la renforcer encore au travers d'organismes comme l'ADEME ou des agences régionales.

Certaines études montrent qu'une réduction de moitié de notre consommation d'énergie serait possible en utilisant les meilleures technologies disponibles pour chaque usage. Une écoconception des logements en matière d'isolation, d'éclairage, de chauffage et de climatisation est, par exemple, susceptible de diviser par cinq ou dix la consommation énergétique de l'habitat. Autre exemple : l'efficacité énergétique du transport de marchandises par rail est quatre fois supérieure à celle du transport par camion et trois fois supérieure à celle du transport par voiture pour les personnes et les activités à circuit court sont bien plus économes que celles nécessitant du transport longue distance. De ce point de vue, l'orientation vers une économie circulaire et de fonctionnalité pour réduire les flux de matière et d'énergie prend tout son sens (voir p. 67).

Au-delà des innovations techniques et des choix politiques sectoriels, le succès d'une politique d'économie d'énergie reposera essentiellement sur un effort intense de sobriété des acteurs économiques et sur la responsabilisation des particuliers. S'obtiendra-t-il à qualité de vie égale ? Une diminution de la consommation globale est-elle envisageable sans toucher au niveau de confort ? En tout cas, certaines habitudes considérées comme « normales », comme laisser le téléviseur allumé, circuler en voiture à sa guise, brancher la climatisation plutôt que de fermer les volets ou manger des tomates toute l'année, devront évoluer dans le sens d'un civisme écologique. C'est bien l'objet, notamment, du lancement d'une ambitieuse politique d'information et d'éducation au développement durable (voir notre proposition p. 246).

Agir sur la demande

La seule manière d'éviter une tension sur l'offre (déjà perceptible sur les marchés pétroliers et gaziers) est de faire en sorte que la demande diminue plus vite que la production. Il s'agit donc de susciter, d'organiser et de planifier une baisse volontaire de la consommation avant que les contraintes du monde physique ne s'en chargent, d'ici à la fin du siècle. Si nous ne le faisons pas, c'est à une diminution brutale et involontaire et à une régulation par la pénurie que nous nous exposons, outre une augmentation de la charge de la dette écologique pour les générations futures. À ceux parmi les élus qui considèrent que la gestion d'une diminution n'est pas « sociale », faut-il rappeler que rien ne sera plus inéquitable que le chaos qui nous menace ?

De même, pour parvenir au « facteur 4 » – c'est-à-dire à une division par quatre des émissions de gaz à effet de serre –, c'est sur la principale source d'émission, les combustibles fossiles, qu'il faut agir. Quels que soient les nouveaux procédés mis en œuvre, la concentration de gaz carbonique dans l'atmosphère croît en proportion de l'augmentation des consommations de pétrole, de gaz et de charbon. La baisse volontaire se justifie donc aussi de ce point de vue. Cela signifie qu'il faut se diriger vers une diminution de la consommation de pétrole et de gaz de 2,7 % par an dès maintenant, au lieu de la laisser progresser.

Donner un prix au problème

Comment parvenir à la sobriété énergétique dans tous les domaines de l'activité économique et des modes de vie ? Le chantier est immense et suppose toute une série d'améliorations organisationnelles, de changements de comportements, d'innovations technologiques. On ne fera cependant pas l'impasse sur un signal fort qui en indiquera le sens et impulsera le mouvement. Il serait parfaitement illusoire de penser que nous parviendrons spontanément et volontairement à atteindre le double objectif d'une baisse de la consommation des hydrocarbures et d'une division par quatre des émissions de gaz à effet de serre sans une action déterminante sur les prix, à savoir l'instauration d'une taxe carbone progressive et continue sur l'ensemble des combustibles fossiles, pétrole, gaz naturel et charbon, tant que les objectifs ne seront pas atteints (voir notre proposition p. 209).

L'histoire récente nous apprend que le principal déterminant de la consommation d'énergie n'est pas l'efficacité des appareils qui en consomment, mais les prix ou, plus exactement, la fraction de pouvoir d'achat qu'il est nécessaire de consacrer à l'énergie. Si un appareil consommateur d'énergie coûte de moins en moins cher à l'usage, le nombre d'appareils et l'usage qui en est fait vont augmenter. À poids et puissance égaux, les voitures d'aujourd'hui consomment beaucoup moins de carburant que celles d'il y a trente ans ; or, sur la même période, leur nombre a doublé et leur poids et leur puissance ont augmenté. Il en est allé de même pour le parc électroménager ou la surface chauffée des logements.

Il s'agit donc, avec cette nouvelle taxe, de donner un prix au problème. Et, ce faisant, de s'offrir une chance de le résoudre. En augmentant le coût des énergies fossiles pour tous (tout en accompagnant le mouvement d'indispensables mesures sociales compensatoires, voir p. 127), on encourage aussi bien les modifications de l'organisation économique, territoriale et sociale que les changements de comportements individuels ; on pousse à la sobriété énergétique les citoyens comme les entreprises et les services publics. En renchérissant progressivement le prix de l'énergie fossile, on privilégie la responsabilisation de chaque producteur et de chaque consommateur, afin qu'il programme ses activités en évitant les surcoûts énergétiques. En rendant le pétrole, le gaz et le charbon toujours plus chers, on ouvre un espace concurrentiel favorable à tout ce qui ne participe pas au problème (économies d'énergie, énergies sans carbone). En procurant à l'État des ressources financières supplémentaires, on se donne les moyens d'investir dans de grands travaux écologiques, comme la rénovation de l'isolation du parc de logements anciens (voir p. 127), la démultiplication des transports en commun là où ils sont matériellement possibles (voir p. 116) ou les programmes de recherche (voir p. 174).

Une autre solution envisageable en théorie pourrait consister en l'attribution « autoritaire » de quotas individuels dans le cadre d'un budget carbone annuel, comme le gouvernement britannique en a le projet (cf. le *Domestic Tradable Quotas Act*). En cas de dépassement de leur allocation ou, au contraire, en cas de surplus, les consommateurs pourraient racheter ou vendre des droits d'usage de CO_2 sur une place boursière. Cette voie, qui élargirait les marchés d'émission des entreprises, instaurés par la directive européenne sur les quotas d'émission, aux activités domestiques, nous paraît extrêmement complexe à gérer et susceptible de dérives bureaucratiques.

Nous vivons aujourd'hui dans l'illusion dangereuse que l'énergie va rester abondante et bon marché pour l'éternité. Il est temps que les responsables politiques comprennent qu'aucun ingénieur n'a les plans d'une société qui maintiendrait durablement le niveau actuel de consommation d'énergie tout en échappant au double péril de l'effet de serre et de la diminution programmée de la production d'énergie fossile, et ce même en maintenant le nucléaire civil. Défendre l'idée d'une nécessaire baisse de la consommation énergétique et d'une hausse de son coût implique de renoncer aux discours dominants qui la contredisent, comme celui qui promet la croissance infinie de la consommation pour tous. La stabilité énergétique et climatique de demain est absolument incompatible avec notre mode de développement actuel, qui se traduit par une croissance sans limites, une mobilité automobile à volonté, l'extension du périurbain, l'explosion du trafic aérien à bas coût, la fabrication de voitures de plus en plus lourdes et puissantes, la course au gigantisme des infrastructures, la systématisation de la climatisation, l'encouragement à la consommation et aux déplacements, le recours aux emballages et aux produits jetables, la dispersion des hypermarchés de périphérie, le renforcement d'une agriculture intensive... Cette stabilité énergétique et climatique de demain offre une occasion de réévaluer notre mode de vie. Pour le moment, celui-ci se paye à crédit sur nos enfants et nos petits-enfants, qui eux n'auront pas profité de la fête et devront payer la facture correspondante, intérêts compris.

3

AGRICULTURE : PRODUIRE AUTREMENT

Objectif : concilier la production alimentaire avec le respect de l'environnement, le travail paysan, la qualité des produits et la santé.

Lors de la signature du traité de Rome en 1957, la France et la Communauté économique européenne (CEE) dans son ensemble étaient encore très largement déficitaires en de nombreux produits agricoles (céréales, sucre, lait, viande...). L'Europe se trouvait sous la dépendance d'importations en provenance de pays du Nouveau Monde comme les États-Unis, l'Argentine ou l'Australie. C'est pourquoi les gouvernements des six premiers pays constitutifs de l'Europe communautaire[1] ont mis en place une Politique agricole commune (PAC), dont les objectifs étaient d'accroître la productivité de l'agriculture, de garantir la sécurité des approvisionnements agroalimentaires, d'assurer un niveau de vie équitable à la population agricole, de stabiliser les marchés et d'assurer des prix raisonnables aux consommateurs.

Trois grands principes avaient été mis en avant pour atteindre ces objectifs :

- l'unicité du marché européen : les produits agricoles devaient pouvoir circuler sans entrave entre les six pays de la CEE ;
- la préférence communautaire : les Européens devaient s'approvisionner de préférence au sein du marché commun

1. Allemagne, Belgique, France, Italie, Luxembourg et Pays-Bas.

avant d'envisager d'importer des produits agricoles en provenance de pays tiers ;
- la solidarité financière : les coûts inhérents à la mise en place d'« organisations communes de marchés » devaient être supportés solidairement, par le biais d'un Fonds européen d'orientation et de garantie agricole (FEOGA), alimenté par les contribuables des six pays.

Tous les ans, les six gouvernements fixaient des prix communs pour un certain nombre de produits considérés comme stratégiques : les céréales, les produits laitiers, la viande bovine, le sucre et les matières grasses végétales notamment. Ces produits pouvaient circuler sans entrave au sein du marché européen tout en bénéficiant d'une protection commune à l'égard des importations en provenance de l'extérieur. De façon qu'ils puissent être suffisamment rémunérateurs, incitatifs et stables pour les producteurs, les prix de ces produits étaient toujours fixés à un niveau supérieur à celui des prix mondiaux. La CEE dut alors instituer des droits de douane (« prélèvements ») frappant les importations en provenance des pays tiers, d'un montant variable, de façon à combler la différence entre les cours sur le marché mondial et les prix fixés sur le marché commun. À l'inverse, au cas où l'Europe deviendrait exportatrice de l'un ou l'autre des produits concernés, il était prévu d'accorder des subventions à l'exportation (« restitutions »), elles aussi variables, pour que les producteurs puissent toujours bénéficier d'un prix commun, stable et supérieur à celui du marché mondial. Quelques produits comme les fibres textiles (laine, lin), les protéagineux (soja, pois) et certains produits de substitution des céréales (manioc) ont cependant échappé à ces mesures.

La dérive de la PAC

Ces mécanismes de soutien différencié par des prix garantis se sont révélés d'une très grande efficacité, puisqu'on a assisté à l'augmentation très rapide des productions pour lesquelles il existait des organisations communes de marchés. Tant et si bien que, dès la fin des années 70, l'Europe, pourtant déjà élargie à trois nouveaux membres[1], est devenue excédentaire pour ces produits.

Il fallut d'abord envisager le stockage et la conservation de ces productions excédentaires, puis organiser leur exportation – en réalité leur bradage – aux prix internationaux, par le recours aux mécanismes des « restitutions ». Mais les agriculteurs ayant été surtout incités à produire (et finalement à exporter à bas prix) des céréales, du sucre, du lait et de la viande, productions qui étaient « protégées » et pour lesquelles étaient versées les subventions, l'Europe s'est retrouvée à ne plus produire assez de légumineuses fourragères (trèfle, luzerne, sainfoin) et de protéagineux (pois, fèves, soja) pour son alimentation animale. De fait, les agriculteurs ont été dissuadés d'en produire, alors que ces légumineuses et protéagineux présentent l'avantage de permettre la synthèse de protéines à partir de l'azote de l'air par des voies biologiques. La France en est donc devenue largement importatrice (3,9 millions de tonnes de tourteau de soja et 2,8 millions de tonnes de graines de protéagineux par an). Ces importations coûtent désormais très cher à l'ensemble des citoyens.

De façon à rester compétitifs au sein du marché commun agricole, les agriculteurs français ont été amenés à s'équiper toujours davantage en nouveaux matériels et en bâtiments, quitte à s'endetter lourdement. Mais ces investissements devaient répondre aux cahiers des charges imposés par les industries agroalimentaires, qui exigeaient la livraison à grande échelle de produits de plus en plus standardisés. Les organismes de recherche agronomique (l'Institut national de la recherche agronomique [INRA] et ses instituts techniques) ont d'ailleurs concentré leurs efforts sur la sélection de variétés à haut potentiel de rendement à l'unité de surface et de races animales dont les produits devaient répondre de mieux en mieux aux normes exigées par les entreprises de transformation agro-industrielle. Ces nouvelles

1. Royaume-Uni, Irlande, Danemark.

races et variétés n'ont pu exprimer leurs potentiels génétiques et atteindre les rendements exigés que moyennant le recours à de nouvelles infrastructures (bâtiments d'élevage, stations de pompage, réseaux d'irrigation, etc.) et l'utilisation en quantités croissantes de combustibles fossiles, d'engrais chimiques et de produits phytosanitaires.

Contre le sol et les hommes

L'agriculture productiviste promue par les agro-industries et les institutions de recherche et de développement se révèle aujourd'hui à la fois destructrice pour l'environnement et génératrice d'exclusion pour les hommes. Elle vit sur un modèle – l'artificialisation à outrance des éco-agrosystèmes et le camouflage des coûts réels sous le flot des subventions – qui ne garantit plus la sécurité alimentaire des 9 milliards d'habitants de la planète à venir.

La recherche incessante de compétitivité est allée presque toujours de pair avec une intensification et une spécialisation exagérées des systèmes de production agricole. Les agriculteurs ont massivement investi dans la construction d'infrastructures et l'achat de matériels très coûteux ; pour amortir au plus vite ces investissements, ils ont été incités à orienter leurs systèmes de culture et d'élevage vers les seules productions pour lesquelles ces investissements avaient été consentis. D'où la mise en place de cultures standards pratiquées à grande échelle dans des conditions de plus en plus homogènes ; d'où la disparition progressive des systèmes fondés sur la polyculture et l'élevage et un « divorce » croissant entre les cycles du carbone et de l'azote : diminution des taux d'humus dans les sols, pollution des eaux douces et des nappes phréatiques par les nitrates, etc. C'est ainsi que la plupart des exploitations céréalières ne disposent plus aujourd'hui de troupeaux et que les éleveurs ne produisent presque plus de céréales pour la vente.

Le drame est que, en conséquence, nul ne produit plus de fumier pour nourrir ses terres. Les pailles de céréales ne servent plus de litières et brûlent parfois à même les champs, sans pouvoir participer au renouvellement de l'humus des sols. Les nitrates issus des urines et autres déjections animales, concentrés en un petit nombre de lieux, rejoignent quant à eux directement les rivières et les eaux profondes sans avoir pu être fixés dans l'humus des sols. De leur côté, privés de cet azote organique, les céréaliers épandent de coûteux engrais azotés de synthèse, au risque de contribuer, eux aussi, à la pollution des eaux et des nappes souterraines ; sans humus, les sols perdent leur diversité biologique, leur stabilité structurale et deviennent plus sensibles à l'érosion. L'utilisation massive de pesticides concourt également à l'affaiblissement de la qualité des sols, à la contamination des eaux et à la réduction de la biodiversité. Au bout du compte, ce sont les conditions de la fertilité qui se trouvent compromises par le mode de production dominant : l'humus, l'eau et la diversité des variétés végétales et animales sont en train d'en pâtir dramatiquement.

De nombreux agriculteurs se sont trouvés dans l'impossibilité d'investir sans cesse davantage et de rester dans la course à la compétitivité. D'où leur départ précipité vers les villes et la désertification préjudiciable de régions entières, où les nouvelles techniques standards pouvaient plus difficilement être mises en œuvre. Avec la mondialisation croissante des échanges, ce phénomène, observé dans maintes régions françaises (Limousin, Auvergne, Pyrénées, Corse, Haute-Savoie...), prend aujourd'hui des proportions particulièrement inquiétantes dans les nombreux pays du Sud, où l'exode rural alimente l'extension continue et anarchique des mégapoles et de leurs bidonvilles ainsi que des migrations internationales de plus en plus difficilement maîtrisables.

Une question de santé publique

La spécialisation exagérée des systèmes de culture et d'élevage est allée de pair avec des processus de production de plus en plus standardisés et la fourniture d'une alimentation beaucoup moins diversifiée qu'auparavant. Les agriculteurs et les éleveurs accomplissent les tâches qui leur sont imposées par les industriels et les exigences des consommateurs et ont perdu tout contrôle sur la transformation de leurs produits. La caricature de cette situation est la multiplication des élevages porcins et avicoles dits « hors-sol », dans lesquels les animaux confinés dans des locaux de taille réduite doivent, pour prévenir d'éventuelles maladies, ingérer des antibiotiques dont l'usage est contesté par certains. La concentration de tels élevages en Bretagne et les épandages localisés de grandes quantités de lisier qui en résultent expliquent très largement pourquoi les eaux de surface et les nappes phréatiques présentent dans cette région des taux de nitrates bien supérieurs à la teneur maximale autorisée (cinquante milligrammes par litre) ; ainsi, du fait de leur excès en phosphore, les rivières bretonnes sont colonisées par des algues bleues et certaines baies engluées d'algues vertes.

Dans les régions spécialisées dans les productions végétales, le recours systématique à des engins motorisés de très forte puissance pour les transports et les travaux culturaux et le recours croissant aux engrais azotés de synthèse se traduisent par une augmentation de la consommation de pétrole. L'agriculture « industrielle » est ainsi devenue l'un des secteurs de l'économie qui participent le plus à l'effet de serre : ses émissions en gaz carbonique (CO_2), en protoxyde d'azote (N_2O) lié à la fertilisation et en méthane (CH_4) lié à l'élevage représentent en France près de 20 % des émissions totales de gaz à effet de serre. La simplification outrancière des rotations et des assolements accroît les risques de prolifération d'insectes prédateurs et d'agents pathogènes ; elle ne se révèle finalement rentable qu'au prix de pulvérisations de produits phytosanitaires (herbicides, insecticides et fongicides) en quantités croissantes, qui se révèlent souvent dangereux pour la santé des agriculteurs eux-mêmes et des consommateurs. Selon une étude pour la Commission européenne basée sur 80 000 échantillons, près de la moitié (47 %) des fruits et légumes européens contient aujourd'hui des résidus de pesticides.

La nouvelle donne commerciale internationale

La politique agricole commune a été maintes fois condamnée lors des négociations internationales menées sous les auspices de l'OMC. Ce sont les subventions accordées à l'exportation des produits pour lesquels l'Europe est devenue excédentaire qui sont les plus violemment dénoncées par les gouvernements des autres pays exportateurs, États-Unis, Australie, Nouvelle-Zélande, Argentine et Brésil. La politique européenne de dumping aurait en effet eu pour conséquence d'abaisser artificiellement les cours des produits agricoles sur les marchés internationaux, introduisant ainsi de graves distorsions dans la concurrence internationale. Le gouvernement des États-Unis, qui subventionne pourtant lui aussi très largement ses producteurs de céréales et de coton, n'a jamais cessé d'exiger le démantèlement de la Politique agricole commune (PAC), et s'efforce pour ce faire de trouver des alliés parmi les pays du Sud.

Mais de leur point de vue, la question se pose en des termes très différents selon qu'ils sont exportateurs ou importateurs de produits agroalimentaires. Les propriétaires et gérants des grands domaines exportateurs du Brésil et de l'Argentine ont quelques raisons de se plaindre des subventions européennes et nord-américaines. Il convient de ne pas oublier que leur compétitivité actuelle provient du caractère très extensif de leurs systèmes de culture et d'élevage qui, peu coûteux, ne procurent aussi que peu d'emplois. Ces pays, dans lesquels de nombreuses couches de la population vivent encore sous le seuil de pauvreté, exportent les aliments que ne peuvent plus absorber leurs marchés intérieurs, faute de clients solvables ! Sans réforme agraire ni développement d'activités industrielles employant une main-d'œuvre nombreuse, il est à craindre qu'ils demeurent encore longtemps contraints d'exporter les vivres devenus inaccessibles à la plus grande partie de leur population. Plus dramatique encore est la situation des nombreuses régions du Sud dans lesquelles les paysans ne parviennent plus à produire des denrées en quantité suffisante pour approvisionner leurs propres marchés intérieurs (Afrique noire, pays andins, Haïti, Maghreb, Bangladesh...). Ces pays sont dans l'incapacité de résister aux importations alimentaires à bas prix en provenance de l'Union européenne et des États-Unis.

La politique des prix garantis et des subventions aux exportations agricoles a été tellement combattue au sein de l'OMC que les gouvernements européens se sont finalement résolus à y mettre fin progressivement, quitte à laisser chuter les prix payés aux producteurs et à compenser cette baisse des prix par des subventions, dont les montants ont d'abord été proportionnels aux surfaces cultivées ou aux effectifs des troupeaux. La dernière réforme de la PAC adoptée lors du sommet de Luxembourg de 2003 est censée pouvoir « sanctuariser » ces aides compensatoires directes jusqu'en 2013. Mais les agriculteurs ne devraient plus tant percevoir ces subventions en fonction de leurs productions qu'en échange du respect de normes environnementales et sanitaires. Ces « droits à paiement unique » (DPU) ne seront plus conditionnés au fait de fournir telles ou telles productions déjà excédentaires (aides « découplées »). Ils devraient donc occasionner moins de distorsion de prix sur les marchés et ne plus favoriser les systèmes de culture et d'élevage les plus intensifs en intrants chimiques. Peut-être est-ce d'ailleurs là le seul aspect positif de la réforme dont la mise en place a commencé en 2006.

Certes, les aides directes compensatoires devraient encore profiter assez largement aux agriculteurs français. Mais le gouvernement du Royaume-Uni ne manque pas de les comparer à un « chèque » accordé à ces derniers sans contrepartie, somme toute assez semblable au fameux chèque arraché pour les Britanniques par Mme Thatcher, et qui a consisté à abaisser la contribution anglaise au budget européen. La légitimité de ces aides directes apparaît d'autant plus discutable que leur répartition entre exploitants reste extrêmement inégale. On estime que, dans l'état actuel des choses, 78 % des subventions ne sont destinées qu'à 22 % des exploitants agricoles ; certains, parce qu'ils produisent des fruits et des légumes, n'ont droit à pratiquement aucune aide. Cette inégalité risque de perdurer encore un certain temps puisque le montant des aides découplées restera indexé sur les sommes perçues par chacun entre 2000 et 2002.

Les plus petits exploitants agricoles, qui ne vont percevoir qu'une part minime des aides directes, seront eux aussi forcés de vendre leurs produits agricoles à des prix de plus en plus bas. Car, dans le cadre de cette politique de libéralisation croissante des échanges, les prix intérieurs des produits agricoles vont devoir s'aligner progressivement sur les prix internationaux, sans protection aucune aux frontières. Les agriculteurs les moins compétitifs et les moins subventionnés seront donc sans doute contraints de cesser leurs activités, au risque de renforcer l'exode rural, d'accroître le nombre de chômeurs et d'accélérer encore davantage la désertification des campagnes alors que l'énergie chère (voir page 79) devrait au contraire pousser à augmenter les emplois dans ce secteur.

Comment changer d'agriculture

À l'opposé de la démarche impulsée par les entreprises agro-industrielles et les grands céréaliers et amplifiée par la grande distribution et la demande de nourriture à bas prix, certaines franges de la paysannerie se sont efforcées de fournir des produits de terroir, voire biologiques, en pratiquant des systèmes de culture et d'élevage diversifiés, permettant la cohabitation durable d'un grand nombre d'espèces, races et variétés, domestiques et spontanées. Ces agriculteurs pratiquent encore la sélection d'espèces, de races animales et de variétés végétales adaptées aux écosystèmes. Ils adaptent au mieux les systèmes de production agricole aux conditions écologiques locales : sols, microclimats, prédateurs, insectes, « mauvaises » herbes… Ils privilégient la croissance et le développement des plantes et des animaux sélectionnés sans bouleverser les écosystèmes d'origine ni éradiquer chimiquement les éventuels prédateurs et agents pathogènes. Ces systèmes de production permettent souvent de tirer le meilleur profit des cycles du carbone, de l'azote et des éléments minéraux, tout en limitant les consommations d'engrais chimiques, de carburants et de produits phytosanitaires et donc leurs émissions de gaz à effet de serre et leurs pollutions diverses. Ils sont très efficaces en matière de rendement calorique et protéique à l'hectare, mais ils demandent souvent beaucoup de travail, du fait de leur caractère artisanal et soigné. Ce n'est pas un mal en soi, à une époque où le taux de chômage avoisine les 10 %, mais cela signifie que ces systèmes de production doivent être protégés de la concurrence des exploitations les plus fortement moto-mécanisées qui ont nécessairement des charges plus basses à une époque où l'énergie vaut beaucoup moins cher que le travail. Cette protection devrait être renforcée et garantie par des procédures de labellisation et d'appellation géographique contrôlée, avec la participation conjointe des producteurs, des transformateurs, des consommateurs et des associations environnementalistes.

C'est pourquoi, à l'inverse des politiques traditionnelles de soutien aux productions intensives, nous proposons de favoriser l'agriculture durable de qualité – biologique et/ou certifiée – et à circuit court en lui ouvrant un marché : celui de la restauration collective (cantines scolaires, restaurants universitaires, restaurants d'entreprise, maisons de retraite, hôpitaux, cliniques...) et des associations de solidarité. Soit un marché de 10 millions de repas par jour. Moyennant un engagement d'approvisionnement de proximité auprès des producteurs français de ce type d'agriculture, ces deux secteurs se verraient verser les aides actuellement distribuées directement aux producteurs français (d'un montant annuel de 12 milliards d'euros) (voir notre proposition p. 227).

Plus généralement, la nouvelle politique agricole commune devrait prioritairement viser la réalisation des objectifs suivants :

- fournir à la population une alimentation saine, diversifiée, et de grande qualité gustative ;
- assurer le maintien en activité d'un grand nombre de paysans dans nos campagnes et éviter ainsi leur désertification, voire préparer une augmentation de la population agricole quand l'énergie vaudra plus cher ; faire en sorte qu'ils puissent vivre et travailler dignement au « pays », en bénéficiant de prix justes et rémunérateurs, grâce à la fourniture de produits certifiés, biologiques, fermiers, d'appellation d'origine contrôlée, notamment ;
- maintenir un environnement rural sain, de grande biodiversité sauvage et domestique, sans pollution majeure de l'air, des eaux et des sols ; faire des régions rurales des zones agréables à habiter ;
- veiller à ce que les systèmes de production agricole mis en œuvre soient peu coûteux en énergie fossile et ne mettent pas en péril les potentialités productives des écosystèmes sur les moyen et long termes.

Une politique agricole déterminée par l'impératif écologique devrait s'efforcer de réunir les conditions qui permettront aux agriculteurs de mettre pleinement en valeur la diversité des terroirs et les conditions écologiques du pays, en associant étroitement l'agriculture, l'élevage, la transformation locale des produits et leur commercialisation de proximité. Il conviendra de redonner aux paysans la capacité de sélectionner eux-mêmes leurs semences. Par conséquent, le gouvernement devra interdire toute mise en culture des organismes génétiquement modifiés (OGM), tant que ne sera pas démontrée leur innocuité sur l'environnement et sur les filières biologiques et conventionnelles, ainsi que leur compatibilité avec la sécurité sanitaire. Dans la mesure où il n'y a aucune urgence en la matière, nous pouvons prendre le temps d'avoir du recul.

Dans cet esprit, l'INRA et les instituts techniques devront réorienter leurs travaux en mettant préférentiellement l'accent sur le rapprochement entre les sciences sociales et la biologie intégrative, la compréhension des cycles écologiques et le fonctionnement des agro-écosystèmes, et l'accompagnement des innovations paysannes en faveur de systèmes de production agricole plus durables : entre autres, association agriculture-élevage, recyclage des résidus organiques au sein même des exploitations, stockage du carbone dans les sols, transformation des produits « à la ferme », couverture végétale maximale des terrains, prairies permanentes enrichies en légumineuses, rotations culturales intégrant davantage de légumineuses fourragères et de protéagineux, économie en eau, reconstitution et élargissement des bocages.

Au final, la rentabilité des systèmes agricoles devrait être évaluée globalement, de façon à ne pas prendre en compte les seuls coûts monétaires des productions mais à intégrer aussi la multifonctionnalité des agriculteurs et des éleveurs, ainsi que leur impact écologique : préservation du patrimoine naturel, bilans énergétiques, coûts écologiques et aménités environnementales, bienfaits ou méfaits sociaux, alimentaires et sanitaires pour l'ensemble de la société.

4

TERRITOIRE : CONTENIR L'EXTENSION PÉRIURBAINE ET RELOCALISER LES ACTIVITÉS HUMAINES

Objectifs : préserver l'espace rural et naturel, cesser de multiplier les infrastructures et d'artificialiser les surfaces, lutter contre l'étalement urbain par le rapprochement des lieux de travail et d'habitation.

Destinées au départ à faciliter l'accès des citoyens aux services publics, à l'emploi, au logement, aux ressources, aux déplacements, les politiques d'aménagement du territoire doivent maintenant se réorienter à cause des enjeux écologiques et énergétiques. Et passer d'une vocation de rééquilibrage économique et d'occupation croissante de l'espace à un engagement vers l'aménagement durable des différents types d'espaces, urbains, agricoles ou naturels. C'est d'ailleurs ce que prévoit la loi d'orientation et d'aménagement du territoire de 1999, qui a élargi la conception de l'aménagement du territoire à la qualité de vie en général et à la protection de l'environnement en particulier.

Mais il y a loin de la coupe aux lèvres. Malgré les moyens et les outils institutionnels mis en œuvre (DIACT, ex-DATAR, schémas directeurs, plans d'urbanisme, loi sur la protection de la nature, loi « littoral », loi « montagne », loi « paysage »…) et les engagements pris par le gouvernement au sein de son Comité interministériel d'aménagement du territoire (CIADT) par exemple, l'aménagement du territoire, tel qu'il se poursuit aujourd'hui, continue à favoriser l'artificialisation de l'espace au détriment des paysages et des écosystèmes. Et surtout, il perpétue une organisation spatiale qui ne tient qu'avec une énergie à bas prix et qui entraîne la croissance des déplacements et donc des émissions de gaz à effet de serre.

Une nouvelle orientation doit être rapidement prise qui passe par des actions de protection et de reconquête des espaces naturels (y compris de restauration d'écosystèmes pour récupérer les biens et services qu'ils nous rendaient gratuitement), mais aussi par une triple rupture : avec la course aux infrastructures de toutes sortes, avec la tendance à un étalement urbain continu, enfin avec une agriculture de plus en plus industrialisée (voir page 94).

Un parcours d'obstacles

Plusieurs facteurs coexistent qui paralysent l'action pour une gestion durable du territoire. À la profusion et à la complexité des lois, à leur affaiblissement au cours des années par le Parlement, à leur manque de suivi, voire à leur non-application du fait de l'absence de véritables contraintes, s'ajoutent un trop grand nombre de niveaux de décisions et une dispersion excessive des responsabilités : de la commune à l'État en passant par le département et la région, de l'Europe (Natura 2000) au monde (la France a ratifié la majorité des cinq cents traités internationaux relatifs à l'environnement et une partie des trois cent vingt-trois ayant un caractère régional). L'organisation administrative française rend difficiles les projets qui dépassent le périmètre communal. Au découpage électoral (commune, circonscription, canton, département, région, État, Europe) se superposent l'intercommunalité, les arrondissements, les académies, les « pays », les parcs naturels nationaux et régionaux, les syndicats intercommunaux… auxquels il faut ajouter les espaces et zonages définis pour des projets particuliers : Espaces naturels sensibles (ENS), Natura 2000, Zone nationale d'intérêt écologique faunistique et floristique (ZNIEFF), Agences de bassin, Zone d'aménagement différé (ZAD), Zone d'aménagement concerté (ZAC)…

Le mécanisme des subventions qui en découle est d'autant plus difficile à appréhender : fonds d'origine européenne, financement par l'État (Dotation globale d'équipement,

Fonds d'intervention pour les services, l'artisanat et le commerce...), subventions régionales, départementales, parlementaires, dotations d'agences spécifiques (agences de l'eau, ADEME...) constituent une véritable jungle conduisant au « saucissonnage » financier des opérations et imposant des montages de dossiers d'une effroyable complexité, dont les procédures excèdent souvent la durée d'un mandat électoral.

La pression foncière s'est en outre considérablement accentuée depuis dix ans, consommant de plus en plus d'espaces ruraux et naturels au lieu d'optimiser ceux qui sont déjà urbanisés. Les zones naturelles ou agricoles périurbaines sont menacées de disparition. Ainsi, 60 000 hectares sont directement artificialisés chaque année (4,8 % du territoire français entre 1990 et 2000, selon le dernier rapport de l'Institut français de l'environnement, IFEN). Les zones pavillonnaires, construites pour répondre à une demande croissante de logements, dévorent le territoire. Elles induisent la construction d'infrastructures et de nouvelles voies de circulation. Dans un contexte de forte augmentation du prix de l'ancien et de rareté des terrains constructibles, la baisse des taux bancaires, en permettant des montants d'emprunts plus importants, a amplifié l'inflation de l'immobilier et la convoitise sur les espaces agricoles et naturels. Les propriétaires fonciers, pour la plupart agriculteurs, ne résistent pas à cette pression.

L'agriculture productiviste qui prédomine aujourd'hui contribue également à l'artificialisation de l'espace rural, par les monocultures intensives qui uniformisent la biodiversité et les paysages, l'assèchement de marais, l'arasement de millions de kilomètres de haies et de talus pour adapter les parcelles aux machines agricoles géantes et pour augmenter les surfaces cultivables, la multiplication des bâtiments d'élevage hors-sol, la rectification de rivières et de ruisseaux.

Pour autant, le « coût » de l'environnement ne cesse d'augmenter. Les collectivités locales et territoriales sont amenées à lui consacrer une part de plus en plus importante de leur budget : construction de stations d'épuration, réseaux d'assainissement, déchetteries, incinérateurs, reconstructions de talus et de haies, création et entretien d'espaces verts, réalisation de liaisons douces et de zones piétonnes, ce qui accentue la pression fiscale en accumulant les taxes (assainissement, raccordement, enlèvement et traitement des ordures ménagères...). Or, les collectivités qui investissent dans ce domaine ne sont pas récompensées pour les bons résultats obtenus, car celles qui n'appliquent pas la loi (sur la qualité de l'eau potable par exemple, ou sur l'enfouissement des déchets) ne sont pas pénalisées. Du coup, les habitants d'un territoire qui respecte la loi payent souvent plus cher que les autres !

Quant aux schémas directeurs d'aménagement, ils se caractérisent souvent par leur lenteur d'élaboration. Les Schémas locaux (ou directeurs) d'aménagement et de gestion des eaux (SAGE et SDAGE) sont, par exemple, largement utilisés pour la gestion des bassins versants. Ils permettent d'établir un programme d'intervention pour améliorer les eaux de surface et les nappes souterraines. Cependant, les difficultés s'accumulent pour les mettre en œuvre : manque de moyens pour engager les études de diagnostic, conflits entre communes en aval (ville) et en amont (campagne) sur les solutions. Bien souvent, l'élaboration de ces schémas, source d'oppositions locales, est beaucoup trop lente. Que vaut une mesure quand, entre le diagnostic et la réalisation de travaux, il peut se passer plus de dix ans ?

À l'évidence, si l'on veut être efficace, il faut commencer par changer de méthode, en simplifiant les procédures, les mécanismes d'attribution des subventions, les outils administratifs et le rôle des différents acteurs. Un portail Internet pourrait par exemple recenser et actualiser toutes les aides possibles en provenance de l'Europe, de l'État, des régions et des départements, ainsi que les critères d'attribution.

Protéger, conserver, reconquérir

Face aux dégâts que le rouleau compresseur du mode de développement actuel inflige à l'environnement et à la biodiversité (voir p. 145), il faut, enfin, adopter une attitude reposant sur des principes clairs et s'y tenir. Autrement dit, sauf urgence ou nécessité, décréter une sorte de moratoire sur les projets d'aménagement et de construction, d'infrastructures et d'équipements qui fleurissent encore de toutes parts, en France métropolitaine comme dans les DOM-TOM. Interrompre la fuite en avant vers ces projets qui, sous prétexte de développement économique, de création d'emplois, défigurent les milieux naturels, compromettent leur capacité à fournir leurs services gratuits et surtout nous enferment un peu plus dans une obligation d'abondance énergétique. Décider, par exemple, que le littoral doit définitivement cesser d'être grignoté par l'urbanisation, malgré la loi censée le protéger. Ou que les lits majeurs des fleuves doivent être rendus à leur destination. Ou que la desserte autoroutière et routière est désormais suffisante en France[1]. Ou encore que le nombre de stations de sports d'hiver a atteint son maximum dans les Alpes ou les Pyrénées. Ou enfin que la défiscalisation en faveur des investissements immobiliers dans les DOM, qui favorise l'urbanisation touristique de leur littoral, soit contrôlée sur le plan environnemental, voire supprimée.

Bref, sauf urgence sociale ou circonstance exceptionnelle, en rester là du bétonnage systématique et de l'artificialisation généralisée du territoire français. Tracer la ligne rouge avant que celle-ci ne soit définitivement et irréversiblement dépassée. Les élus comprendront-ils que désormais leur rôle n'est plus de lancer des projets de « développement » (souvent ruineux financièrement) à base d'équipements lourds, mais de mettre en place une gestion du territoire compatible avec la nécessaire sobriété énergétique et la conservation des services rendus par les écosystèmes ?

Ce changement de logique n'implique pas pour autant une interruption de tous projets ou travaux. Ceux-ci ne seraient simplement plus entrepris pour bouleverser les milieux, mais au contraire pour les protéger, les entretenir,

1. La France détient l'un des réseaux routiers parmi les plus denses au monde.

les réhabiliter. Les zones inondables, les zones humides, les terrains et les plans d'eau abandonnés après exploitation des granulats ou assèchement pour l'agriculture sont ainsi à reconquérir. Trop souvent, par manque d'intérêt agricole, ces espaces peu entretenus et d'un faible rapport sont au mieux voués à l'abandon, au pire livrés à une urbanisation sauvage, au mépris des règles les plus élémentaires de sécurité. À ce titre, l'usage de la préemption pour la création d'espaces naturels sensibles est efficace, à condition que les communes, le département, la région sachent quoi en faire une fois qu'ils en sont devenus propriétaires. Il en est de même avec les couloirs d'avalanche et les zones à risques sismiques. Les plans de prévention des risques (PPR), de ce point de vue, doivent être rendus obligatoires et menés à leur terme avec fermeté. La reconquête des espaces sinistrés, comme les friches industrielles, les anciennes carrières à ciel ouvert, les espaces délaissés autour des infrastructures autoroutières et ferroviaires ou les propriétés en déshérence, est utile à la fois à la collectivité et à la biodiversité.

À ces fins, la création de nouveaux outils s'avère indispensable. D'une manière générale et de l'avis unanime des acteurs ayant en charge ce type de préoccupation, il paraît urgent de doter le pays d'un inventaire précis et le plus complet possible sur son environnement, c'est-à-dire d'une banque de données ouverte portant sur l'état des lieux et les tendances : inventorier et cartographier la diversité biologique de la France, les écosystèmes et les espèces, en identifiant les points de circulation de la faune sauvage, les espaces de vie des espèces protégées, l'état des nappes phréatiques et des rivières, les types d'agricultures, les sites et les paysages protégés, la progression ou la régression de l'artificialisation des milieux naturels et des paysages. Actuellement, les activités d'inventaire du patrimoine naturel, tant dans leur organisation, leur gestion que dans leur mise en œuvre, sont dispersées entre de nombreux organismes : État (Direction de la nature et des paysages, IFEN), Muséum national d'histoire naturelle et ONG. Ces différents protagonistes ne se concertent pas toujours, n'échangent pas nécessairement leurs données. Tout cela explique que l'on ne dispose toujours pas en France d'un état clair et accessible de l'environnement. Il importe donc de réorganiser cette mission en en confiant l'organisation, la gestion, la mise à jour, le suivi et la publication à une seule autorité : l'Agence nationale du patrimoine naturel (voir p. 145). Un tel inventaire constituerait une référence incontestée pour l'élaboration, entre autres, des études d'impact sur les milieux naturels, des plans locaux d'urbanisme (PLU) et des schémas de cohérence territoriale (SCOT).

Résister à l'étalement urbain

L'urbanisation et l'artificialisation de l'espace qu'elle entraîne sont les facteurs qui contribuent le plus à fragiliser les milieux naturels, en menaçant la richesse et la diversité biologique des territoires. Le phénomène de périurbanisation qui, selon le modèle californien, développe désormais autour des villes-centres plusieurs cercles de couronnes urbaines et des chapelets de lotissements implique en outre une multiplication des déplacements (habitation-travail, habitation-école, habitation-approvisionnement, habitation-loisirs...), effectués en automobile la plupart du temps car il est impossible d'avoir des transports en commun efficaces quand l'urbanisme est peu dense. Il contribue à faire en France du secteur des transports le premier consommateur d'énergie et la principale source d'émission des gaz à effet de serre (voir p. 116). Il oblige par ailleurs, au prix de lourds investissements, à augmenter sans cesse la voirie, les équipements, les moyens de transport, les surfaces commerciales, les services, au détriment des espaces agricoles et naturels. Il démultiplie enfin les problèmes de saturation du trafic routier, de bruit, de stress et de pollution de l'air.

La question de l'étalement urbain se situe au cœur de la problématique d'aménagement du territoire, au croisement des enjeux de protection de la nature, de la biodiversité et des paysages, et de ceux du réchauffement climatique, de transport, d'énergie. C'est avec cette logique de périurbanisation qu'il faut rompre si l'on veut s'orienter sérieusement vers l'aménagement d'un territoire durable et, subséquemment, se donner les moyens de parvenir à une baisse de la consommation d'énergie et donc des émissions de gaz carbonique.

Le concept de ville durable et les outils de la planification territoriale (directive territoriale d'aménagement, SCOT, PLU, cartes communales), en intégrant les principes du développement durable, devaient donner aux collectivités territoriales et à l'État le cadre et les moyens pour concilier évolution urbaine équilibrée, gestion durable des ressources et des milieux naturels, économies d'énergie et lutte contre les pollutions. Mais de l'aveu même des professionnels du foncier, ces outils sont actuellement inadaptés ; quant aux documents d'urbanisme, ils sont lents et difficiles à élaborer, sans parler des pressions dont leurs concepteurs font l'objet. Combien pèsent les enjeux du développement durable face aux projets d'intérêt général (PIG), qui répondent aux demandes de rocades, d'autoroutes, de voies ferrées à grande vitesse, de logements ou de surfaces dédiées au commerce, à l'industrie, aux aménagements du littoral, aux loisirs ?

Certes, le « porter à connaissance » du préfet, qui est transmis aux collectivités territoriales, donne des orientations et les contraintes à respecter pour établir les plans et schémas locaux d'urbanisme, mais le travail à réaliser par les communes est considérable et hors de portée des plus petites, qui ne disposent pas d'un personnel et d'un collège d'élus suffisamment compétents et disponibles pour élaborer un véritable projet d'aménagement durable. Cette tâche est alors sous-traitée à un bureau d'études, dont les compétences sont souvent peu affirmées en matière de biodiversité, d'agriculture, de protection des zones naturelles ou paysagères et de changement climatique.

En tout état de cause, lors de l'élaboration des plans et des schémas locaux d'urbanisme, la limitation drastique de l'expansion périphérique des villes devrait, désormais, figurer comme la priorité des priorités. La politique d'aménagement du territoire amorcerait alors une réorientation majeure : la mise en cohérence des bassins de vie, de travail et d'habitat. Il faudrait dès maintenant s'employer à la constitution et à la densification de petits pôles urbains et ruraux attractifs, plutôt que de laisser les zones pavillonnaires s'éparpiller autour des villes-centres et des gros bourgs, cannibalisant l'espace, le bétonnant, et obligeant à la multiplication des infrastructures, des services, des dessertes de transport et des déplacements automobiles. La nécessité de faire avec moins de transport nous est de toute façon imposée par la crise des ressources énergétiques fossiles et la lutte contre le réchauffement climatique (voir p. 79). Logiquement, l'urbanisme doit s'y adapter, en s'orientant vers des unités urbaines plus denses, offrant le maximum de services de proximité. Au bénéfice par ailleurs d'une amélioration des relations humaines, des liens sociaux, de la convivialité et, en un mot, de l'urbanité.

La conception de ces unités urbaines pourrait s'inspirer par exemple du projet Bedzed, dans la banlieue de Londres, ou de la ville de Fribourg, en Allemagne : application de critères écologiques très poussés, tant en ce qui concerne la lutte contre l'effet de serre – consommation minimale d'énergie fossile, autonomie énergétique maximale – que dans le choix des matériaux ayant un impact environnemental très faible et les modes de transport.

Il s'agit en somme d'abandonner la traditionnelle politique de séparation des fonctions : zones résidentielles, zones économiques, zones commerciales, zones de loisirs. Nous en avons emprunté à tort le modèle aux États-Unis à une époque où le pétrole était bon marché et où l'espace était considéré comme illimité. L'objectif d'une nouvelle politique urbaine serait de réconcilier dans un même espace l'ensemble de ces activités.

Si l'on veut s'orienter vers un nouvel équilibre du territoire, fondé sur sa durabilité écologique et endiguant la marée de la périurbanisation, il est indispensable d'établir une charte d'élaboration des projets d'aménagement et de développement durable (PADD). La plupart du temps, en effet, les plans et schémas locaux d'urbanisme ne font que constater et intégrer l'existant sans proposer de réelle planification à moyen ou à long terme. Rares sont les collectivités qui se lancent dans la reconquête et la réhabilitation d'espaces délaissés et dégradés. À court terme, leur remise à l'état naturel coûte en effet de l'argent, alors que l'urbanisation peut, elle, se révéler rentable pour la collectivité, surtout si celle-ci est propriétaire des terrains. Une charte pour l'élaboration des documents d'urbanisme pourrait donner des consignes strictes concernant la protection des zones naturelles (obligation de préserver les coupures vertes entre zones urbaines, protection des points de vue, des paysages, des zones humides, établissement de corridors écologiques entre milieux naturels), tout en instituant un contrôle strict de l'État quant à la consommation d'espace périurbain. L'État devrait ainsi améliorer ses « porter à connaissance » et préciser le droit à urbaniser attribué à chaque collectivité. Une règle pourrait par exemple instituer qu'aucune nouvelle urbanisation périphérique ne sera autorisée sans création ou réhabilitation d'un espace naturel ou agricole de qualité et de surface équivalentes, et sans garantie que les émissions de gaz à effet de serre n'augmenteront pas de ce fait. De même, les collectivités territoriales pourraient être encouragées, juridiquement et financièrement, à faire valoir un droit de préemption pour l'acquisition et la requalification des patrimoines délaissés – biens vacants et sans maître, morcellement et abandon des terres et des bois, friches industrielles… – et des espaces à protéger – zones inondables ou à risques, par exemple.

5

TRANSPORTS : SORTIR DU TOUT ROUTIER

Objectif : réduire la demande en transports fortement consommateurs de pétrole et grands émetteurs de gaz à effet de serre (camions, automobiles et avions), augmenter l'offre en moyens de déplacement moins gourmands et plus propres (trains, transports en commun, transport fluvial, vélo).

L'activité des transports, dans laquelle le secteur routier se taille la part du lion (89 % des déplacements de personnes et 80 % du trafic de marchandises), au détriment des voies ferrées et navigables, progresse en France deux fois plus vite que l'activité économique générale. Les véhicules, tous types confondus, sont de plus en plus nombreux – le parc automobile a doublé entre 1974 et 2000 – et parcourent des distances de plus en plus importantes. L'essor des déplacements de personnes et de marchandises est de l'ordre de 5 % chaque année, principalement au sein des agglomérations. Globalement, sur une génération, le recours aux transports routiers a doublé.

Symbole et moteur du dynamisme économique et de la mobilité individuelle, le trafic routier se présente en même temps comme une des causes principales du fameux effet du double ciseau : raréfaction de la ressource pétrolière d'une part et aggravation de l'effet de serre d'autre part. D'un côté, automobiles et poids lourds épuisent une ressource précieuse et non renouvelable : 65 % du total de la consommation française de produits pétroliers sont désormais le fait du transport routier (contre 34 % il y a trente ans), dont près des deux tiers reviennent aux déplacements en voitures individuelles. De l'autre coté, l'augmentation du trafic routier et aussi, de plus en plus, celle du trafic aérien renforcent les émissions de gaz carbonique : un tiers environ du gaz carbonique envoyé dans l'atmosphère – soit un quart du total des émissions de gaz à effet de serre – provient en France de la combustion des moteurs. On atteint près de la moitié de rejet de CO_2 si l'on ajoute aux émissions directes des véhicules celles qui lui sont liées, en provenance du raffinage du pétrole, de la fabrication des véhicules, de la construction des routes, etc.

La spirale semble sans fin. En vingt ans, le fret routier a quasiment doublé et tous les ans, 450 000 nouveaux véhicules s'ajoutent au parc automobile français. Malgré les améliorations apportées à la consommation énergétique et aux émissions de gaz par véhicule, la hausse continue du nombre de voitures, de véhicules utilitaires et de camions ainsi que l'accroissement des kilomètres parcourus et l'augmentation du poids et de la puissance des véhicules annulent ces progrès techniques, ainsi que ceux des autres secteurs économiques. Si, aujourd'hui, un véhicule émet en moyenne 20 % de moins de CO_2 qu'il y a vingt ans, les émissions globales dues aux transports routiers ont néanmoins augmenté de 25 % depuis 1990. Résultat : dans ce secteur, les niveaux d'émission de CO_2 prévus en 2010 étaient déjà atteints en 2000. Par ailleurs, si la stabilisation récente de la consommation de carburants en France est une bonne nouvelle, elle ne constitue pas encore une inversion de tendance.

Ce dérapage permanent vers toujours plus de trafic et de mouvement a des conséquences qui dépassent largement le périmètre des transports eux-mêmes. En développant une sorte de système global fondé sur la mobilité, la prééminence du transport routier façonne désormais tout le fonctionnement de la société. Que deviendrait l'économie sans camions ni automobiles pour assurer le flux tendu des échanges de marchandises et de personnes ? Que resterait-il de l'organisation du travail et de la vie quotidienne hors du pivot économique ? La liste des dégâts est longue :

- les acteurs économiques ont organisé la production et la distribution sans tenir compte des distances ;

- l'étalement urbain s'est trouvé encouragé (80 % des Français habitent désormais en zone urbaine ou péri-urbaine et les trajets en ville représentent plus de 40 % des émissions du transport routier) ;
- les zones d'habitation se sont éloignées des lieux de travail (chaque jour, 65 % des Français utilisent leur voiture pour aller travailler), de commerce et de loisirs ;
- l'organisation du territoire a été bouleversée, avec la multiplication des infrastructures au détriment des espaces naturels et ruraux et de la biodiversité : en 2005, les investissements dans le réseau routier ont représenté plus de 65 % du total des dépenses d'infrastructure, sans pour autant résoudre les phénomènes de congestion ;
- les accidents de la route ont tué 45 000 personnes et en ont blessé 1,8 million en Europe en 2004 ; ils ont fait 1,2 million de morts à travers le monde ;
- la pollution de l'air s'est aggravée en zone urbaine : ozone, particules fines, monoxyde de carbone, benzène et fumées noires favorisent le développement des maladies allergiques respiratoires et causent des milliers de décès prématurés ;
- les nuisances sonores ont augmenté : plus de sept millions de personnes sont exposées à leur domicile à un niveau de gêne supérieur au seuil réglementaire de soixante-cinq décibels.

Au total, le succès du mode de transport routier est autant dû à son extraordinaire souplesse qu'à un coût d'usage qui ignore une grande partie des conséquences négatives. Le contribuable et les générations futures payent pour l'automobiliste et le camion d'aujourd'hui.

Quand l'aberration domine

Sauf choix politique contraire, tant que l'énergie restera à bas prix, tout indique que la logique du tout routier va continuer de l'emporter dans les années qui viennent : globalement, le trafic s'est accru de 43 % ces quinze dernières années (avec une hausse de près de 70 % pour le trafic de transit) et il poursuit sa progression ; le taux de motorisation est passé en dix ans d'une voiture pour trois personnes à près d'une voiture pour deux personnes ; les dépenses en infrastructures routières augmentent toujours (elles étaient encore en hausse de 16 % en 2005), 2 500 kilomètres supplémentaires d'autoroutes sont en projet (en sus des 11 000 kilomètres déjà existants), de même que 3 000 kilomètres d'aménagement de routes à deux fois deux voies ; en dépit des efforts d'investissement des collectivités locales en tramways, métro ou autobus en sites propres (11 milliards d'euros en moyenne chaque année depuis vingt ans), la part des déplacements individuels automobiles en zone urbaine augmente, au détriment de celle des transports collectifs ; les émissions de gaz carbonique poursuivent leur progression à mesure de la croissance du parc, rendant inaccessible l'objectif de division par quatre des rejets de gaz à effet de serre d'ici 2050, que la France s'est donné…

Pourtant, l'aberration des modes de transport routiers est patente : une personne qui se déplace en ville avec une voiture consomme trois à quatre fois plus de pétrole que si elle empruntait les transports publics ; de même, le transport longue distance par camion d'une tonne de marchandise consomme trois à quatre fois plus d'énergie que par voie ferrée ou navigable. L'aberration est encore plus spectaculaire du point de vue de l'impact climatique : quand un poids lourd émet en moyenne 79 grammes de CO_2 par tonne transportée et par kilomètre, la voie d'eau en émet deux fois moins et le train dix fois moins.

Toute rationalité semble exclue de notre système de déplacement. Ne construit-on pas des voitures dont la vitesse de pointe est bien supérieure à la vitesse admise ? Cela paraît incroyable, mais 88 % des automobiles vendues aujourd'hui en France (les chiffres sont similaires dans les autres pays) peuvent atteindre ou dépasser 170 km/h (un tiers peuvent même rouler à plus de 200 km/h), alors que la limite de vitesse est de 130 km/h sur autoroute et 90 km/h sur route. En 1991, ce n'était le cas que pour un petit tiers des véhicules vendus. Or, le moteur d'une voiture est réglé en fonction de sa vitesse maximale. En cela, même s'il n'atteint pas tout son potentiel, il consomme plus de carburant et émet donc plus de CO_2. Alors que, pour l'essentiel, les automobiles sont utilisées par un conducteur seul roulant à moins de 90 km/h, elles sont conçues pour transporter quatre à cinq personnes à une vitesse deux fois supérieure !

Ce ne sont pas les innovations technologiques qui suffiront à inverser la tendance. Ce qui est gagné en économie d'énergie ou en « propreté » des moteurs est reperdu en puissance des véhicules, en vitesse, en poids, en climatisation. Ainsi, par exemple, depuis vingt ans, le poids moyen des véhicules a augmenté de 380 kilos. Un conducteur transporte environ vingt fois son poids en métal ! Il roule dans des véhicules de plus en plus spacieux alors que, la plupart du temps, il est seul à l'intérieur et que, dans un cas sur deux, il ne parcourt pas plus de cinq kilomètres par jour. Le développement en milieu urbain du marché des 4 × 4 et des monospaces, le plus fort segment de progression des ventes automobiles au cours de ces dernières années, illustre à l'extrême ce phénomène.

Quant à la généralisation des véhicules hybrides ou des véhicules avec moteur à pile à combustible et hydrogène, elle n'est pas pour demain. Le surcoût actuel à l'achat des premiers reste encore dissuasif et ces automobiles ne sont somme toute qu'un perfectionnement du modèle classique avec une consommation de carburant réduite de 20 % environ en ville et un gain quasi nul sur route. Pour les seconds, les problèmes de fabrication en masse d'hydrogène sans recours aux combustibles fossiles, de son stockage, de son transport et de sa diffusion ne sont pas résolus. Les prévisions les plus optimistes tablent sur une part de marché d'environ 5 % pour les voitures hybrides après 2010. La voiture à hydrogène, elle, en reste au stade du prototype ; si elle voit le jour commercialement, ce ne sera pas avant 2020 ou 2025, c'est-à-dire à une époque où les problèmes évoqués ici devront avoir été résolus. Le remplacement de l'essence ou du diesel par des biocarburants ne constitue pas plus une solution globale. Il faudrait pour cela bouleverser l'agriculture française en reconvertissant la majeure partie de la surface agricole pour pouvoir alimenter les réservoirs de nos trente millions de véhicules.

Au final, ce sont les moyens de transport les moins favorables à l'environnement – l'automobile individuelle, le camion, les véhicules utilitaires, l'avion – qui progressent toujours le plus, alors que les modes plus économes et plus propres – le train, les voies navigables, les transports collectifs – régressent. Ce modèle, dont la France n'est évidemment pas le seul exemple, s'étend progressivement à l'ensemble des pays en développement. Qu'en sera-t-il demain des ressources pétrolières, qu'adviendra-t-il du réchauffement climatique si les taux de motorisation de pays-continents comme la Chine, l'Inde ou le Brésil atteignent ceux des pays industrialisés ? Par exemple, avec un taux de motorisation égal à la moitié seulement de celui de la France, la Chine compterait cinq cents millions de véhicules. Soit presque l'équivalent du parc mondial actuel ! Elle n'en est pas là, elle n'y parviendra sans doute jamais étant donné les limites des ressources pétrolières, mais elle s'y dirige résolument, avec un taux d'équipement qui progresse de 20 % chaque année. La diffusion du tout routier connaît un triomphe universel. Au vu des tendances actuelles, le nombre d'automobiles en circulation sur la planète pourrait doubler d'ici 2020 et dépasser le milliard de véhicules.

Il n'y a pas de mystère : c'est à la déconstruction de cette logique de monopole qu'il faut travailler si l'on veut encore éviter l'accumulation des dégâts collatéraux qu'elle provoque. Le système du tout routier est à proprement parler insoutenable, à la fois par ses effets climatiques, sa ponction exorbitante sur une ressource en voie de raréfaction, ses coûts financiers cachés, ses conséquences sanitaires, ses impacts sur l'urbanisation et l'aménagement du territoire.

Des mesures fortes immédiates

Même si cela aide, il ne suffira pas d'apposer des étiquettes de couleur différente sur les véhicules en fonction de leurs émissions de gaz carbonique ou de tracer quelques pistes cyclables dans les villes pour résoudre l'équation routière. L'heure n'est plus aux mesures symboliques. Une politique des transports à la hauteur des enjeux passe par un ensemble de mesures ambitieuses modifiant l'offre de transport et privilégiant les modes alternatifs à la route afin de rééquilibrer, voire d'inverser, les tendances. Sa réalisation ne présente pas de difficultés techniques ou financières insurmontables. Elle dépend essentiellement de l'affirmation d'une volonté pour la mettre en œuvre.

Brider la puissance des moteurs

En diminuant la puissance des automobiles mises en vente pour les rendre conformes aux limitations de vitesse (qui sont aussi des exigences de sécurité), on réduirait de plusieurs dizaines de pour cent leur consommation énergétique et leurs émissions de gaz carbonique (ainsi que le nombre d'accidents de la route). Il s'agirait là d'un acte décisif, entraînant un résultat tangible autant que spectaculaire : la carte grise ne serait plus délivrée pour des automobiles pouvant dépasser la vitesse maximale autorisée. On objectera que la réglementation technique des automobiles relève de la législation européenne et que le Conseil d'État a confirmé cet état de fait en juillet 2006. C'est donc au niveau de l'Union européenne que la décision doit intervenir, comme la plupart des orientations écologiques d'ailleurs. Est-ce un obstacle rédhibitoire ? À l'évidence, les États européens sont soumis aux mêmes impératifs de changement climatique et de raréfaction des ressources pétrolières et, à l'échelle continentale, le lobby des constructeurs automobiles n'est pas plus puissant qu'en France. Cela conduirait d'ailleurs les industriels du secteur à commencer à se comporter de manière responsable en reconvertissant leur production vers des véhicules moins puissants, plus sobres, adaptés aux exigences de notre temps. Le bridage de la puissance des moteurs constituerait un choix politique au retentissement considérable, qui marquerait la volonté réelle de changement. Cette mesure pourrait s'accompagner d'une réduction de la vitesse maximale autorisée, de 10 km/h par exemple (la France fait partie des pays européens où elle est la plus élevée), soit encore un gain non négligeable sur la consommation d'énergie et les émissions de CO_2.

Priorité au rail

Les déplacements en train sont sûrs, ils consomment moins d'espace et d'énergie, ils polluent peu. Bien sûr, le train ne desservira jamais chaque lotissement ou chaque lieu d'activité, il ne se substituera que partiellement au trafic de desserte qu'assurent l'automobile et les véhicules utilitaires grâce à leur souplesse d'utilisation, mais les services qu'il peut rendre sont susceptibles de faire baisser significativement l'emprise du trafic routier. La marge est importante entre les 700 milliards de passagers-kilomètres du trafic automobile annuel et les 100 milliards de passagers-kilomètres qu'assure chaque année le trafic ferroviaire. Un rééquilibrage est possible pour que le transport ferroviaire gagne du terrain et devienne, au contraire, l'ossature de base du système de déplacement des personnes à l'échelle interurbaine et régionale. Cela passe par l'extension des gares, des voies, des dessertes et l'augmentation du nombre de trains express régionaux. Donc par une hausse des investissements. Or, le déséquilibre des investissements en matière d'infrastructures est flagrant : les contrats de plan État-régions consacrent en moyenne cinq fois plus d'argent à la route qu'au rail. Les avantages fiscaux du fret routier sont tout aussi flagrants (voir p. 127).

Un rééquilibrage en faveur du ferroutage est lui aussi possible : le train achemine 30 milliards de tonnes-kilomètres, alors que les camions en véhiculent chaque année 200 milliards. Mais il n'entrera dans les faits que si le coût du transport routier augmente, ce qui sera le cas avec la taxe carbone que nous proposons (voir p. 209), avec l'instauration de péages ou de redevances kilométriques sur les poids lourds et l'intégration des charges et des coûts externes que supporte la collectivité (dépenses de voirie, émissions de gaz carbonique, pollution, bruit, accidents, congestion…). Autrement dit, si la compétitivité du rail n'est pas assurée par la vérité des prix du transport routier, les discours sur les dispositifs de transport combiné et les connexions multimodales entre le rail et la route resteront lettre morte. Il en va de même pour le cabotage maritime et fluvial.

Favoriser les transports en commun et les « moyens doux » de transport

Là encore, il ne sera pas possible de faire basculer tous les usages de l'automobile vers les transports collectifs, en raison de la dispersion périrubaine. Il s'agit cependant de systématiser les politiques urbaines qui, sous peine d'asphyxie généralisée, se trouvent de plus en plus dans l'obligation de décourager l'usage de l'automobile et des véhicules utilitaires en ville : réduction de l'espace de la voirie qui leur est destiné et de la capacité de circulation sur les grands axes, zones de circulation restreinte, limitation des possibilités de stationnement et de parking en centre-ville, plans de déplacements urbains, réglementation des livraisons. De telles politiques, forcément contraignantes, ne sont envisageables que si elles offrent en contrepartie des modes de déplacement alternatifs efficaces en nombre, adaptés aux rythmes urbains et attractifs dans leurs conditions de confort : tramways, métro, bateaux, navettes de minibus électriques, couloirs d'autobus en site propre, diversification des trajets (en particulier de banlieue à banlieue), parkings de périphérie connectés au réseau de transports en commun, cheminements piétons, réseau de pistes cyclables et d'itinéraires protégés, parkings à bicyclettes, location de vélos, systèmes de partage de voitures ou de covoiturage d'entreprise ou de voisinage, etc.

Rétablir une vignette

De la même façon que le transport de marchandises par poids lourds devrait se payer à son juste prix, en intégrant l'ensemble de ses coûts indirects, la vérité des prix doit s'appliquer à l'automobiliste avec la restauration de la vignette, impôt écologique par excellence. Depuis sa suppression incohérente, de timides initiatives ont été prises en ce sens. Mais leur aspect dissuasif reste dérisoire : la taxe additionnelle sur la carte grise pour les véhicules émettant plus de 200 grammes de CO_2 par kilomètre (le niveau européen recommandé est de 140 grammes), récemment mise en place par le gouvernement français, ne renchérit le coût de ces voitures que de 0,2 % à 0,4 % ! Si l'on souhaite vraiment inciter à l'achat de véhicules le plus économe possible, le prix d'une vignette anti-CO_2 doit se situer à un niveau beaucoup plus élevé.

Réduire les déplacements

Des rééquilibrages entre les différents modes de transport sont donc possibles. Il ne faut cependant pas entretenir de trop fortes illusions à leur égard. La priorité accordée aux autres moyens de déplacement ne suffira pas à remplacer les déplacements routiers, en nombre et en distance, de façon à répondre aux impératifs climatiques et énergétiques. Tant que l'organisation spatiale du territoire restera ce qu'elle est, avec la prolifération périphérique, l'éloignement des lieux de résidence et d'activité, la dispersion des services et des zones commerciales, la plupart des gens demeureront dans l'obligation d'utiliser une voiture pour se rendre au travail, s'approvisionner, conduire leurs enfants à l'école ou aller au cinéma. Nous ne remplacerons pas tous les usages de la voiture en multipliant les trains, les tramways, les bus ou les péniches.

Il s'agit donc, à plus long terme, d'agir sur le besoin de mobilité par une politique d'aménagement du territoire différente, avec la relocalisation progressive des activités économiques, le rapprochement des services, la densification de petites unités urbaines, le renoncement à la spécialisation des tissus urbains par grande fonction (habitat, travail, commerce, loisir), l'organisation de circuits courts de distribution. La limitation des transports motorisés est en réalité indissociable d'une autre conception de l'aménagement du territoire (voir p. 106). Autrement dit, il s'agit de faire de la ville un lieu de destination, où l'on se rend autant que possible par des moyens de déplacement peu énergivores, et non plus un lieu de transit où l'on ne fait que passer en véhicule motorisé ; d'orienter la conception d'unités urbaines sans ZAC ni banlieues résidentielles ; de réhabiliter la proximité commerciale au détriment des grandes surfaces avec le changement de type d'agriculture que cela suppose (voir p. 94) ; d'interrompre la construction permanente d'infrastructures routières, quels que soient les prétextes de désenclavement à court terme, dans la mesure où elles engendrent une croissance du transport routier... Bref, d'adapter l'urbanisme et la société à la nécessité d'une vie plus sobre en déplacements.

Plus largement, la double nécessité de contenir le réchauffement climatique et de réduire la consommation de pétrole implique la modification en profondeur du modèle de développement économique actuel et, par conséquent, la réduction des déplacements et la réhabilitation des économies locales. Fondée sur le transport intercontinental des marchandises à flux tendu que le bas coût de l'énergie permet aujourd'hui, la mondialisation illimitée des échanges est, à terme, tout simplement condamnée. Si les chemises chinoises, les haricots kenyans, les vaches argentines ou les réfrigérateurs taïwanais s'avèrent aujourd'hui moins chers à l'achat que les chemises du Nord, les haricots tarbais, les vaches corréziennes ou les frigos français, c'est en partie parce que le coût réel de leur acheminement n'est pas intégré dans leur prix de vente (sans parler de l'ensemble de leurs coûts écologiques et sociaux, complètement ignorés). Pour arriver sur notre marché, les produits du commerce mondial réclament jusqu'à vingt fois plus d'équivalent pétrole que leurs homologues locaux.

C'est quand nous paierons le véritable prix des transports, donc de l'énergie (voir notre proposition de taxe carbone p. 209), que la tendance à l'augmentation des déplacements pourra s'inverser, que la vie sociale se réorganisera et qu'un des principaux verrous à la mise en œuvre d'une politique effective de développement durable sautera.

6

FISCALITÉ : ÉTABLIR LE VÉRITABLE PRIX DES SERVICES RENDUS PAR LA NATURE

Objectifs : faire apparaître le coût économique réel des activités humaines, supprimer les dispositifs d'incitation publique favorisant la dégradation de l'environnement, engager un plan de soutien budgétaire massif aux politiques de développement durable.

Toute activité économique utilise l'environnement plus ou moins fortement et plus ou moins directement. Pourtant, cette utilisation se reflète rarement dans les coûts de production, en particulier quand les effets sur l'environnement se font sentir plus tard. Les économistes parlent d'« externalités négatives » et de « coûts cachés » quand quelqu'un, plus tard ou ailleurs, doit payer à la place de celui qui produit ou bénéficie du bien ou du service. La surexploitation des ressources naturelles et la transformation de la planète, de son air, de ses sols et de ses eaux en vaste poubelle sont des coûts futurs. Ces coûts pourraient gravement peser sur les finances publiques, et même causer la faillite de pans entiers de l'économie, quand le prix de la dépollution ou des dommages excédera les capacités financières des producteurs et des consommateurs. À cause du réchauffement climatique, par exemple, inondations, incendies, sécheresses, canicules, tempêtes, maladies, dégâts agricoles et industriels conduisent à des dépenses grandissantes, qui ne sont pas entièrement couvertes par les assurances, et le seront probablement de moins en moins. Les coûts cachés de toute une série de biens et de services doivent désormais être assumés (une partie est déjà intégrée dans la facture du consommateur pour le traitement des eaux contaminées ou des déchets). Les services inestimables rendus par les écosystèmes seront de moins en moins souvent gratuits, comme nous en avons eu l'habitude jusqu'ici. La facture de la « consommation » de la nature s'alourdit, car plus nous l'exploitons, plus nous devons investir pour sa réparation – tant que la notion de réparation a encore un sens –, ou pour son remplacement – tant que ce dernier est possible –, sous peine de compromettre la santé et le bien-être des populations, les activités économiques et la stabilité sociale.

Les finances publiques sont donc et seront de plus en plus fortement sollicitées, mais aussi les revenus des consommateurs. Comme le seront les régimes de protection sociale : la croissance des maladies liées au changement climatique et aux nombreuses sources de pollution de l'air, des eaux et des sols (allergies, cancers, apparition de virus tropicaux sous nos latitudes) va peser de plus en plus sur les comptes déjà déséquilibrés de la Sécurité sociale. Si l'on croise ces perspectives avec les projections relatives aux retraites et au vieillissement de la population, ainsi qu'avec l'accroissement inévitable du coût des matières premières et de l'énergie, il devient évident que notre modèle économique actuel n'est pas soutenable à moyen et à long terme, ni sur le plan des services écologiques, ni sur celui des finances publiques. Il s'agit donc de revenir, autant que possible, en deçà de la ligne jaune.

Pour cela, il n'y a pas d'autre alternative que d'instituer une « vérité des prix » : les prix devront vraiment tenir compte de l'ensemble des coûts d'épuisement des ressources et des dégradations environnementales.

Prévenir et anticiper

Nous disposons d'outils et de mécanismes de régulation économique visant à faire converger les intérêts individuels vers l'intérêt collectif. Ces mécanismes sont bien connus car on sait depuis longtemps que le marché, laissé à lui-même, n'est efficace ni pour gérer les « biens collectifs[1] » sur le long terme (la mise à disposition gratuite par la nature de services écologiques est un bien collectif), ni pour limiter les « dommages collatéraux » (par exemple l'externalité des pollutions chimiques ou des émissions de déchets gazeux). Avec la crise écologique, on est bien face à une situation de « défaillance » du marché.

Spontanément, le marché n'est en effet pas capable d'anticiper le long terme, pour plusieurs raisons. Insistons sur la plus importante à nos yeux : tous les calculs de rentabilité des agents économiques sont faits en dépréciant[2] les recettes et les dépenses du futur par rapport à celles du présent. Dès lors, dans ces calculs, les dépenses et recettes de moyen terme, et encore plus de long terme, ne comptent pas ou très peu. Dans un monde « sans limites » où la croissance économique et le progrès technologique permettraient en permanence de remplacer le capital naturel par du capital artificiel, ce ne serait peut-être pas un mauvais choix. Mais la réalité nous rappelle aujourd'hui que, selon la formule de Paul Valéry, « le temps du monde fini commence[3] ».

La logique des intérêts individuels conduit à des contradictions bien connues en matière de gestion des biens collectifs. Si chaque individu exploite un bien commun sans en payer le prix, il aura souvent tendance à le faire au maximum, sans contrainte, en pensant que si lui ne le fait pas, quelqu'un le fera à sa place. L'ensemble de la population peut être amené à faire la même chose, sans tenir

1. Appelés aussi « biens publics ». Insister sur l'adjectif « collectif », c'est insister sur le fait qu'un bien collectif n'est pas toujours « produit » par le secteur public. C'est le cas quand c'est la nature qui le produit, par exemple la pollinisation des plantes ; c'est aussi le cas quand il est coproduit par les citoyens : les célèbres communaux n'étaient pas des propriétés étatiques mais communautaires.
2. Techniquement, cela se fait par l'emploi d'un « taux d'actualisation » qui est en fait le taux de dépréciation de l'avenir par rapport au présent.
3. Paul Valéry, *Regards sur le monde actuel,* Paris, Stock, 1931.

compte de l'intérêt général, au risque de surexploiter, voire de détruire, ce bien commun. C'est ce qui s'est produit dans les champs communaux en Angleterre et c'est, par exemple, ce qui arrive aujourd'hui aux stocks de poisson des océans qui, n'appartenant à personne, sont surexploités par tous. Dans certains cas, la solution économique la plus efficace est de contraindre le droit d'accès... en privatisant le bien en question. C'est de cette manière que l'Islande a sauvé ses stocks de morue et que plus près de chez nous, dans la baie de Saint-Brieuc, on a pu épargner les coquilles Saint-Jacques. Mais il y a bien des cas où c'est impossible et on voit mal, par exemple, comment on privatiserait la qualité de l'air ou le climat ! Il n'y a alors pas d'autre choix que de recourir à des mécanismes impliquant la puissance publique.

Or, cette implication de la puissance publique à travers des politiques de long terme n'est pas aisément acceptée par de nombreux acteurs de la vie économique et politique. Ce refus de l'État est évidemment dû à une certaine perte de crédibilité de celui-ci – du moins en apparence, car nous n'hésitons pas à en appeler à lui pour traiter des situations (crises majeures, catastrophes...) que nous aurions pu éviter par la prévention. En réalité, l'État n'est pas reconnu comme légitime dès lors qu'il s'agit d'anticiper ou de prévenir. Nous lui demandons surtout de faire le pompier !

Dans la plupart des domaines, c'est pourtant bien de prévention qu'il s'agit : aucun pompier n'est susceptible d'éteindre l'incendie qui menace de se déclarer. Les enjeux liés à la destruction des services écologiques sont d'une telle ampleur qu'ils nécessitent que nous restaurions la puissance publique comme acteur majeur de la gestion future de notre environnement et comme coordinateur des anticipations des agents économiques et sociaux. Autrement dit, la gestion anticipée des biens collectifs doit devenir une mission régalienne. C'est un acte essentiel de prévention[1], qui per-

1. Nous n'abordons pas ici le débat entre précaution et prévention, qui entrent toutes les deux dans le champ que nous décrivons.

mettra de limiter bien des dommages et des souffrances futures, et d'éviter une crise majeure des finances publiques. Et de la démocratie en même temps. Car si rien n'est entrepris aujourd'hui, aucun État, aucun système démocratique ne résistera demain à l'explosion des coûts liés à la crise des équilibres naturels, des ressources pétrolières et du financement des retraites, de la Sécurité sociale et de la dette !

L'instauration de cette nouvelle mission régalienne de l'État passe par une redéfinition de l'architecture des pouvoirs au sein du gouvernement et une mise en cohérence de l'ensemble de l'action publique (voir notre proposition de création d'un poste de vice-Premier ministre chargé du développement durable, p. 199), ainsi que par un redéploiement des moyens budgétaires et une remise à plat de la fiscalité.

Comment, concrètement, l'État peut-il influer sur cette gestion de long terme en matière d'environnement ? Économiquement, le principe de base est assez simple : il s'agit d'instituer un droit d'accès aux ressources, aux services et aux biens collectifs naturels, dont le montant serait équivalent à celui qu'exigerait leur remplacement s'ils disparaissaient. Si les services rendus par la nature sont surexploités, c'est que personne n'en assume le coût. La nature ne se fait pas payer quand elle nous donne son eau, son pétrole, ses poissons, ses forêts, ou quand elle gère et digère nos déchets. Elle n'envoie pas d'avocat pour les préjudices qu'elle subit quand on dérégule le climat ou qu'on détruit la biodiversité. Il s'agit donc, pour que les intérêts individuels convergent vers l'intérêt collectif en préservant les biens et les services écologiques dont nous dépendons tous, de mettre en œuvre les instruments qui permettent aux agents économiques d'intégrer dans leurs décisions l'impact économique et financier de leurs actions sur le collectif.

Ces instruments sont au nombre de trois :

- les normes ou standards techniques (ne pas consommer plus de tant d'énergie par appareil, ne pas émettre plus de tant de produits par usine, etc.). Elles sont très utilisées car leur mise en œuvre est simple et permet un contrôle direct de la pollution. Leur principal défaut est de ne pas prendre en compte le nombre d'appareils diffusés et de ne permettre par conséquent aucun contrôle de la pollution globale. Par ailleurs, dans un monde d'innovation permanente et de diversification croissante, il n'est pas toujours facile d'adapter les normes aux nouveaux objets techniques ;

- les taxes. Elles constituent la version la plus directe du principe « pollueur-payeur » : leur signification est claire, leur perception est facile et elles permettent d'élargir la base des recettes fiscales. Taxer une consommation ou une pratique que l'on souhaite voir diminuer ne signifie pas automatiquement une augmentation de la pression fiscale, car le produit de cette taxe peut servir à supprimer d'autres prélèvements. La taxe permet aussi, si tel est le souhait de la population, de réduire la dette ou d'accorder des subventions pour des actions prioritaires ;
- les droits d'accès à l'environnement ou les quotas d'émission négociables. Ils constituent une solution intermédiaire. Le contingentement des quantités prélevées ou émises permet de fixer un prix de marché des actifs naturels. Il s'agit bien, dans ce cas, de créer des droits et donc des limites d'accès à l'environnement, là où il n'y avait auparavant que des biens « libres » mais surexploités. Une fois ces droits ou quotas mis en place, on peut très bien accepter, comme dans la directive européenne sur les quotas de CO_2 pour l'industrie, qu'ils fassent l'objet d'un commerce, ce qui ne change rien au niveau global d'émissions que l'on a accordé. La mise en œuvre de cette option suppose donc à la fois plus d'État – pour le contrôle des quantités accordées au départ – et plus de marché – pour les transactions ultérieures.

Dans la lutte prioritaire contre le réchauffement climatique, le recours aux normes et aux standards paraît insuffisant pour éviter l'aggravation du problème : il ne permet pas d'imposer un plafond global d'émissions. S'ils constituent pour l'industrie une solution adaptée, les quotas d'émission négociables posent, lors de leur négociation, des problèmes de mise en œuvre et de rapport de forces, qui ne peuvent être surmontés que si l'État reste ferme. Cependant, ce système ne peut pas concerner les sources diffuses, en particulier celles qui proviennent des activités de chacun d'entre nous, et qui constituent précisément la part la plus importante. Reste, dans ce cas, le recours à la taxe, qui s'avère indispensable pour inciter les agents économiques, vous et nous compris, à se soucier de conséquences qui vont s'étaler sur des millénaires. C'est pourquoi il nous apparaît nécessaire et urgent d'établir une taxe carbone, différenciée par secteur et croissante dans le temps, progressive et continue sur le pétrole, le gaz naturel et le charbon afin d'amorcer un mouvement de baisse de la consommation des combustibles fossiles, en voie d'épuisement et responsables de l'aggravation de l'effet de serre (voir p. 79 et notre proposition de taxe carbone p. 209).

Un plan national de soutien budgétaire

Si l'on admet que les questions énergétiques et écologiques constituent le principal déterminant du futur et que l'anticipation des contraintes à venir doit s'imposer comme la priorité n° 1 des politiques publiques, il faut en tirer les conséquences sur le plan fiscal et budgétaire. L'ensemble des dépenses et des recettes de l'État doit être repensé à la lumière de cet objectif. Cela devra se traduire par un plan global et à long terme dont l'objectif consistera à favoriser les mutations économiques, sociales et territoriales nécessaires. Un tel plan, financé par des redéploiements budgétaires et par l'affectation de taxes spécifiques – en particulier la taxe carbone –, devra faire l'objet d'une concertation particulièrement poussée puisqu'il concernera l'ensemble de la population et des activités (voir notre proposition sur la démocratie participative, p. 236).

Ce plan national de prévention et d'anticipation pour le développement durable pourrait s'articuler autour de trois grands domaines :

- le financement des politiques d'infrastructure (c'est la solidarité intergénérationnelle) ;

- le financement des politiques d'emploi et de solidarité (c'est la solidarité intragénérationnelle) ;
- la mise en place de systèmes de quotas spécifiques pour certains secteurs (c'est la solidarité intersectorielle).

Les politiques d'infrastructure

- aider tous les acteurs économiques (entreprises, ménages et collectivités territoriales) à gérer l'inéluctable modification de l'aménagement du territoire, des infrastructures et de l'urbanisme, fondés depuis des années sur une énergie à bas coût. Cela signifie notamment interrompre la dynamique d'extension périurbaine au profit de la reconstitution et de la densification de petites unités urbaines, de la relocalisation du travail vers l'habitat, de l'encouragement aux circuits courts d'échanges (voir p. 106) ;
- engager une modification en profondeur des modes de transport au profit des transports doux (marche, vélo, roller) et des transports collectifs et, au sein de ceux-ci, privilégier le rail plutôt que la route et l'avion (voir p. 116) ;
- mettre en place un péage kilométrique pour les poids lourds, comme en Allemagne et en Autriche. On sait en effet que, pour plus d'un quart du trafic des poids lourds sur le territoire français, les transporteurs n'achètent pas leur carburant en France. Ils ne contribuent donc en rien au paiement des infrastructures routières ni au coût des pollutions qu'ils engendrent ;
- imposer, au minimum, la « haute qualité environnementale » (HQE), durcir la réglementation thermique et encourager fortement l'approche « bioconstruction[1] » pour la construction de tout nouveau bâtiment[2], y compris les maisons individuelles, et imposer la rénovation progres-

1. Par des aides significatives aux maîtres d'ouvrage qui font l'effort d'investir dans les matériaux et les technologies écologiques ainsi qu'aux secteurs professionnels concernés.
2. Il existe aujourd'hui une série de normes dans le bâti neuf, qui se durcissent tous les cinq ans. Il serait préférable d'être plus strict plus vite.

sive de l'ensemble du bâti ancien pour qu'il devienne efficace au plan thermique et énergétique. La moyenne de la consommation énergétique des logements tourne en France autour de 300 à 400 kWh par mètre carré et par an, alors qu'il est possible de n'en consommer que 50, voire moins. Le secteur du bâtiment (résidentiel et tertiaire, c'est-à-dire logements, immeubles de bureaux, surfaces commerciales) représentait, en 2004, 43 % de la consommation finale d'énergie (29 % pour le résidentiel seul), soit plus que le secteur des transports. Il est responsable de 21 % des émissions de gaz carbonique. Il y a donc là un gisement d'économie considérable. Certes, les travaux à réaliser pour isoler, ventiler, équiper les bâtiments anciens sont gigantesques (il s'agit d'un chantier cumulé de 400 à 600 milliards d'euros) mais cela fait autant d'emplois à la clé. Mais si l'on veut que les effets sur notre consommation énergétique soient sensibles avant l'arrivée du pic d'extraction du pétrole, il faut lancer ce chantier dans les meilleurs délais (laissé à lui-même, le renouvellement du parc s'opère au rythme de 1 à 1,5 % par an seulement). L'État et les administrations doivent évidemment montrer l'exemple en rénovant un bâti public aujourd'hui généralement très mal isolé et mal géré en termes énergétiques. Un plan de rénovation de l'habitat des particuliers pose quant à lui un réel problème de financement. Néanmoins, il n'apparaît pas irréaliste. L'isolation et les travaux d'amélioration s'avéreraient en effet vite rentables du fait de l'augmentation du prix de l'énergie, tout en apportant un meilleur niveau de confort. Il serait donc possible pour les ménages et les entreprises de réaliser ces travaux en recourant à des emprunts bancaires à charges constantes puis décroissantes. Afin d'accélérer ces opérations, par ailleurs créatrices d'emplois, l'État et les régions[1] pourraient lancer

1. À l'image par exemple du programme ISOLTO lancé dans la région Nord-Pas-de-Calais, qui permettra de disposer de prêts à taux nul pour l'isolation des logements construits avant 1985.

un dispositif fort, à base de subventions et d'incitations, en donnant éventuellement leur garantie aux banques pour les ménages en difficulté ;

- aider financièrement au développement de certaines technologies stratégiques dans un programme ambitieux d'alternatives énergétiques sans CO_2[1] : solaire thermique intégré au bâtiment, solaire concentré, éolien, géothermie, biomasse, voire nucléaire de quatrième génération si le consensus social et les garanties de sécurité le permettent ;
- restaurer la vignette payable à l'année, avec un mécanisme de plus en plus pénalisant selon le niveau d'émission de gaz carbonique du véhicule. Les automobiles ne dépassant pas une norme donnée (100 ou 120 grammes de CO_2 au kilomètre pour commencer, diminuant progressivement chaque année) pourraient en être dispensées. Les plus gros pollueurs (au-delà de 140 ou 160 grammes de CO_2) seraient en revanche fortement taxés. Cela constituerait aussi un signal fort en direction des industriels pour qu'ils privilégient la fabrication de voitures économes et « propres » (selon, par exemple, un système de quotas négociables entre eux ; voir ci-dessous) ;
- offrir aux communes la possibilité légale de mettre en place un péage urbain pour limiter les déplacements automobiles, générateurs de pollution et de congestions du trafic ;
- relancer activement l'« agriculture durable » (voir p. 94 et notre proposition p. 227).

Les politiques d'emploi et de solidarité

- financer l'aide aux difficiles reconversions des particuliers et des professionnels qui auront du mal à suivre le rythme de l'augmentation du prix des hydrocarbures. Insistons au passage sur le fait qu'il est irresponsable de continuer

1. Il y a plusieurs techniques : le crédit d'impôt, le prix d'achat garanti, la subvention. Certaines sont utilisées aujourd'hui, pour le solaire et l'éolien principalement.

à anesthésier par un prix des carburants trop faible ou subventionné les professions dépendantes du pétrole, comme les chauffeurs routiers, les agriculteurs et les marins pêcheurs. Il leur arrivera ce qui est arrivé aux pêcheurs de morue de Terre-Neuve : ils disparaîtront professionnellement faute d'avoir su s'adapter ou se reconvertir à temps (et l'État n'aura peut-être plus alors les moyens de les accompagner) ;

- permettre aux ménages les plus nécessiteux de bénéficier d'un appui ou d'accéder à une formation aux économies d'énergie qui permettront d'alléger leur budget ;
- réduire les prélèvements sur le travail, notamment pour les bas salaires et les entreprises de main-d'œuvre, afin de favoriser l'emploi, et les remplacer autant que faire se peut par une fiscalité écologique (écotaxes) frappant en priorité les activités prédatrices de ressources naturelles et gourmandes en énergie ; autrement dit, établir une autre manière de taxer le capital et le travail.

Un système complémentaire de quotas

À ces politiques de financement public pourrait s'ajouter un système de quotas (ou de réglementations flexibles) pour les constructeurs et les donneurs d'ordre, ainsi que pour les régions.

Les quotas transférables constituent un outil efficace pour gérer des biens collectifs. Aux États-Unis, le Clean Air Act Amendment a permis de réduire les émissions de dioxyde de soufre depuis 1990. C'est aussi l'instrument principal utilisé par l'Union européenne dans le cadre de l'application du protocole de Kyoto pour la réduction des émissions de gaz à effet de serre des plus gros émetteurs, industrie lourde et secteur électrique. Cet outil, très souple, peut être utilisé de bien des manières. Il permet de fixer un objectif quantitatif global (le total des quotas alloués) ; ensuite, les agents économiques se répartissent librement les réductions. Lorsque les quotas sont alloués gratuitement (l'alternative étant la mise aux enchères), le dispositif présente l'avantage de ne pas augmenter les prélèvements obligatoires et de ne faire circuler des capitaux que sur les marchés, sans passage dans la caisse de l'État. En revanche, la réussite de ce système suppose une bonne fixation du plafond de quotas. On voit, dans le cas du marché européen de quotas de CO_2, que les gouvernements ont du mal à imposer des quotas d'émission suffisamment bas à un petit nombre d'interlocuteurs qui disposent d'importants moyens de pression. Il faut incontestablement dans ce domaine faire un effort d'explication auprès des industriels concernés pour qu'ils comprennent les avantages du système, et faire preuve de plus de détermination. Mais il faut aussi s'adresser à l'opinion pour qu'elle admette que ces quotas ne sont pas condamnables du point de vue de la rationalité écologique, bien au contraire. À ces conditions, les systèmes de quotas, qui sont autant de droits d'accès à l'environnement, pourraient être appliqués dans de nombreux domaines et sous différentes formes. Par exemple, en allouant des quotas réglementaires aux constructeurs de voitures, en les soumettant à un « panier » de normes négociables entre eux. De la même manière, dans le domaine des transports, on pourrait étudier la mise en place de quotas au niveau des régions, puisque ce sont elles qui ont désormais des responsabilités essentielles en matière d'infrastructures de transport. Chaque région se verrait attribuer une quantité déterminée de quotas sur son territoire, puis elle arbitrerait entre acheter des droits ou investir pour réduire ses émissions.

Réorienter les dispositifs d'incitation publique en faveur du développement durable

Avant toute chose, il s'agit de prendre une décision simple : supprimer les aides aux activités préjudiciables à l'environnement qui, aujourd'hui, constituent plus la règle que l'exception. Les subventions en faveur de l'environnement ont toujours été bien moins importantes que les subventions favorisant, de fait, des activités qui le détruisent ou le surexploitent.

Deux exemples parmi de multiples autres : des milliards d'euros sont dépensés chaque année pour accroître la flotte de pêche mondiale, alors que sa capacité a atteint près du double des capacités de prises durables ; les subventions gouvernementales versées au secteur de l'agriculture dans les pays de l'OCDE entre 2001 et 2003 se sont élevées à quelque 300 milliards d'euros par an, soit un tiers de la valeur globale des produits agricoles, favorisant une agriculture excessivement consommatrice d'engrais, de pesticides et d'énergie dans les pays du Nord et réduisant le potentiel et la rentabilité de l'agriculture dans les pays du Sud.

Sur les plans énergétique et climatique, les aberrations à corriger sont patentes :

- dans le secteur aérien (dont la consommation d'énergie et la contribution à l'effet de serre sont celles qui augmentent le plus), l'exonération de toute taxe et même de TVA pour le kérosène et les billets internationaux, décidée à la convention de Chicago en 1944 qui équivaut à un cadeau de plusieurs milliards d'euros par an ; le taux réduit de la TVA (5,5 %) pour les billets nationaux et les subventions fiscales pour les compagnies et les aéroports *low costs* ;
- pour le transport routier, le remboursement partiel de la Taxe intérieure sur les produits pétroliers (TIPP) ;
- le remboursement des frais réels en fonction de la puissance des véhicules particuliers dans le calcul de l'impôt sur le revenu.

Faire un inventaire complet et supprimer progressivement, mais sans attendre, toutes les aides publiques directes ou indirectes dont l'impact est clairement négatif sur l'environnement permettraient de redéployer ces aides ailleurs, en faveur du financement d'une politique de développement durable. En annulant par exemple les subventions à l'exportation agricole, on pourrait utiliser les moyens ainsi dégagés pour l'achat de produits issus d'une agriculture non polluante de proximité, biologique et certifiée dans la restauration collective (voir notre proposition p. 227).

Eau et déchets : renforcer la fiscalité écologique

En 2004, les prélèvements obligatoires représentaient en France 703 milliards d'euros. Le montant total des recettes issues des mesures fiscales liées à l'environnement s'élevait à environ 49 milliards d'euros, soit 7 % des prélèvements obligatoires et 3 % du PIB (1 612 milliards d'euros cette même année), que ce soit sous forme d'écotaxes[1] ou de redevances (principalement sur l'eau et les déchets).

Le rôle des écotaxes est d'attribuer un prix à des ressources rares auxquelles le marché n'en attribue pas spontanément. Il ne s'agit pas d'un impôt cherchant à remplir les caisses de l'État, mais d'un mécanisme incitatif visant à faire évoluer les comportements des agents économiques pour qu'ils tiennent compte des effets de leur action sur l'environnement ou, plus généralement, sur la collectivité. L'exemple de la diminution de la consommation de tabac montre que c'est possible. De telles actions sont efficaces si la pression par le prix est significative et s'il y a un consensus social suffisant pour que les citoyens en comprennent la justification.

Le niveau d'une écotaxe doit donc être assez élevé pour être incitatif (voir p. 209). Les écotaxes à taux insuffisant sont perçues comme un impôt (avec un coût additionnel de gestion administrative) sans susciter de changement, ni dans les comportements, ni dans les décisions d'investissement. Leur mise en œuvre pourrait être grandement facilitée par un processus impliquant les acteurs concernés (voir notre proposition sur la démocratie participative p. 236), comme le montre l'expérience anglaise des *green tax commissions*.

Outre sur l'énergie, les mécanismes d'écotaxes doivent permettre de progresser significativement sur deux questions essentielles, l'eau et les déchets.

1. La Cour des comptes en a dénombré 33, si l'on compte pour 1 la Taxe générale sur les activités polluantes (TGAP) qui, en fait, se décompose en 10 taxes distinctes, dont la Taxe intérieure sur les produits pétroliers (TIPP) qui représente environ 6 % des écotaxes.

En France, l'irrigation massive des cultures s'opère à un tarif hautement préférentiel, encourageant le gaspillage et épuisant les réserves souterraines. Les agriculteurs paient environ, au titre de la redevance pollution, une taxe de 0,4 centime d'euros le mètre cube d'eau, soit mille fois moins que le tarif moyen appliqué au consommateur[1]. Le projet de loi sur l'eau adopté par le Sénat le 14 avril 2005 n'y changera rien. Il ne prévoit qu'une augmentation marginale de la contribution agricole, qui passerait pour cette redevance de 1 % à 4 % ! Pourtant, l'usage intensif d'engrais et de produits phytosanitaires dans les cultures concourt à la contamination des rivières et des nappes phréatiques. Cette pollution chimique, outre qu'elle porte gravement atteinte au milieu naturel, à la biodiversité et à la santé publique, oblige à mettre en place des systèmes de traitement des eaux de plus en plus sophistiqués et, par conséquent, de plus en plus coûteux… pour le contribuable.

Il n'est pas question de faire des agriculteurs des boucs émissaires en matière d'environnement ou de donner le sentiment qu'il faut les pénaliser plus que d'autres. Mais les services d'entretien de la nature et des paysages que continuent à rendre les agriculteurs ne dispensent pas de la mise en œuvre d'incitations rationnelles au plan économique. Et il n'est ni rationnel ni équitable de ne pas faire supporter aux exploitations agricoles le coût de ressources qu'elles contribuent à raréfier quand l'ensemble des autres secteurs économiques ainsi que les particuliers en assument, en partie tout au moins, leur part. Faire cesser progressivement l'exception agricole dans la tarification de l'eau, en appliquant une écotaxe à hauteur des prélèvements effectués et des pollutions engendrées, est une décision qui s'impose. Il restera néanmoins possible d'organiser des transferts qui permettent que cette évolution souhaitable soit supportable pour les exploitants, en réorientant la masse considérable

1. Le prix de la redevance « pollution » a été fixé par les agences de bassin à un niveau moyen en 2002 de 2,8 euros par m^3 (variant de 1,8 à 3,8 selon les départements).

des subventions agricoles vers des pratiques écologiques, en augmentant les ressources consacrées au financement des exploitations, dans le cadre de contrats agroenvironnementaux et sous condition du respect de cahiers des charges précis, et surtout en les aidant à se réorienter vers des labels de qualité et des circuits courts permettant de meilleurs prix de vente (voir notre proposition p. 227).

En matière de déchets, les enjeux sont de plusieurs natures : il s'agit de réduire la ponction sur les matières premières et l'énergie grâce au recyclage ; de diminuer les émissions de polluants (afin d'assurer l'hygiène et la santé publique et environnementale) ; et de contribuer à la lutte contre le réchauffement climatique (les décharges émettent du méthane, puissant gaz à effet de serre). L'objectif est d'augmenter de manière progressive les taxes sur les déchets de manière à réduire leur production et à favoriser leur valorisation.

Le développement d'une économie circulaire et de fonctionnalité (voir p. 67) sera favorisé par trois facteurs conjoints : la hausse du prix des matières premières et de l'énergie, le renforcement et l'adaptation de la réglementation sur les déchets, et la hausse du coût des déchets. Pour être efficaces, les dispositifs d'incitation à mettre en œuvre en matière de réduction des déchets doivent associer l'amont (la production à l'origine du futur déchet) et l'aval (la consommation intermédiaire ou finale qui produit effectivement le déchet). Concernant l'amont, il s'agit de la responsabilité environnementale du producteur, relative au traitement de la fin de vie du produit, qui a été affirmée par exemple dans les directives européennes de 2002 et 2003 sur les pneumatiques usagés et sur les déchets d'équipements électriques et électroniques. Pour mieux valoriser son produit en fin de vie, le producteur va devoir de plus en plus s'intéresser aux conditions de recyclage dès sa conception. C'est là qu'intervient l'écoconception qu'il s'agit de généraliser.

Concernant l'aval, on sait qu'aujourd'hui le système connu sous le nom d'Éco-Emballages – du nom de l'une des entreprises privées qui en est le pivot – est un demiéchec. Les entreprises sont amenées à payer une redevance pour participer au recyclage de leurs déchets. Or, le niveau des redevances n'est pas assez élevé pour être incitatif. Un industriel français verse en moyenne 0,6 centime d'euro par emballage à Éco-Emballages pour financer et favoriser le recyclage des emballages ménagers. Cette entreprise a ainsi collecté 402 millions d'euros en 2005, une somme dérisoire au regard des enjeux environnementaux et du chiffre d'affaires des produits de grande consommation, qui s'élève à des dizaines de milliards d'euros.

Pourtant, entre 1990 et 2003, les coûts d'élimination (collecte et traitement) des ordures ménagères sont passés de 2,3 à 5,6 milliards d'euros (+ 140 %), notamment en raison de l'évolution du packaging et de la hausse de la consommation des Français, qui ont entraîné une augmentation de 30 % du tonnage des ordures ménagères. Même si l'action d'Éco-Emballages a contribué, via le recyclage, à éviter l'émission de plus de trois millions de tonnes équivalent CO_2, c'est encore trop peu. Le recyclage reste majoritairement financé par les collectivités locales. Les industriels, en raison du faible impact de leur contribution au recyclage dans leur chiffre d'affaires et, plus généralement, à cause d'un encadrement législatif incohérent qui leur permet d'apposer le fameux « point vert » à trois flèches sur leurs étiquettes, ne sont pas incités à remettre en cause leurs pratiques en matière de packaging. Au contraire : ceux qui travaillent pour le consommateur final continuent de développer des emballages compliqués et de plus en plus volumineux, sous la pression d'une demande d'emballages individuels et « voyants ». C'est une évolution inverse qu'il faudrait favoriser, en instaurant la tarification en fonction du poids et du coût de recyclage des produits commercialisés. Tout en intensifiant et en accélérant la recherche en emballages biodégradables afin de contribuer, en amont, à réduire la nécessité même du recyclage.

Pour endiguer l'augmentation constante des déchets ménagers, le plus efficace serait de mettre en place une taxation en fonction du poids des déchets produits par les consommateurs. En 2004, la taxe d'enlèvement des ordures ménagères a rapporté quatre milliards d'euros aux communes. Elle s'avère cependant très peu incitative. Une des solutions consiste à encourager les particuliers à trier leurs déchets en récompensant les pratiques les plus citoyennes. On pourrait par exemple s'inspirer du concept américain PAYT (« *Pay as you throw* », c'est-à-dire « Payez selon ce que vous jetez ») qui, depuis son introduction dans les années 90, a fait ses preuves aux États-Unis. Il s'agit non seulement de trier les emballages, mais aussi de réduire la quantité d'ordures ménagères résiduelles rejetées par le consommateur, le tarif étant fonction du poids des déchets. Ce système a été étudié en France et les résultats en termes de flux de matière sont éloquents sur la période d'expérimentation (1999-2004), avec une réduction de 25 % des ordures ménagères (en poids), une augmentation de 80 % des emballages triés et une baisse de 45 % des ordures ménagères résiduelles. Qu'attend-on pour généraliser ce système où l'on gagne sur tous les plans ?

7

BIODIVERSITÉ : FAIRE ENTRER LA NATURE DANS L'AMÉNAGEMENT DU TERRITOIRE

Objectif: intégrer la préservation du patrimoine naturel dans la stratégie globale de développement durable, avec la création d'un réseau écologique national qui relierait entre eux tous les espaces protégés et garantirait leurs fonctions écologiques.

Espèces, écosystèmes et paysages constituent l'épiderme vivant de la planète et de nos sociétés. Nos villes et toutes nos activités s'y inscrivent. Du gène à l'espèce et à l'écosystème, la diversité de la vie constitue un patrimoine naturel irremplaçable et indispensable au bien-être humain et au développement durable. Trente ans après la loi sur la protection de la nature[1], treize ans après l'entrée en scène de la Convention sur la diversité biologique établie par les Nations unies, d'incontestables efforts ont été accomplis : 10 % du linéaire côtier français ont été acquis par le Conservatoire de l'espace littoral (70 000 hectares), 157 réserves naturelles (580 000 hectares) ont été créées, le réseau Natura 2000[2], initié par l'Europe, a été mis en œuvre sur 11,8 % du territoire français (il reste cependant encore absent des DOM-TOM), des espèces prestigieuses sont revenues, comme des grands rapaces ou le lynx… L'érosion de biodiversité n'en a pas pour autant été interrompue. Car, en même temps, le grand concasseur qu'est notre mode de développement a continué son œuvre. Sur le continent

1. Loi du 10 juillet 1976.
2. Au 30 avril 2006, les 1 674 sites Natura 2000 couvrent 6 496 917 hectares, hors milieux marins.

européen, une grande partie de la biodiversité est appauvrie et continue de décliner[1].

Le paysage français est encore principalement occupé par l'agriculture et la forêt. Mais c'est l'artificialisation qui gagne du terrain. Celle des sols, hors agriculture, s'est nettement accentuée (près de 600 000 hectares en 10 ans), pour atteindre 8 % du territoire national[2]. Entre 1982 et 2003, ces surfaces ont augmenté de 40 %, au détriment des zones naturelles et agricoles, alors que la population n'a crû que de 10 %. Désormais, quelque 45 000 kilomètres de voies navigables et terrestres[3] fragmentent le territoire et morcellent les habitats. Ces altérations des milieux et des paysages provoquées par les activités humaines réduisent les capacités de déplacement, de dispersion et d'échange entre les espèces animales et végétales, et entraînent un déficit démographique, l'extinction des espèces rares ou spécialisées, l'augmentation des espèces généralistes, l'érosion génétique, le dérèglement et la fragilisation des écosystèmes.

C'est aussi la « nature ordinaire » qui est touchée, celle qui n'est pas protégée pour son caractère exceptionnel, celle que nous rencontrons partout au cours de nos activités quotidiennes, dans les campagnes et dans les villes, sur les terres cultivées et dans les espaces libres, en métropole comme en Outre-mer. On constate une baisse d'effectifs des espèces communes, la disparition de zones humides, un recul de la

1. Selon le rapport sur l'état et les perspectives de l'environnement européen (*European Environment. State and Outlook*, AEE, 2005) : 43 % des oiseaux sont en situation précaire ; 12 % des 576 espèces de papillons sont très rares ou en déclin rapide ; environ 600 espèces végétales n'existent plus à l'état sauvage ou sont en voie de disparition ; 45 % des reptiles et 52 % des poissons d'eau douce sont menacés.
2. 4,8 % de surfaces occupées par le bâti, les infrastructures routières et ferroviaires, le reste par les infrastructures non bâties (mines, décharges, chantiers, carrières, espaces verts artificialisés non agricoles). Source : IFEN, mars 2003.
3. 9 212 km d'autoroute, 25 500 km de routes nationales, 1 546 km de lignes à grande vitesse, 8 500 km de voies navigables. Source : *Espaces naturels*, n° 14, avril 2006.

faune et de la flore dans tous les écosystèmes. Là encore, la dégradation des habitats, l'artificialisation des sols, l'intensification de l'agriculture, l'usage des pesticides, les invasions biologiques, en bref, les activités humaines, ont imprimé leur marque.

Cette érosion de la biodiversité fait peser un risque économique sur la société. Elle menace d'affaiblir et d'interrompre la chaîne de biens et de services « gratuits » que les écosystèmes offrent à l'humanité, aussi élémentaires et vitaux que l'approvisionnement en eau potable, l'épuration des eaux et de l'air, la protection contre les catastrophes naturelles, la préservation des sols... Et cela, au moment où les effets du réchauffement climatique font craindre l'apparition de nouveaux déséquilibres.

Créer un réseau écologique national

Pour inverser la tendance, il faut désormais prendre en compte cette « nature ordinaire ». Il devient capital de s'intéresser aux « corridors écologiques[1] », ces « chemins de la vie » qui établissent les continuités et les connexions entre les milieux écologiquement riches ou moins riches qui composent nos paysages. Dès lors, les questions de la préservation de la nature (espèces, habitats, paysages) doivent s'intégrer dans une véritable stratégie de développement durable et non plus être traitées à part, à côté ou après tout le reste. Relier les espaces protégés entre eux et à l'ensemble du paysage, à travers un réseau écologique national, voilà une ambition nouvelle et un état d'esprit nouveaux pour la nature en France.

1. « Espaces avec des milieux assurant une liaison fonctionnelle entre des zones "noyaux" et des "zones d'extension" à l'intérieur d'un réseau écologique. Ils peuvent encourager ou permettre la migration des espèces entre différentes zones. Il peut s'agir d'étendues continues, de trames ou d'îlots de liaison ou de dispersion. Ils sont vides d'obstacles. » Source : *Espaces naturels*, n° 14, avril 2006.

Un réseau écologique national est « un ensemble cohérent d'éléments paysagers naturels ou semi-naturels, conçu et entretenu pour préserver ou restaurer les fonctions écologiques comme moyen de sauvegarde de la biodiversité, tout en permettant une utilisation durable des ressources naturelles[1] ». Sa création devra s'appuyer sur :

- un réseau d'aires protégées terrestres et marines, représentatif de la biodiversité des différents milieux, espèces et écosystèmes (parcs nationaux, réserves naturelles, sites du Conservatoire de l'espace littoral...), qui reste très largement à compléter ;
- un réseau opérationnel de sites Natura 2000, intégré dans les politiques de développement local (début 2006, sur 1 450 sites Natura 2000, 25 % ont établi leur mode de gestion, 35 % sont en cours d'élaboration et 40 % en sont dépourvus, faute d'opérateurs ou de financement pour les conduire) ;
- des corridors écologiques fonctionnels reliant tous les espaces protégés à la trame paysagère des territoires.

Ce réseau écologique national a vocation à devenir l'outil d'une politique du patrimoine naturel, l'ossature d'une stratégie nationale pour la biodiversité. Il pourrait être décliné dans les régions, les départements et les communes, en s'appuyant sur des « schémas régionaux de préservation du patrimoine naturel[2] », incluant les politiques régionales et départementales d'espaces naturels (réserves naturelles régionales, conservatoires régionaux d'espaces naturels, espaces naturels sensibles des départements, zones de compensation écologique, etc.).

Avec un tel réseau, la politique de la nature changerait d'échelle par rapport aux actions traditionnelles de protection des espaces naturels. Le réseau écologique national et ses schémas régionaux de préservation du patrimoine naturel s'inscriraient dans des documents d'engagement réciproque

1. *Espaces naturels*, n° 16, avril 2006.
2. Contribution de la Ligue ROC pour la préservation de la faune sauvage et la défense des non-chasseurs (2006).

(État-régions et collectivités) et opposables (à la manière des contrats État-régions ou des schémas régionaux d'aménagement durable du territoire). S'agissant d'un bien commun, ils seraient intégrés dans tous les projets, outils et documents d'aménagement et d'urbanisme. Dans ce but et une fois sa négociation conduite régionalement, le réseau écologique national a vocation à être adopté par le Parlement afin d'avoir force de loi. Du Premier ministre aux habitants du moindre village, chacun devrait pouvoir dire ce qu'est un réseau écologique et être fier, là où il habite, d'en être responsable.

Cette nouvelle approche du patrimoine naturel doit donc :

- s'appliquer à l'ensemble du territoire français, espaces protégés, villes, terres cultivées et espaces ruraux, emprises des grandes infrastructures (autoroutes, voies navigables, etc.) ;
- s'appuyer sur des écorégions, entités spatiales cohérentes traduisant une réalité biogéographique et socio-historique[1] des écosystèmes (un peu à l'image des six agences de l'eau, qui ont en charge la gestion des cours d'eau à l'échelle, chacune, d'un bassin versant) ;
- s'inscrire à long terme dans des objectifs nationaux et régionaux, et dans les documents de planification.

Une Agence nationale du patrimoine naturel

Pour mener à bien la création d'un réseau écologique national, l'État doit se doter d'un instrument : une Agence nationale du patrimoine naturel, placée sous la tutelle du ministère chargé de l'Environnement. Cette agence regrouperait tous les organismes et institutions en charge des différents domaines de la biodiversité : Conseil supérieur de la pêche, Office national de la chasse et de la faune sauvage (ONCFS), agences de l'eau, Conservatoire du littoral, établissements publics des parcs nationaux... Elle disposerait d'une vraie

1. Les paysages sont autant le fruit de la réalité de la biogéographie que des pratiques sociales et culturelles.

police de l'environnement et elle s'appuierait sur le Conseil scientifique du patrimoine naturel et de la biodiversité. Elle aurait pour mission de coordonner la gestion des espaces naturels nationaux placés sous sa responsabilité et d'assurer le suivi de la mise en place de la stratégie nationale pour la biodiversité dans les politiques nationales et locales (agriculture et forêts, tourisme, aménagement du territoire, urbanisme, infrastructures et transport, chasse et pêche). Elle évaluerait les progrès des plans d'action et leur renouvellement éventuel. Elle proposerait la création de nouveaux espaces protégés et veillerait à la prise en compte du patrimoine naturel dans les schémas d'aménagement du territoire. Enfin, elle définirait et développerait le réseau écologique national.

Des délégations régionales de cette agence pourraient être créées, à l'échelle d'écorégions, en métropole et en Outre-mer. Les collectivités locales y seraient représentées. Il s'agit, ainsi, de renforcer le rôle et les moyens des collectivités territoriales dans le prolongement de leurs compétences, notamment pour la préservation et la gestion des espaces naturels. La responsabilisation des élus locaux devrait cependant s'accompagner d'un approfondissement de la démocratie participative, avec la mise en place d'instances de concertation et de régulation distinctes des instances scientifiques. Ces instances, régionales, permettraient la représentation des institutions, des collectivités, des établissements ou syndicats en charge de la gestion d'espaces naturels, des socioprofessionnels, des usagers et des associations. Elles pourraient aussi se voir confier l'examen des conclusions des enquêtes publiques – plus de 10 000 par an – pour lesquelles, dans la majorité des cas, les commissaires enquêteurs sont seuls et peu qualifiés.

Renforcer les aires protégées

La mise en place d'un réseau écologique national permettant de s'opposer à l'érosion de la biodiversité obligerait parallèlement à renforcer les aires protégées terrestres et marines en métropole et dans les DOM-TOM. Pour la mer et le littoral, la création de parcs naturels marins et la mise en œuvre d'un réseau d'aires marines protégées est prioritaire, comme le soutien au Conservatoire de l'espace littoral dans ses nouvelles missions de protéger la mer sur le domaine marin côtier. Il est aussi capital de disposer d'un réseau de zones humides protégées représentatives de la biodiversité nationale, en métropole comme en Outre-mer (les mangroves en particulier). La création d'un Conservatoire des eaux douces, sur le modèle du Conservatoire du littoral, permettrait de disposer d'un outil foncier spécialisé sur les cours d'eau et les rivages lacustres. Son financement pourrait être assuré par la taxe sur l'eau, au profit d'opérateurs fonciers locaux (collectivités, conservatoires, associations...) qui en assureraient la gestion.

Au total, la superficie des espaces protégés terrestres devrait être multipliée par deux d'ici vingt ans. Elle irait de pair avec la restauration des milieux naturels dégradés (espaces agricoles, cours d'eau et bassins fluviaux, récifs coralliens, mangroves, zones humides, bassins versants...). En ce qui concerne les forêts, deux mesures s'imposent si l'on veut assurer la conservation de la biodiversité à très long terme : dans les forêts tropicales françaises, la mise en place d'un réseau d'aires protégées, en étroite concertation avec les populations autochtones ; dans les forêts publiques, l'établissement de réseaux représentatifs d'aires protégées complétant les réseaux des réserves biologiques et intégrales. Pour les espèces sensibles, la mise en œuvre de tous les plans d'action de la stratégie nationale pour la biodiversité est indispensable d'ici 2010. Enfin, l'accompagnement du réseau Natura 2000 doit être singulièrement renforcé.

Engager un plan budgétaire en faveur du patrimoine naturel

Le budget de l'actuel ministère de l'Écologie et du Développement durable, environ 900 millions d'euros (0,34 % du budget de l'État), a été multiplié par trois au cours de ces dix dernières années. Toutefois, la part attribuée à la protection de la nature, notamment les programmes de gestion des espaces naturels et de la biodiversité, ne représente que 17 % de ce budget, soit 0,05 % du budget de l'État[1]. Comment, dans ces conditions, relever le défi de la conservation ?

Les besoins annuels en termes de financement de la biodiversité en France sont estimés à 700 millions d'euros[2]. Malgré l'affectation au Conservatoire de l'espace littoral et des rivages lacustres de la taxe sur le droit annuel de francisation et de navigation des navires de plaisance (avec un budget qui passe de 27 à 35 millions d'euros en 2006), malgré l'exonération fiscale sur le foncier non bâti dans les espaces naturels protégés et l'exonération des droits de mutations pour les travaux de restauration écologique déductibles du revenu, il n'y a guère de moyens nouveaux pour financer la stratégie nationale pour la biodiversité et ses plans d'action.

Au niveau européen, on assiste à un changement certain : la biodiversité a été intégrée à la stratégie de l'Union en faveur du développement durable et un sixième programme d'action pour l'environnement a été mis en place le 22 mai 2006. Il faut se réjouir de voir la biodiversité enfin prise en compte dans les financements de tous les grands programmes européens. Ce nouveau programme d'action pour la biodiversité prévoit notamment le renforcement sur l'ensemble du territoire européen, y compris l'Outre-mer, du réseau Natura 2000, sa mise en œuvre en mer, la préservation et le rétablissement de la biodiversité et des services

1. Si l'on ajoute le budget des autres ministères concernant l'environnement et ceux des établissements publics, l'action de l'État consacrée à l'environnement représente 5,4 milliards d'euros (moins de 2 % du budget de l'État). Le budget des collectivités territoriales (1,3 milliard d'euros) serait aussi à prendre en compte, car il joue un rôle important dans les politiques environnementales, sans qu'il soit possible de préciser les financements plus spécifiquement alloués à la protection de la nature. Source : IFEN, 2006.
2. Source : Laurent Piermont, président de la Société forestière de la Caisse des dépôts et consignations, 2006.

de la nature, le renforcement de la compatibilité du développement régional avec la biodiversité, l'adaptation de la biodiversité au changement climatique, le développement des connaissances, l'éducation, l'information et la participation du public, la lutte contre les espèces introduites dans des milieux qui ne sont pas leur milieu naturel, etc.

Pour la première fois est prise en compte la nature ordinaire avec la nécessité de « préserver et rétablir la biodiversité dans les zones rurales non protégées », comme l'indique le plan d'action. Toutefois, le financement n'en est pas encore arrêté, puisque ce sera à chaque État membre et à chaque région de décider de la part à accorder à ces besoins dans les programmes nationaux et régionaux établis pour les différents fonds. Les financements des grandes politiques européennes vont être « renationalisés », c'est-à-dire versés directement aux États membres. L'application du plan européen pour la biodiversité dépendra dès lors de la seule volonté des États et des collectivités, or dans l'ensemble ils se préoccupent peu de la biodiversité et du patrimoine naturel.

Par conséquent, une certitude demeure : les acteurs de la conservation de la nature vont devoir se battre, et se battre durement, avant de voir les ministères chargés des transports, de l'équipement, du tourisme ou de l'agriculture, pour ne citer qu'eux, accepter de financer des actions en faveur de la biodiversité. Sans moyens financiers arrêtés, on risque d'attendre longtemps encore le changement d'échelle de l'action pour la biodiversité : la prise en compte sur l'ensemble du territoire et dans toutes nos activités du tissu vivant de la terre.

Dès lors, il s'agit d'engager immédiatement un plan budgétaire national en faveur du patrimoine naturel, d'abord pour appliquer les lois existantes, ensuite pour respecter les engagements européens et internationaux de la France. C'est une étape préalable dans la perspective d'une nouvelle politique et d'une nouvelle ambition en faveur du patrimoine naturel français. Parmi les actions à engager, nous proposons notamment de :

- multiplier par deux (300 millions d'euros) et par quatre d'ici cinq ans (600 millions d'euros) la part consacrée au patrimoine naturel d'un budget annuel du ministère de l'Écologie (soit passer à 0,1 % puis à 0,2 % du budget de l'État), qui serait porté à 1 % du budget de l'État ;
- doter les régions d'un instrument financier dédié à la préservation de la biodiversité, à la gestion de la nature et des paysages. À compétence nouvelle, recette nouvelle. Les régions contribuent déjà à la préservation de la nature (inventaires et connaissances, soutien à l'action du Conservatoire de l'espace littoral, soutien aux conservatoires régionaux d'espaces naturels, cofinancement des programmes européens en faveur de la nature, soutien aux mesures agroenvironnementales...). Il va leur falloir accompagner le déploiement du réseau Natura 2000. Or, le transfert de compétences de l'État dans le cadre de la décentralisation exerce une forte pression sur leur budget. Un nouvel outil financier dédié à la biodiversité (non lié à un exécutif politique) est donc indispensable pour permettre aux régions de s'engager dans l'élaboration et l'adoption des plans régionaux pour la biodiversité et la mise en œuvre du réseau écologique national ;
- inscrire le patrimoine naturel et la biodiversité comme un des axes prioritaires dans les contrats de projets État-régions 2007-2013. Les contours de la politique de développement entre l'État et les régions viennent d'être profondément modifiés. L'État va y engager 1,5 milliard d'euros par an pendant sept ans, consacrés quasi exclusivement aux grands projets répondant aux critères de priorité suivants : l'enseignement supérieur et la recherche, l'environnement, les infrastructures de transport non routières. Bien que la protection et la valorisation de la biodiversité figurent parmi les objectifs retenus, le risque est grand de voir le volet des projets écraser tout le reste. Le réseau écologique national devrait y figurer comme un des axes prioritaires du soutien au développement entre l'État et les régions ;

- généraliser l'application de la Taxe départementale des espaces naturels sensibles (TDENS) – tout en limitant sa déperdition par un recouvrement à la source – et l'affecter prioritairement à la gestion des espaces naturels, aux plans d'action régionaux et départementaux en faveur de la biodiversité et à la mise en œuvre du réseau écologique national ;
- conforter dans son rôle et ses missions l'Institut français de la biodiversité (IFB), qui assure la coordination de la réflexion des scientifiques et l'émergence de nouveaux thèmes de recherche.

Répondre à l'urgence de l'Outre-mer

Avec ses collectivités d'Outre-mer présentes dans les trois océans du globe[1], la France abrite des richesses écologiques exceptionnelles et une biodiversité d'importance mondiale. Elle est ainsi le seul pays présent dans cinq des vingt-cinq « points chauds » de la biodiversité mondiale. Grâce à la Guyane et à ses sept millions d'hectares, la France est présente en Amazonie, la principale zone mondiale de forêts tropicales. Le domaine maritime national est le deuxième au monde avec onze millions de kilomètres carrés. Il comprend 10 % des récifs coralliens – plaçant la France au quatrième rang des pays coralliens au monde – et 20 % des atolls de la planète. La biodiversité de l'Outre-mer européen est ainsi largement supérieure à celle de toute l'Europe continentale. Elle y représente un enjeu écologique mais aussi économique, social et culturel majeur.

Toutefois, la prise en compte des menaces pesant sur les espèces et les habitats naturels comme la mise en œuvre des outils de préservation de la biodiversité y demeurent difficiles et insuffisants. L'intégration de la biodiversité dans la

1. Réunion, Guyane, Martinique, Guadeloupe, Nouvelle-Calédonie, Polynésie française, Wallis-et-Futuna, Saint-Pierre-et-Miquelon, Mayotte, les terres Australes et Antarctiques françaises et des îles éparses.

législation de l'Union européenne appliquée à ces collectivités et les mécanismes financiers de l'Union pour sa préservation y sont très insuffisants, pour ne pas dire inexistants. Les flux financiers en direction de ces régions éloignées qui sont devenues des morceaux d'Europe sont importants, mais la part qui est consacrée à la connaissance, à la gestion, à la préservation et à la valorisation de la biodiversité reste très réduite.

La mobilisation et l'engagement de l'Union européenne, de l'État comme des collectivités d'Outre-mer dans la mise en cohérence des politiques publiques et dans une programmation à moyen et à long terme de leurs actions sont indispensables. L'Europe et particulièrement la France sont désormais en situation de responsabilité par rapport à leur héritage colonial.

La Commission des communautés européennes, devant le risque réel de ne pas atteindre les engagements pris en 2001 par les chefs d'État et de gouvernement de l'Union européenne de « mettre fin à l'appauvrissement de la biodiversité d'ici 2010 et de remettre en état les habitats et les écosystèmes », a choisi de prendre les devants. Le « plan d'action communautaire à l'horizon 2010 et au-delà » constitue une nouvelle approche pour la politique européenne en faveur de la biodiversité outre-mer, puisqu'il s'adresse autant aux États membres de l'Union qu'à ses collectivités d'Outre-mer. C'est en soi une avancée pour la biodiversité dans les DOM-TOM.

Toutefois, les États membres restent seulement « invités » à aligner leurs stratégies et leurs actions. C'est à l'État et aux collectivités des DOM-TOM que revient l'initiative de reconnaître et d'intégrer dans leurs politiques l'importance mondiale de la biodiversité outre-mer. Tout va donc dépendre de la volonté politique des uns et des autres à s'engager.

Nous proposons la mise en œuvre des mesures suivantes :

- mise en place rapide du parc amazonien de Guyane ;
- élaboration d'un régime juridique ou d'un plan spécifique pour la conservation et la gestion des zones importantes

pour la biodiversité des DOM non couvertes par les directives européennes oiseaux et habitats, avec le support financier adéquat ;

- mise en œuvre d'un plan d'action pour le renforcement des capacités et des moyens des gestionnaires d'espaces protégés des DOM-TOM ;
- application dans les collectivités françaises d'Outre-mer de l'initiative mondiale visant à réduire les transferts d'espèces exotiques envahissantes.

Le cas de la Guyane

En Guyane, malgré les efforts déployés par l'État et les collectivités, le développement de l'orpaillage clandestin, notamment dans les parcs et les réserves, est à l'origine de situations critiques, d'un point de vue tant social et sanitaire qu'écologique et politique. Il conduit à des dégradations graves de l'écosystème, il met en péril les ressources naturelles des populations autochtones et leurs activités écotouristiques, il entraîne la contamination au méthyl-mercure des poissons et des hommes, la chute de la qualité des eaux et le développement de maladies graves (paludisme, sida...) ou, encore récemment, l'abandon de la station de recherche des Nouragues. L'insécurité engendrée par la filière clandestine menace la cohésion de la société guyanaise et des populations amérindiennes, et la naissance annoncée du parc amazonien de Guyane.

Dans le même temps, des contradictions apparaissent entre la volonté affichée par l'État de protéger la biodiversité et les décisions prises pour l'exploitation légale du sous-sol guyanais. Si les départements français d'Outre-mer doivent constituer, en raison de leur patrimoine naturel exceptionnel, des espaces de développement durable exemplaires, l'ambition et la volonté de l'État doivent être réaffirmées avec force, particulièrement en Guyane, qui constitue l'un des derniers blocs intacts de forêt primaire dans le monde.

Une politique de l'État français et des collectivités guyanaises respectueuse des droits des populations autochtones et de la biodiversité consisterait à :

- développer une coopération transfrontalière avec tous les États voisins, et particulièrement le Brésil, pour maîtriser l'immigration clandestine et mettre fin à l'orpaillage illégal ;
- mobiliser les moyens nécessaires au rétablissement de l'État de droit ;
- faire respecter le statut légal des aires protégées, vitales pour le bénéfice des communautés locales et nationales, la conservation de la biodiversité, le développement de l'écotourisme et de l'éducation ;
- définir en relation avec les collectivités une stratégie d'exploitation minière compatible avec la préservation de la biodiversité, de la forêt guyanaise et des aires protégées existantes et futures.

Faire apparaître les indicateurs clés de la nature

Le rôle de la biodiversité, le but d'un réseau écologique national, l'appréciation des biens et des services que nous apporte la nature ne sont pas évidents à comprendre, tant les questions de biodiversité sont complexes. C'est pourquoi des indicateurs clés sur l'état du patrimoine naturel, à l'échelle nationale, voire régionale, doivent être mis en place dans le bilan annuel du pays et communiqués à l'opinion publique, au même titre que les grands indicateurs économiques et sociaux (voir notre proposition p. 199).

L'objectif est de mesurer l'évolution de l'impact du développement de la société, des politiques, des activités et des modes de vie sur les richesses et le patrimoine naturel du pays. Ces indicateurs contribueraient à l'information, à la sensibilisation et à la responsabilisation de l'opinion sur l'importance de la biodiversité, l'état de santé des écosystèmes, le maintien ou la perte de patrimoine naturel, l'évolution de l'usage des sols (linéaire côtier, espaces agricoles ou urbanisés, milieux ou paysages...). L'appropriation et la communication sont essentielles pour expliquer que la biodiversité, les espaces protégés, le réseau et les corridors écologiques, les biens et services de la nature sont importants pour chacun d'entre nous.

Conformément à ses engagements internationaux et à la mise en œuvre d'une stratégie nationale pour la biodiversité dont l'objectif est de stopper la perte de biodiversité d'ici 2010, la France est en train d'élaborer des indicateurs de suivi. D'ores et déjà, l'IFEN utilise déjà dix indicateurs de l'environnement. De son côté, l'Union européenne utilise l'indicateur « Oiseaux communs[1] » pour suivre l'impact de la politique agricole commune sur la biodiversité.

D'autres indicateurs plus spécifiques pourraient être mis en place pour suivre l'avancement de l'application de telle politique ou de tel plan d'action en faveur de la biodiversité, comme la superficie des aires protégées terrestres et marines, le nombre et l'évolution des populations d'espèces menacées, l'évolution des prises des pêches, la surface des zones humides, la diversité génétique des espèces domestiques (races animales locales ou variétés végétales).

1. Pan European Commun Bird Index.

8

SANTÉ : PRÉVENIR AVANT DE GUÉRIR

Objectifs : évaluer le poids des dégradations environnementales dans le coût global des maladies, engager une politique de prévention, en particulier en ce qui concerne l'alimentation, l'emploi des pesticides et la dissémination des OGM.

Les liens entre questions de santé et d'environnement ont été abordés pour la première fois par Hippocrate 400 ans avant Jésus-Christ, dans son traité *Des airs, des eaux et des lieux*, dans lequel on peut lire : « Le médecin qui fait honneur à sa profession est celui qui tient compte, comme il convient, des saisons de l'année et des maladies qu'elles provoquent, des états du vent propres à chaque région et de la qualité de ses eaux, qui observe soigneusement la ville et ses environs pour voir si l'altitude est faible ou importante, si le climat est chaud ou froid, sec ou humide, qui, en outre, note le genre de vie et, en particulier, les habitudes alimentaires des habitants, en bref, toutes les causes qui peuvent entraîner un déséquilibre dans l'économie animale. »

Dans la lignée d'Hippocrate, les experts en sciences sociales concernés par les questions de santé pensent qu'il est essentiel de combiner les données issues des études biologiques, médicales, épidémiologiques, écologiques, sociales et culturelles. Des enquêtes environnementales effectuées sur notre planète montrent des signes d'une dégradation telle que la qualité même de la vie des populations humaines en serait menacée, y compris du point de vue de leur capacité de reproduction.

Depuis le début des années 70, ces convictions ont pris tout leur relief, dès lors que l'on a pris conscience que cette détérioration de l'environnement avait de plus en plus de causes anthropiques. Finalement, selon la définition proposée par le bureau européen de l'Organisation mondiale de la santé (OMS) en 1994 lors de la conférence d'Helsinki : « La santé environnementale comprend les aspects de la santé humaine, y compris la qualité de la vie, qui sont déterminés par les facteurs physiques, chimiques, biologiques, sociaux, psychosociaux et esthétiques de notre environnement. Elle concerne également la politique et les pratiques de gestion, de résorption, de contrôle et de prévention des facteurs environnementaux susceptibles d'affecter la santé des générations actuelles et futures. »

Prise en compte et perception des risques

L'évolution des risques environnementaux et de leurs répercussions sur la santé s'inscrit dans le processus historique de développement que connaissent les économies et les sociétés. On peut schématiser quatre grandes étapes dans la transition des sociétés agricoles du XIXe siècle vers les économies technologiques du XXIe siècle : agriculture et industrie naissante d'abord, industrie et services ensuite, puis technologie de l'information et de la communication et globalisation économique, et enfin, étape de l'avenir, celle du développement durable ou au contraire celle des systèmes écologiques planétaires menacés.

Dans ce déroulement de transition économique et démographique, il faut également prendre en considération le fait que la nature, l'ampleur des problèmes environnementaux majeurs et leurs conséquences sanitaires évoluent constamment. Prenons l'exemple des économies dites traditionnelles : les maladies infectieuses et transmissibles, les carences nutritionnelles et la mortalité néo- et périnatale étaient causées par le manque d'eau potable, l'insuffisance de nourriture en quantité et en qualité, l'insalubrité de l'habitat, et la transmission des maladies par les insectes notamment. Avec l'industrialisation, la rationalisation de la production de masse, y compris dans le secteur agricole, et l'urbanisation, de nouvelles menaces sanitaires, apparaissent, liées notamment aux émissions croissantes de substances chimiques de synthèse, souvent toxiques et susceptibles de s'accumuler dans l'eau, l'air, les sols et les aliments. Ainsi, alors que les maladies infectieuses et transmissibles reculent, du moins dans les pays économiquement développés, les pathologies chroniques comme les cancers, les affections respiratoires, les troubles neuro-comportementaux et du développement, les perturbations endocriniennes et immunitaires sont de plus en plus nombreuses.

Cette évolution s'est produite alors que l'on assistait parallèlement à l'allongement de l'espérance de vie, conséquence de l'amélioration d'ensemble des conditions socio-économiques et sanitaires dans les pays industrialisés. Il est devenu difficile de distinguer, dans les affections chroniques, ce qui est lié à l'allongement de la durée de vie de ce qui est dû aux expositions aux dangers environnementaux de l'ère moderne. En effet, le développement économique, l'amélioration des conditions de vie, l'accroissement des services de santé et de leur qualité ont entraîné un quasi-doublement de l'espérance de vie dans les pays industrialisés et dans beaucoup de pays en développement. Elle est passée ainsi de quarante à soixante-quinze ans et plus, en un peu plus d'un siècle. Si cette évolution a d'abord été liée à une baisse considérable de la mortalité infantile, elle est due maintenant à un accroissement progressif de la durée de vie aux âges avancés, âges au cours desquels apparaissent plus fréquemment les affections chroniques. Ainsi la préoccupation majeure en santé publique qui portait sur la durée – l'espérance de vie – s'est enrichie d'un volet qualité – l'espérance de santé.

Ce paradoxe apparent – amélioration de l'espérance de vie alors que nombre de facteurs environnementaux et socio-économiques se détériorent – ne doit surtout pas faire illusion et inciter à se détourner de la précaution et de la prévention. En effet, l'espérance de vie est liée à la qualité de vie, et celle-ci résulte de nombreux paramètres qui se manifestent avec un décalage dans le temps, de l'ordre parfois de plusieurs générations. On ne pourra donc juger des incidences de notre mode de vie actuel sur notre longévité qu'avec le même décalage.

La décision politique

Sur un plan pratique, chaque personne est amenée à reconnaître que sa santé est influencée par des paramètres indépendants les uns des autres : facteurs individuels génétiques (hérédité) et biologiques (vieillissement), socio-économiques (activité professionnelle, revenu, logement…) et culturels, environnementaux (risques chimiques, physiques, biologiques, écologiques…), comportementaux (nutrition, activité physique, voyages, tabagisme, alcoolisme…), accessibilité et qualité des services de santé offerts. Pour une même exposition, ces divers déterminants ont des effets sanitaires réellement subis ou seulement ressentis de manière variable, selon les caractéristiques des individus exposés.

La définition de l'environnement rapporté à la santé peut varier selon les interlocuteurs et les points de vue. Pour Albert Einstein par exemple, « l'environnement, c'est tout ce qui n'est pas moi ». On peut considérer aussi que les facteurs environnementaux à l'origine des maladies ne sont pas génétiques. On sait cependant que le patrimoine génétique actuel, notamment dans l'espèce humaine, a été modulé par les conditions environnementales du passé, du fait des mutations et de la sélection naturelle, et plus globalement du processus d'évolution. Pour la commission d'orientation du Plan national santé environnement (PNSE), dans son rapport de février 2004, la notion d'environnement renvoie à nos milieux de vie (domestiques, naturels ou professionnels) et exclut tout ce qui relève de l'exposition volontaire et du comportement individuel (tabagisme actif, consommation d'alcool ou de drogue, comportement alimentaire…). Certains cependant font aussi entrer dans les causes environnementales les dommages à la santé, les accidents, de la route ou domestiques, et pour une part les violences, telles que la criminalité ou les effets des guerres. Ces facteurs sont notamment pris en compte par l'OMS, dans ses estimations de la composante environnementale des problèmes sanitaires globaux. Cependant, l'OCDE, dans ses travaux, distingue bien les risques liés au milieu de travail des facteurs environnementaux. Ces divers angles de vue expliquent que les estimations du poids des dégradations environnementales sur la santé divergent.

Une méthode d'évaluation du « fardeau global de la maladie » (« *Global burden of disease* ») a été élaborée à l'initiative de la Banque mondiale puis de l'OMS au milieu des années 90 pour fournir une quantification de l'état de santé d'une population et faciliter la détermination des priorités d'action en termes de santé publique. Cette méthode est fondée sur un indicateur synthétique qui prend en compte le nombre d'années de vie perdues du fait d'un décès prématuré (par rapport à une espérance de vie de référence correspondant à 82,5 ans pour les femmes et à 80 ans pour les hommes) et le nombre d'années où les individus ont été privés d'une vie normale (du fait des maladies et de leurs conséquences), selon un système de pondération tenant compte de la sévérité des troubles subis.

L'estimation du poids de la composante environnementale, visant à déterminer le « fardeau environnemental de la maladie » (« *Environmental burden of disease* ») dans l'état sanitaire d'une population, a été développée par l'OMS. À partir de ce type de référentiel, des procédures ont été adaptées par certains pays pour leur utilisation propre, notamment aux Pays-Bas : d'après les estimations parmi les plus récentes données par l'Institut national de santé publique et de l'environnement de ce pays, la part environnementale (pour la pollution atmosphérique, le bruit, la radioactivité, le rayonnement ultraviolet et l'humidité dans l'habitat) du fardeau global de la maladie est située dans une fourchette de 3 à 9 %.

Bien entendu, ces indicateurs, s'ils ont le mérite d'exister, ne sont que des approximations qui doivent être adaptées aux caractéristiques propres du pays concerné et ils sont plus faciles à comparer qu'à utiliser. L'OMS, dans un rapport récent (16 juin 2006), estime que près du quart des maladies (24 %) à travers le monde sont dues à des expositions environnementales et qu'une meilleure gestion permettrait d'éviter, pour partie, que 13 millions de personnes meurent chaque année de ces causes environnementales. L'OCDE, de son côté, évalue la composante environnementale du fardeau global de la maladie dans une fourchette de 2 à 5 % dans un pays à hauts revenus comme la France.

Priorité à la prévention

Malgré leur prudence, les estimations de l'OCDE mettent en avant trois déterminants environnementaux majeurs dans l'évolution de l'état de santé de la population des pays industrialisés :

- l'air : les émissions de nombreux polluants atmosphériques ont diminué depuis les années 90 (dioxyde de soufre, monoxyde de carbone et plomb notamment), mais les problèmes de qualité de l'air urbain dus à d'autres polluants (en premier lieu les oxydes d'azote, l'ozone, les composés organiques volatiles et les particules fines ou ultra-fines) demeurent préoccupants et peuvent avoir à terme de graves répercussions sur la santé humaine. Ils seraient responsables de milliers de décès prématurés, en particulier dans les villes ;
- les substances chimiques : les conséquences sur la santé humaine du rejet de quantités importantes de produits chimiques dans l'environnement et dans la chaîne alimentaire risquent de s'aggraver, alors que l'on ne dispose pas d'une évaluation toxicologique suffisante (surtout aux faibles doses mais cumulées) pour nombre d'entre eux avant leur autorisation de mise sur le marché ;
- le bruit : il peut devenir une nuisance pour la santé humaine, entraînant une dégradation de la qualité de vie, avec un risque de syndrome dépressif.

Enfin, l'évaluation des relations entre santé et environnement fait également apparaître des coûts économiques. Ainsi, pour ce qui concerne les pays industrialisés à hauts revenus, selon que l'on se limite aux dépenses directes de santé ou que l'on tente au contraire d'apprécier l'ensemble des conséquences économiques directes et indirectes (selon la méthode dite du consentement à payer), le poids sanitaire des atteintes liées à l'environnement (en dehors de la santé au travail) représenterait de 0,5 à 3 % du produit intérieur brut (soit environ 750 dollars par habitant et par an). Encore une fois, et comme pour les estimations précédentes, il s'agit là d'ordres de grandeur qui doivent être interprétés en fonction des pays concernés et des méthodes d'évaluation utilisées.

Il est nécessaire de définir un nouveau paradigme économique pour la santé comme pour le reste, qui soit fondé sur le développement durable, avec des indicateurs spécifiques (voir notre proposition p. 199). N'avoir que le PIB pour feuille de route revient à comptabiliser en positif les flux monétaires générés par les pollutions, les maladies, les accidents de la route et les catastrophes. Les richesses intrinsèques de l'environnement constituées par la biodiversité, l'eau, l'air, les sols ne sont pas intégrées dans les bilans ; elles ne sont quantifiées que lorsqu'elles sont exploitées, alors que les pratiques qui les préservent sont comptées, elles, comme des charges. À la limite, dans ce système, plus les dépenses de santé augmentent, plus la santé de l'économie se renforce ! Et la prévention devient nuisible ou, au moins, sans attractivité économique. Alors que dans le cadre du développement durable, celle-ci devrait constituer le pilier de la politique de santé. À l'opposé des gaspillages du système dominant – très lucratifs pour certains –, l'une des caractéristiques du développement durable est de faire valoir les économies réalisables comme de véritables gisements de ressources.

Pour mieux prévenir, il faut d'abord savoir, puis vouloir. C'est pourquoi il est absolument nécessaire que la France accomplisse, pour elle-même, une démarche comparable à celle qui a été effectuée par exemple aux Pays-Bas, en répertoriant, en analysant et en évaluant les facteurs environnementaux qui concourent à la dégradation de la santé de sa population. Après la mise en place de ce programme d'information pérenne, des débats publics devront être organisés, afin d'obtenir la collaboration de la population. C'est à ces conditions que les autorités pourront engager des politiques de prévention. En sus de la poursuite des efforts pour l'amélioration de la qualité de l'air qui dépendent d'une nouvelle politique des transports et de la ville (voir p. 106 et 116), trois priorités nous semblent devoir être retenues, l'alimentation, les pesticides et les OGM.

La question alimentaire

Depuis toujours, l'humanité n'a eu de cesse de constituer des réserves alimentaires, d'accroître le rendement nutritionnel en traitant les aliments, en modifiant les espèces par hybridation puis, aujourd'hui, en manipulant les génomes. Ces procédés ont longtemps trouvé leur justification dans la nécessité de prévenir la malnutrition et les périodes de disette, voire de famine. Le dévoiement marchand de ces pratiques et la généralisation des déséquilibres environnementaux aboutissent à ce que, trop souvent sans doute, l'« aliment santé » devienne un « aliment facteur de risque ».

Cinq phénomènes liés à cette dégradation se sont aggravés durant ces vingt dernières années : les cancers, les allergies, la baisse de la fertilité, l'obésité, le diabète.

Les trois premiers sont en relation avec la pollution de l'environnement et, par conséquent, des chaînes alimentaires. Selon l'Institut de veille sanitaire français (INVS), la prévalence des cas de cancers a augmenté de 62 % en vingt ans, frappant de plus en plus d'adultes jeunes (les cancers sont la première cause de mortalité prématurée avant l'âge de 65 ans), ce qui renforce l'hypothèse de l'impact cancérigène des conditions de vie. La plupart des médecins et des écotoxicologues estiment que la pollution de l'environnement, en particulier l'usage massif de pesticides, et la dégradation de la qualité alimentaire seraient les principaux responsables de l'augmentation de la prévalence des cas de cancers. Les cas d'allergie augmentent régulièrement : ils ont doublé en vingt ans. Le fait que l'alimentation conventionnelle comporte de plus en plus de molécules de synthèse est dénoncé comme facteur de risque allergique supplémentaire (l'autre facteur prépondérant étant la pollution de l'air). La baisse de la fertilité masculine par déclin spermatique est aussi constante – de l'ordre de 50 % en cinquante ans –, en raison de l'imprégnation de notre environnement par des polluants chimiques aux effets hormonaux comparables aux œstrogènes, parmi lesquels les pesticides auraient une grande part de responsabilité.

Deux autres problèmes majeurs de santé publique sont en relation avec l'altération de la qualité des aliments et le comportement alimentaire : l'excès de poids et le diabète dit gras sont en pleine expansion… y compris chez l'enfant (l'obésité infantile a triplé en vingt ans). Ces « épidémies » sont dues en grande partie à l'extension des modes de vie sédentaires et à l'excès de consommation d'aliments raffinés, riches en glucides et dépourvus des fibres alimentaires qui ont un effet régulateur sur l'appétit et sur les métabolismes des sucres et des graisses.

Cette situation sanitaire particulièrement alarmante – pollution chimique de la chaîne alimentaire, ingestion par le consommateur de résidus de pesticides, risques infectieux et de maladies émergentes… – est à mettre en relation à la fois avec l'industrialisation des productions alimentaires et avec certains modes de transformation et de conservation des aliments. Ces derniers sont appauvris en nutriments indispensables à l'entretien de la vie, alors que la composition même des repas fait la part trop belle aux produits carnés, aux dépens des végétaux riches en fibres, en antioxydants et en composés protecteurs (les repas trop riches en viande et en protéines animales favorisent les maladies de surcharges, cardiovasculaires et certains cancers). C'est ce qui d'ailleurs explique l'essor de la « nutrithérapie » qui propose, tels des médicaments, les nutriments qu'une alimentation saine et équilibrée prodigue normalement.

L'émergence et la progression conjointe de ces maladies plaident pour une modification de l'alimentation des Français, à la fois en termes de modes de production et en termes d'éducation à l'équilibre alimentaire.

Pesticides, l'urgence

La France se situe au troisième rang mondial des pays qui répandent le plus de pesticides. Insecticides tueurs d'insectes, herbicides tueurs de végétaux, fongicides tueurs de champignons... Ces biocides, outre qu'ils sont, par nature, des prédateurs majeurs responsables de l'extinction de certaines espèces, polluent tous les compartiments de l'environnement : l'eau, les plantes, les sols et les chaînes alimentaires, mais aussi l'air que nous respirons et l'eau de pluie qui répand cette pollution sur toute la planète. À tel point que l'on s'est aperçu de l'effet reprotoxique (pouvant provoquer des stérilités) de certains pesticides sur des espèces de faune sauvage pourtant très éloignées de toute activité polluante : cervidés, salmonidés et rapaces du continent nord-américain ; plus récemment, phoques et ours blancs de l'Arctique. L'Institut français de l'environnement a révélé en août 2006 la présence de pesticides dans 97 % des points de mesure de la qualité des rivières et dans 61 % de ceux des eaux souterraines.

Il est très important de considérer que les normes, certes indispensables, ainsi que le caractère « biodégradable » de certaines molécules chimiques sont établis indépendamment des effets à long terme des pesticides, ces substances étant trop récentes pour que le recul nécessaire existe. L'accumulation des polluants plus ou moins dégradés dans les corps gras des organismes vivants constituant les chaînes alimentaires peut engendrer des effets retard difficiles à prédire aujourd'hui.

C'est bien ce qui justifie l'application des principes de prévention. On ne peut s'en remettre à la notion de faibles doses inoffensives, surtout lorsque l'on sait que les pesticides peuvent être allergisants, neurotoxiques, immunodépresseurs, mutagènes, cancérigènes, perturbateurs endocriniens (atteinte de la fertilité, malformations uro-génitales, diabète), une partie des molécules cumulant parfois plusieurs de ces propriétés et chaque individu pouvant cumuler plusieurs molécules dont l'effet synergique n'est pas connu. Or, quand on envisage de renoncer à l'emploi, en France, de produits reconnus comme trop dangereux (retirés du commerce depuis des années parfois chez nos voisins européens), la priorité est finalement donnée à la valeur marchande des stocks, qui sont écoulés en toute légalité avant d'être vraiment interdits (ce fut le cas du dinoterbe en 1996, puis des triazines et récemment du fipronil ainsi que celui de deux anticoagulants, le bromadiolone et le chlorophacinone, interdits en 2001 puis réautorisés en 2002 jusqu'en 2006, et en 2006 jusqu'en 2009). La santé est trop souvent laissée pour compte face aux intérêts industriels et à l'inertie des habitudes. Certaines molécules interdites pour l'agriculture sont en vente libre dans les supermarchés et les citadins sont incités à « traiter » chimiquement le moindre puceron aperçu sur une fleur ou un balcon. L'éducation est à faire partout.

Dans cette situation, et alors que des alternatives aux pesticides existent dans tous les domaines, il est du devoir et de la responsabilité des autorités :

- d'appliquer les engagements de réduction de l'emploi des pesticides (articles 11 du Plan national santé environnement et 31 du Plan interministériel de réduction des risques liés aux pesticides) ;
- de soutenir le projet REACH au niveau européen pour établir le recensement des polluants chimiques, préciser leur toxicité et revoir leur autorisation ;
- de faire cesser l'utilisation de toxiques par des personnes ne disposant le plus souvent d'aucune formation, particulièrement en agriculture, où les contrôles sur le stockage et l'utilisation des produits sont en outre rarissimes ;
- de développer les formations aux pratiques sans pesticides, que ce soit en agriculture, par la maîtrise de la vitalité des sols et des espèces (compostage, associations végétales, rotation des cultures, lutte biologique contre les prédateurs, etc.), ou pour l'entretien des voiries et des espaces verts, avec des techniques de désherbage mécaniques ou thermiques. Des villes comme Rennes, Grenoble, Mulhouse ont atteint ou sont proches du « zéro pesticide » ;
- de renforcer les contrôles des traces de pesticides dans les aliments et, concernant les produits issus d'animaux, de respecter la transparence et la traçabilité auxquelles ont droit les consommateurs par un étiquetage indiquant la nature de l'alimentation de l'animal (notamment si elle contient du soja transgénique).

Le plan interministériel de réduction des risques liés aux pesticides, annoncé le 28 juin 2006, va dans ce sens : il se propose de réduire de moitié d'ici 2009 la vente des substances considérées comme les plus dangereuses, soit 10 % de la quantité totale de produits phytosanitaires vendus en France.

OGM : des risques pour quels avantages ?

Pressées d'obtenir un retour sur investissement, les firmes biotechnologiques n'ont pas pris le temps suffisant – les pouvoirs publics ne le leur ont d'ailleurs pas imposé – d'étudier en profondeur l'impact des OGM à vocation agricole sur l'environnement, la santé et la propriété intellectuelle (un semencier pouvant se considérer propriétaire de toute plante possédant un certain génome, où qu'elle pousse et qui que ce soit qui l'ait plantée). La nature devient un champ d'expérimentation alors que certains risques environnementaux peuvent entraîner des conséquences irréversibles.

Ainsi en est-il de l'essaimage des transgènes par les pollens – qui s'effectue sur une grande échelle aux États-Unis et au Canada, où les cultures OGM sont les plus répandues – qui contaminent les cultures traditionnelles. Il est très significatif que les compagnies d'assurances refusent de couvrir les risques liés aux OGM, pour la bonne raison que ces risques n'ont pas été évalués ! Plus de 95 % des cultures expérimentales menées en France ont pour but d'étudier l'intérêt agronomique des OGM et leur croisement avec des variétés commerciales, et non leur impact sur l'environnement ou la santé. Le but est de vérifier leur intérêt économique avant leur mise sur le marché.

Outre l'essaimage, les principaux risques environnementaux sont une réduction de la biodiversité, l'adaptation des prédateurs aux toxines issues des transgènes, l'aggravation de la pollution par les pesticides, les réactions des micro-organismes du sol au contact des racines des plantes transgéniques, les effets toxiques imprévus sur l'environnement et la santé.

On a peu de connaissances sur les mécanismes de régulation du vivant et les risques qui découlent des perturbations portées aux interactions entre gènes par les manipulations génétiques. Ce seul constat ne devrait-il pas suffire à imposer un moratoire pour des raisons scientifiques, surtout lorsque des travaux de recherche fondamentale font apparaître les OGM comme une atteinte à la diversité du vivant ?

La sécurité sanitaire alimentaire est d'ores et déjà mise en cause par l'importation autorisée de graines fourragères OGM consommées en quantité par les élevages (maïs et surtout soja). Quel est l'impact des pesticides concentrés dans ces plantes (insecticide que la plante manipulée sécrète elle-même et/ou herbicide qu'elle tolère, c'est-à-dire qu'elle peut concentrer) sur les produits issus des animaux qui les consomment (viande et laitages) et sur les consommateurs ? Faute de traçabilité, aucune veille sanitaire spécifique n'est possible.

Les autres problèmes sanitaires induits par les OGM sont les risques infectieux. Les transgènes codent parfois des résistances à des antibiotiques utilisés très couramment en médecine humaine (ampicilline, kanamycine) ; d'autre part, les recombinaisons virales facilitées par certains OGM expérimentés aujourd'hui peuvent faire apparaître de nouveaux germes microbiens. De graves interrogations existent aussi quant au franchissement de la barrière d'espèces et interrègnes.

En revanche, concernant les avantages des OGM à vocation agricole, tout reste à prouver. Les rendements sont-ils supérieurs, permettent-ils d'utiliser moins de pesticides, leurs qualités agronomiques ou gustatives sont-elles supérieures ? Ces OGM cultivés sont actuellement des produits expérimentaux : est-il normal dans ces conditions de les retrouver dans les champs et les assiettes, qui ne sont pas, a priori, des sites de laboratoires ?

Concernant les OGM médicaux (cultures de plantes manipulées pour sécréter des principes actifs thérapeutiques aux effets bénéfiques comme le vaccin contre la rage), selon les recommandations du rapport des « quatre sages » rendu public le 6 mars 2002 après le débat organisé par le gouvernement en février 2002 au sujet des cultures OGM, on ne devrait y avoir recours en milieu ouvert qu'après avoir épuisé les ressources des manipulations génétiques en milieu confiné à l'aide de micro-organismes ou de cultures de cellules végétales. C'est loin d'être le cas.

On ne peut que recommander vivement que le projet de loi française sur les OGM, en discussion, transpose fidèlement les directives européennes. Il devra notamment veiller à la maîtrise de la dissémination d'OGM dans l'environnement, et garantir une recherche transparente et indépendante des risques environnementaux et sanitaires, l'information du public et l'application des principes indissociables de précaution, de responsabilité et de pollueur-payeur. Il importe que les importations de plantes transgéniques destinées à l'alimentation animale soient parallèlement suspendues, faute d'un étiquetage des produits reposant sur une véritable traçabilité et d'analyses établissant leur inocuité.

Ce droit fondamental d'accès à la connaissance passe, évidemment, par la publication des études de toxicité des OGM, mais aussi, avant tout, par l'orientation de la recherche. La recherche fondamentale est délaissée, alors qu'il serait de la plus haute importance de lui accorder des moyens (voir p. 174) pour élucider le fonctionnement du vivant, les interactions entre gènes et entre le génome et son environnement biologique, outre l'évaluation des impacts sociaux et économiques des innovations techniques et scientifiques sur les équilibres écologiques et le monde rural.

Au-delà des risques, c'est bien la spécificité des filières de production alimentaire – et donc le libre choix de l'alimentation – qui serait mise en péril par la dissémination des OGM dans l'environnement. Une politique responsable donnant du sens à un développement durable et solidaire ne peut être complice d'un tel risque d'appropriation des ressources alimentaires. Une manière de s'y opposer est bien la promotion des produits des filières agricoles de qualité reposant souvent sur l'emploi de variétés déjà existantes et qui ont fait leurs preuves (voir notre proposition p. 227).

9

RECHERCHE ET INNOVATION : SORTIR L'ÉCOLOGIE SCIENTIFIQUE DE L'ISOLEMENT

Objectifs : mettre la recherche en cohérence avec le projet d'une société durable, favoriser les liens entre les disciplines.

En raison de son extrême gravité, la crise écologique s'impose aujourd'hui à la science et devrait déterminer ses priorités. La recherche sur les innovations technologiques devrait être prioritairement encouragée pour permettre d'économiser l'énergie, ou pour favoriser l'émergence de sources d'énergies sans Co_2 ; pour réduire la production de déchets nucléaires et trouver des solutions de stockage avec la meilleure sécurité possible ; pour mettre au point des produits réutilisables et des déchets biodégradables ; pour gérer, traiter et purifier les eaux usées ; pour restaurer des écosystèmes dégradés ou détruits. Eu égard aux conséquences potentiellement dramatiques des changements climatiques pour l'homme, ses ressources agronomiques et la biodiversité, comment l'effort de recherche ne porterait-il pas également sur les scénarios climatiques et leur impact sur le vivant ? Sachant qu'il va falloir se passer de l'essentiel des hydrocarbures, peut-on faire l'économie d'une recherche appliquée centrée prioritairement sur cet objectif ? Quant aux menaces que les pollutions atmosphériques et terrestres font peser sur la santé de l'homme et de tous les autres organismes vivants, elles obligent à une clarification des effets des molécules chimiques, à court et à long terme, et à une production de molécules compatibles avec la préservation de la santé humaine et de la biodiversité.

Un autre grand défi concerne la préservation de la biodiversité[1] elle-même, dont le taux d'érosion actuel est au moins cent fois supérieur à ce qu'il était à l'aube de l'ère industrielle. Il s'agit d'accroître nos connaissances sur les composantes des écosystèmes, les espèces[2], et sur leur fonctionnement, afin de tenter de comprendre dans quelles conditions les activités humaines sont compatibles ou non avec la pérennité de cette biodiversité. Celle-ci rend en effet d'innombrables services à la biosphère et à l'homme, dont la plupart sont encore mal ou peu connus. On ne les prend généralement en compte que lorsqu'ils acquièrent une valeur marchande. Pourtant, nombre d'entre eux sont indispensables à l'humanité (stabilisation du climat et des précipitations au niveau local, protection contre l'érosion, protection des rivages, pollinisation des cultures, ressources halieutiques, végétaux susceptibles de fournir des molécules d'intérêt pharmaceutique, bois d'œuvre, plantes médicinales utilisées par un nombre élevé de populations des pays pauvres dans le monde...). Lorsque des espèces et des milieux disparaissent, c'est la production de ces services qui est compromise localement ou globalement. Aussi, du fait de la gravité des atteintes déjà subies par l'environnement, la biologie de la restauration comme celle de la conservation constituent une importante voie de recherche, encore trop peu reconnue en France.

Enfin, face aux multiples questions concernant l'avenir de

1. Trop souvent, le terme « biodiversité » est compris comme ne concernant que les espèces animales et végétales. Rappelons ici que dans son article 2, la Convention sur la diversité biologique, adoptée par 188 États dont la France en 1992, définit la diversité comme « la variabilité des organismes vivants de toute origine y compris, entre autres, les écosystèmes terrestres, marins et autres écosystèmes aquatiques et les complexes écologiques dont ils font partie ; cela comprend la diversité au sein des espèces et entre espèces ainsi que celle des écosystèmes ».
2. Rappelons aussi que seulement 1,8 million d'espèces environ ont été décrites quand on estime leur nombre dans une fourchette de 15 à 90 millions ! Ce qui signifie que pour la plupart d'entre elles, on ne connaît ni leur biologie ni leur écologie ; donc comment mesurer l'impact des activités humaines sur elles ?

l'homme sur la planète et ses rapports avec les écosystèmes, la recherche en sciences de l'homme et de la société est également appelée à jouer un rôle de plus en plus important.

Un effort sans précédent dans la recherche fondamentale et l'innovation technologique dans l'environnement s'avère donc indispensable si l'on veut atteindre cet objectif essentiel que constitue la mutation vers une société durable, ou, plus exactement, vers la « relation durable » entre l'homme et l'environnement. L'effort nécessaire concerne toutes les disciplines scientifiques, aussi bien du point de vue de l'innovation que de la recherche fondamentale. L'enjeu étant planétaire, cet effort doit évidemment s'intégrer dans un cadre international, pour contribuer aussi aux progrès en agronomie et à la lutte contre le développement de certaines maladies infectieuses tropicales et les risques de pandémies.

La recherche en biodiversité sacrifiée

Quel diagnostic peut-on faire aujourd'hui de l'évolution de l'effort de recherche français dans le domaine de l'environnement ? Des équipes de recherche ont de toute évidence joué un rôle pionnier en paléoclimatologie, notamment en analysant l'air emprisonné dans les glaces polaires et en reconstituant ainsi l'histoire climatique de notre planète depuis cinq cent mille ans. Ces données ont constitué l'une des principales bases scientifiques de la prise de conscience de l'aggravation de l'effet de serre. L'effort français a également été marquant sur l'analyse des sédiments marins, ce qui a permis de mieux comprendre le passé climatique de notre planète et donc de mieux imaginer les scénarios climatiques possibles pour les prochains siècles. La contribution scientifique française a également été marquante dans les recherches sur le « trou dans la couche d'ozone ». La compréhension des processus physico-chimiques à son origine a permis d'élaborer des décisions politiques visant à reconstituer le bouclier d'ozone au-dessus des régions polaires. Depuis le sommet de Johannesburg en 2002, l'effort de recherche s'est incontestablement accentué dans ces domaines, ainsi que dans les autres disciplines des sciences de l'univers, tant en recherche fondamentale que concernant la prévision des risques environnementaux.

Dans le domaine de la recherche et de l'innovation industrielles, l'augmentation du prix du pétrole, du gaz et des matières premières, tout comme l'évolution des normes de pollution internationales, notamment européennes, se conjuguent pour donner une impulsion majeure aux développements technologiques. Ces avancées industrielles visent par exemple à réduire la consommation des carburants fossiles, à capturer le gaz carbonique, à améliorer l'utilisation des énergies renouvelables, à réduire les émissions de polluants atmosphériques, à améliorer le traitement des eaux, à recycler les matériaux... Même si la France tarde encore à prendre certaines mesures (ainsi, en Allemagne, les chaudières à gaz à basse température, moins consommatrices d'énergie, ont été rendues obligatoires pour toute nouvelle installation), le caractère inexorable de l'augmentation du prix des carburants fossiles entraînera un développement rapide de la recherche industrielle en rapport avec l'environnement.

Du point de vue de l'agronomie, le diagnostic est plus complexe en raison de l'absence de prise en compte des dommages économiques causés à l'environnement. On peut cependant s'attendre que la pollution des nappes phréatiques par les pesticides et les nitrates, ainsi que les menaces d'une raréfaction de l'eau douce, se traduisent par des innovations visant au développement d'autres stratégies que celles fondées sur l'utilisation croissante de pesticides et par la mise en place de systèmes culturals plus économes en eau. Or, la recherche et l'innovation en agronomie sont mises au service d'objectifs commerciaux qui, de toute évidence, ne coïncident pas avec la préservation des milieux naturels ou cultivés. Ainsi, même si certains OGM présentent un grand intérêt sur le plan biomédical, leur mise en culture a souvent pour conséquence de multiplier l'usage des pesticides en plein champ (voir p. 160).

En ce qui concerne la biodiversité, force est de constater qu'elle a été jusqu'à ces dernières années le parent pauvre de la recherche. Ce qui s'est traduit, par exemple, par un quasi-abandon du Muséum d'histoire naturelle.

Depuis le sommet de Johannesburg, des changements significatifs ont été opérés. Ainsi, un réel effort de recrutement a été réalisé au cours des dernières années par le ministère de la Recherche et de la Technologie pour rattraper le retard. Des travaux ont été entrepris pour remettre en état les locaux. Par ailleurs, après la conférence internationale de janvier 2005 intitulée « Biodiversité, science et gouvernance », la France joue un rôle moteur dans la mise en place d'un groupe d'experts internationaux sur la biodiversité[1], à l'image du Groupe d'experts intergouvernemental sur l'évolution du climat (GIEC). Mais fondamentalement, le soutien à la recherche sur la biodiversité n'est pas encore à la mesure des enjeux. Ainsi, dans l'enveloppe budgétaire de l'Agence nationale de la recherche (ANR), devenue la principale source de financement pour la recherche en France, quelques pourcentages seulement sont alloués à la biodiversité, via l'Institut français de la biodiversité. C'est un début, mais il conviendra d'augmenter ces fonds sans tarder, d'autant plus si l'on veut attirer un nombre plus élevé de chercheurs de haut niveau dans ce domaine. Par ailleurs, l'existence même de cet Institut pourrait être remise en cause. Enfin, une autre illustration du décalage entre l'importance des enjeux et le faible poids de la communauté scientifique spécialisée dans la biodiversité est donnée par sa représentation mineure par rapport aux autres disciplines scientifiques à l'Académie des sciences et au Collège de France.

La loi du plus fort

En fait, les principaux freins au développement de la recherche sur la biodiversité en France se situent au sein même du monde de la recherche, avec pour conséquence

1. IMOSEB : International Mechanism of Scientific Expertise on Biodiversity.

l'attribution de moyens humains et financiers notoirement insuffisants par rapport à ceux dont bénéficient les autres disciplines. Ainsi, jusqu'à ces dernières années, le soutien annuel par chercheur au Centre national de la recherche scientifique (CNRS) en écologie n'atteignait que la moitié, voire le quart de celui dont disposent les autres disciplines en sciences de la vie. Tout continue à se passer comme si l'écologie n'avait pas évolué depuis l'époque où elle était essentiellement une science descriptive. En clair, dans les sciences dites « dures », on considère encore généralement que le chercheur en écologie a seulement besoin de papier et de crayons.

En réalité, la répartition des moyens humains et financiers dans la recherche fondamentale dépend du poids relatif des disciplines scientifiques, les disciplines les plus puissantes imposant leur loi aux plus faibles. Ce poids relatif évolue très lentement. Les disciplines tenant le haut du pavé retardent de fait l'émergence des nouvelles disciplines. Ce processus est fréquent dans le monde de la recherche et il peut donc y avoir un grand décalage entre la distribution des moyens et l'importance des enjeux sociétaux.

Certes, il est logique que le poids relatif des disciplines évolue dans le temps en fonction de leur caractère plus ou moins novateur, mais le système manque clairement de souplesse et de réactivité.

Encore faut-il ajouter à ces raisons la confusion latente, entretenue par les médias, entre militantisme écologique et écologie scientifique. Contrairement au monde anglo-saxon, dans lequel des termes différents définissent les écologistes scientifiques (*ecologists*) et ceux qui militent pour la préservation de l'environnement (*environmentalists* ou *conservationists*), le même terme (écologistes) est utilisé en France pour les scientifiques et les non-scientifiques. Certes, le terme de « verts » tend de plus en plus à qualifier les militants, mais la confusion est suffisamment ancrée dans les esprits pour que les écologistes scientifiques apparaissent comme des chercheurs de deuxième catégorie.

Ce rapport de forces ne contribue pas seulement à réduire les moyens nécessaires au développement de l'écologie scientifique. Il favorise aussi le déclin de la présence scientifique française dans le cadre des relations Nord-Sud. Ainsi, alors même que la France a investi dans des stations de terrain en Afrique (Mauritanie, Gabon, Côte d'Ivoire, Madagascar...), les chercheurs français y sont rares, faute de moyens nécessaires, et sont souvent remplacés par des équipes étrangères.

Un autre obstacle majeur à l'essor de la recherche sur la biodiversité relève de la structuration du monde de la recherche en disciplines, alors que l'étude de la biodiversité requiert une approche éminemment interdisciplinaire. L'absence de moyens empêche ainsi l'écologie quantitative et évolutive de se développer selon une approche fonctionnelle, au sens « mécanistique » du terme, et ses prétentions en « écologie fonctionnelle » se limitent essentiellement à la validation de modèles mathématiques ou à l'établissement de corrélations. Faute d'un intérêt suffisant pour la biodiversité, les communautés scientifiques en physique, chimie, biologie cellulaire et moléculaire, dont l'engagement est indispensable pour que cette approche fonctionnelle soit réellement abordée, sont absentes.

L'organisation disciplinaire de la recherche aboutit au maintien de la communauté d'écologie quantitative et évolutive dans un ghetto. S'est ainsi développée une vision scientifique de l'environnement où le vivant, comme le dit si bien Jean-Louis Étienne, ne constitue au mieux que le décor. Dans cette vision, la fonction des chercheurs en sciences de la vie et sciences de l'homme est réduite à un rôle essentiellement utilitaire, par exemple recueillir des informations pour alimenter les modèles de scénarios climatiques ou répondre aux questions que se posent les géophysiciens sur la perception des risques naturels.

Au plan international, le récent rapport *Environment and its relation to sustainable development*, produit par le

Conseil international pour les sciences (ICSU), illustre bien la scission disciplinaire de la recherche fondamentale. Malgré l'affirmation réitérée du caractère pluridisciplinaire du champ de l'environnement, ce rapport rassemble en effet les objectifs de communautés agissant parallèlement, mais séparément, cherchant à s'approprier le thème de l'environnement plus qu'à s'unir pour faire face aux enjeux.

Comment redresser la situation ?

Même si une amélioration apparaît clairement depuis quelques années dans la répartition des moyens affectés à la recherche sur la biodiversité, la lenteur avec laquelle s'opère le changement n'est pas à la hauteur de l'urgence des enjeux. Un changement beaucoup plus radical est nécessaire dans les structures de décision et dans l'approche scientifique.

Renforcer la décision politique dans le soutien à la recherche

Le politique ne peut plus se contenter d'attendre passivement les propositions émanant des instances de la recherche. Par analogie avec l'action décisive menée naguère par le général de Gaulle en faveur de la biologie moléculaire, alliant annonce et mise en place d'une structure ad hoc pour l'exécution d'un programme, un engagement accompagné de mesures concrètes doit être pris pour la recherche sur la biodiversité, maillon faible de la recherche fondamentale, et, plus largement, sur les questions de l'écologie scientifique. C'est aussi au politique de fixer des objectifs de recherche en fonction de l'importance des enjeux.

Un rôle accru mais différent pour le ministère de la Recherche

Les représentants de la communauté scientifique qui siègent au ministère de la Recherche ne devraient plus être choisis en fonction du niveau d'influence des disciplines ou des organismes, mais parmi des personnalités rigoureusement sélectionnées pour leur indépendance scientifique. Tout en faisant en sorte que l'excellence disciplinaire soit soutenue, celles-ci veilleraient particulièrement à ce que l'interdisciplinarité soit encouragée et à ce que les nouvelles approches qui émergent puissent se développer. Au lieu d'être l'expression de la lutte pour le pouvoir entre les différents établissements de recherche publics et les communautés disciplinaires, le ministère de la Recherche devrait plutôt jouer un rôle majeur dans la recherche en environnement, en organisant une concertation entre les différents partenaires. La structure des départements du ministère devrait être modifiée de façon à soutenir la recherche sur la biodiversité et l'ensemble des questions écologiques. Par exemple, la création d'une direction « biodiversité » permettrait le développement d'une approche pluridisciplinaire. En tout cas, l'étude de l'environnement ne peut plus être cantonnée à une seule discipline, quelle qu'elle soit. L'idéal serait qu'elle soit structurée de manière transversale. La création du nouveau département Environnement et développement durable au CNRS va dans ce sens.

Une autre distribution des moyens humains et financiers

L'allocation des bourses de thèse par le ministère de la Recherche étant l'un des éléments moteurs de la recherche, il convient de revoir leur mode de distribution. L'actuel système d'écoles doctorales, du fait qu'il repose sur les forces régionales, aboutit à la quasi-absence d'allocations pour les disciplines en émergence. La rareté des possibilités de financement par l'industrie ou les fondations ne permet pas de corriger ce déséquilibre. Il est indispensable de mettre en place des moyens humains et financiers significatifs pour inciter les communautés scientifiques qui se désintéressent aujourd'hui de la biodiversité à évoluer. Comment des scientifiques qui disposent de moyens importants, que ce soit par exemple en génomique, en physique, en chimie ou dans le domaine biomédical, pourraient-ils être attirés par l'écologie scientifique, qui dispose en comparaison de moyens dérisoires ? Comment peut-on espérer dans ces conditions qu'une approche interdisciplinaire, par ailleurs indispensable, se développe ? Une rupture est donc nécessaire dans le mode de distribution du soutien à la recherche, que ce soit à travers la nouvelle Agence nationale de la recherche ou dans la répartition des moyens au sein des établissements publics de recherche scientifique et technique ou des universités.

Un réajustement des priorités dans la formation

Comment s'étonner de la marginalisation des questions écologiques au sein de la communauté scientifique, quand on sait que la biodiversité et plus généralement l'éducation à l'environnement sont sacrifiées dans l'enseignement ? Pour commencer, il faudrait que cette éducation à l'environnement soit intégrée à ce que l'on appelle aujourd'hui le socle fondamental des enseignements (voir notre proposition p. 246).

10

POLITIQUE INTERNATIONALE : PRENDRE L'INITIATIVE

Objectif : ériger en priorité diplomatique le défi écologique et les menaces qu'il constitue sur la sécurité mondiale.

Faut-il rappeler que l'humanité tout entière est dans l'obligation de se montrer solidaire de sa petite planète et que la crise écologique n'épargnera personne ? Aucun des grands chocs environnementaux – changements climatiques, pénurie énergétique, érosion de la biodiversité, épuisement des ressources, stress hydrique, appauvrissement des sols, pollutions, désertification, disparition des forêts primaires, acidification des océans, urbanisation galopante, maladies émergentes – ne sera contenu à l'intérieur des frontières nationales. La mondialisation relève d'abord de cet enjeu collectif. D'ailleurs, la plupart des normes environnementales nationales (les trois quarts en France) sont désormais la traduction de décisions prises dans des enceintes internationales ou régionales comme l'Union européenne. C'est dire l'importance d'y être présent et actif.

N'en déplaise aux « déclinistes » de tous bords, la France occupe toujours une place de choix sur la scène politique internationale. Sa situation, déjà privilégiée puisqu'elle compte parmi les pays les plus riches de la planète, se trouve renforcée par un prestige historique et culturel singulier. Grâce à cette identité forte, à laquelle s'ajoute un patrimoine naturel exceptionnel, elle est devenue la première destination touristique au monde. De plus, sa présence dans cinq des six régions du monde (Europe et, à travers ses départements et ses territoires d'outre-mer, Afrique, Océanie, Amérique du Nord et du Sud) ainsi que dans trois océans (la France détient la deuxième zone économique exclusive et elle se situe au quatrième rang des pays coralliens) en fait l'un des pays les plus riches en biodiversité de la planète.

Une telle place confère des obligations : puissante, influente, sans les contraintes des pays pauvres qui ont moins de moyens pour préserver leur environnement et entreprendre un processus de développement durable, la France est en position de mener une politique internationale exemplaire sur le plan des initiatives écologiques, en particulier au niveau européen. Il faut remarquer que lorsqu'elle s'y emploie avec suffisamment de détermination, elle est souvent écoutée et suivie. Notre pays est par exemple à l'origine de la création du Fonds mondial pour l'environnement. Plus récemment, la France a pris l'initiative du projet de Mécanisme intergouvernemental sur l'expertise scientifique dans le domaine de la biodiversité. Ce projet, inspiré du modèle du Groupe intergouvernemental d'experts sur les changements climatiques (GIEC), a pour objectif de créer un groupe d'experts international qui fournirait à la Convention sur la diversité biologique une évaluation scientifique indépendante – laquelle lui fait actuellement défaut – sur l'état et les tendances de la biodiversité mondiale. Autres exemples : l'initiative française de taxation des billets d'avion pour approvisionner un fonds contre les pandémies qui accablent les pays pauvres rencontre également un certain succès ; ou encore la mise en place du groupe de travail sur les biens publics mondiaux, dont elle a pris l'initiative conjointement avec la Suède[1].

Reste à faire encore mieux et beaucoup plus. De même que la question écologique doit s'affirmer comme le déterminant

1. Ce groupe, constitué de personnalités indépendantes, internationalement reconnues, a pour mission d'animer la réflexion sur les biens publics mondiaux et de faire des recommandations concrètes pour en améliorer la production, le financement et la gestion, afin de permettre à la communauté internationale d'assumer les engagements du Millénaire pour le développement et ceux des conférences de Monterrey et de Johannesburg sur le développement durable et son financement.

essentiel des politiques publiques pour les décisions qui relèvent de l'autorité de l'État au sein des frontières nationales, la problématique de développement durable à l'échelle planétaire a vocation à devenir l'axe prioritaire de la politique européenne et internationale de la France.

D'autant que, dans ce domaine, l'Union européenne est devenue la principale force motrice pour la mise en place d'un système multilatéral opérationnel en environnement. Le recul progressif du principe de souveraineté au profit de celui de subsidiarité et de coopération entre partenaires permet aux pays européens d'envisager plus facilement que d'autres le passage à une gestion multilatérale des problèmes globaux de la planète.

Une priorité diplomatique pour le Quai d'Orsay

Certains pays se sont engagés dans cette « révolution diplomatique ». La Grande-Bretagne par exemple. Mme Margaret Beckett, ministre britannique des Affaires étrangères, a érigé la lutte contre le changement climatique au rang des priorités de son action. Elle évoque ce sujet dans tous ses contacts bilatéraux. Elle a même nommé un représentant personnel pour suivre cette question. Pourtant, son ministère est déjà doté d'une direction des Affaires globales, chargée de traiter des dossiers environnementaux, et le ministère de l'Environnement britannique a sa propre direction des affaires internationales, avec des spécialistes nombreux et compétents. La plupart de nos partenaires européens se sont dotés d'un dispositif comparable. Pas la France.

Le ministère de l'Écologie et du Développement durable dispose d'un simple service des affaires internationales, constitué par des fonctionnaires mis à disposition par d'autres administrations. C'est donc le ministère des Affaires étrangères qui continue de traiter les principales questions environnementales internationales, mais de manière totalement éclatée : la direction des Nations unies pour les aspects institutionnels (ONU, nouvelles conventions), la direction économique pour le suivi des conventions, la direction de la coopération pour l'aide aux pays du Sud et la mise en œuvre de leurs engagements, la direction de la coopération européenne pour tous les aspects communautaires. Un ambassadeur pour l'environnement est chargé de conduire les délégations et d'introduire un peu de cohérence entre les services administratifs, mais il ne possède aucune autorité directe sur eux. La conséquence est inévitable : au niveau de la hiérarchie du ministère et des instances chargées de la réflexion prospective (Centre d'analyse et de prévision), on constate une absence totale de réflexion stratégique et une ignorance généralisée sur les questions posées par la crise écologique. Des correspondants « environnement » ont certes été mis en place dans la plupart des ambassades françaises, mais les ambassadeurs continuent à dédaigner ces problématiques. Quant à la création d'une direction des Affaires globales, structure mise en place par la quasi-totalité de nos partenaires et indispensable pour traiter des défis nouveaux (l'environnement, mais aussi les questions sanitaires, la bioéthique, les migrations internationales, les droits de l'homme et la gouvernance...), maintes fois évoquée, elle s'est toujours heurtée à l'immobilisme et à la frilosité de l'institution.

Pourtant, les grandes questions qui déterminent de plus en plus la sécurité planétaire, le dynamisme de l'économie mondiale et le bien-être des populations sont pour l'essentiel d'origine écologique : accès aux ressources naturelles et leur raréfaction, l'approvisionnement en hydrocarbures, les migrations, les risques de pandémies généralisées, les bouleversements territoriaux dus au changement climatique, les conflits pour l'usage de l'eau, l'avancée des déserts et le recul des forêts, la baisse de fertilité des sols ou celle des océans, etc. Elles risquent de conduire à des déstabilisations majeures de l'ordre international. De la manière dont on va les traiter dépend rien moins que l'instauration d'un état de guerre ou de paix au sein des communautés humaines. Tony Blair, à juste titre, répète que le changement climatique est une menace bien plus grave pour l'avenir que le terrorisme international.

Les solutions passent nécessairement par une action

collective, qui suppose elle-même la mise en place d'instruments de coopération novateurs. N'est-ce pas le rôle premier des diplomates de s'en préoccuper et de travailler à l'élaboration de ces instruments ? N'est-ce pas là l'occasion de mettre en œuvre cette approche multilatérale que l'on n'évoque le plus souvent qu'abstraitement ?

La réorientation paraît élémentaire, mais elle est décisive : il faut doter d'urgence notre politique étrangère d'une véritable diplomatie « environnementale », en prise avec toutes les manifestations de la crise écologique et leurs enjeux géostratégiques.

La première mesure concrète pourrait être la création, enfin, d'une grande direction des Affaires globales au sein du ministère des Affaires étrangères, qui aurait pour mission de se consacrer à ces questions qui se caractérisent par leur interdépendance transfrontalière. Deuxième mesure concrète : le service des affaires internationales du ministère de l'Environnement, chargé d'apporter le contenu technique et scientifique à cette diplomatie, serait élevé au rang de direction des affaires internationales, avec des moyens humains et financiers appropriés.

Pour une gouvernance mondiale de l'environnement

À menace mondiale, réponse mondiale. La priorité diplomatique de la France et de l'Europe devrait être la création d'une Organisation mondiale pour l'environnement permettant aux impératifs environnementaux de prendre leur juste place. Dans le domaine économique, de puissantes organisations multilatérales ont été mises sur pied, en premier lieu l'OMC. Or, les questions écologiques, d'essence pourtant planétaire et interdépendante, restent traitées de manière éclatée, par l'intermédiaire d'organismes et d'institutions spécialisés qui, chacun de leur côté, s'affairent du mieux qu'ils peuvent, avec néanmoins des déperditions considérables d'énergie et de moyens. Sait-on qu'il existe aujourd'hui quelque 500 traités internationaux relatifs à l'environnement et 323 à caractère régional ? Les décisions ne manquent pas, mais elles ne forment pas une politique d'ensemble que la situation, pourtant, appelle vivement. Elles ne bénéficient pas du suivi nécessaire et restent souvent lettre morte. Que pèsent les recommandations du modeste Programme des Nations unies pour l'environnement (PNUE) par rapport aux choix de l'OMC ?

L'objectif d'une Organisation mondiale pour l'environnement serait de donner une structure et une voix fortes à l'enjeu écologique, afin de placer l'environnement à un niveau de préoccupation et de décision au moins égal à celui des affaires économiques et financières. Seule une institution internationale de ce type posséderait suffisamment d'autorité et de moyens pour faire appliquer les traités et les protocoles. Elle seule s'avérerait en mesure de contrebalancer le déséquilibre actuel avec les organismes multilatéraux, qui restent essentiellement déterminés par le primat économique. Dans cet esprit, la Banque mondiale et le Fonds monétaire international (FMI) pourraient s'orienter vers de nouvelles pratiques, induites par la règle de « durabilité » des investissements et des choix économiques.

Par ailleurs, dans le cadre de la renégociation du traité constitutionnel européen, la France pourrait proposer qu'une charte de l'environnement soit adossée à la Constitution européenne, à l'image de ce qui a été fait en France.

À l'avant-garde de la biodiversité

En tant que pays hébergeant sur ses territoires l'un des plus hauts niveaux de biodiversité au monde, la France devrait être exemplaire sur son territoire, et significativement plus active en faveur de la conservation et de la gestion durable de ce précieux patrimoine (voir p. 145). Elle pourrait par exemple appuyer ou prendre elle-même toutes les initiatives visant à intégrer les grands singes de la planète, espèces très menacées, au patrimoine mondial de l'humanité, au titre de la convention concernant la protection du patrimoine mondial, culture et naturel, adoptée par la Conférence générale de l'Organisation des Nations unies pour l'éducation, la science et la culture (Unesco) en 1972. Compte tenu de sa situation maritime, elle pourrait aussi développer un ambitieux réseau d'aires marines protégées dans les océans et les mers où elle est présente et militer en faveur de la création de telles réserves en haute mer, l'expérience montrant que leur existence améliore le stock de poissons disponibles à la pêche. Elle pourrait ainsi être à la pointe de la création de zones marines protégées, dans le droit-fil du plan d'action de Johannesburg.

L'ensemble des forêts primaires dans le monde, qu'elles soient boréales, tempérées ou tropicales, ne compte aujourd'hui que pour un quart de la surface qu'elles couvraient il y a quelques milliers d'années. Ce quart résiduel pourrait lui-même disparaître d'ici la fin du siècle si la destruction continue à ce rythme[1], avec le défrichage pour l'agriculture, le pâturage ou les plantations et l'exploitation commerciales d'essences rares. Ce qui reste de forêts primaires sur la planète ne sera sauvé que si des politiques appropriées de gestion durable sont rapidement développées et agissent efficacement sur les causes de leur dégradation et de leur disparition. La France, seul pays européen à détenir avec ses DOM-TOM de telles forêts à une grande échelle, devrait être en première ligne. Elle pourrait, par exemple, contribuer à l'instauration rapide, à l'échelle mondiale, d'un réseau de forêts primaires protégées et de surfaces écologiquement viables, représentatives de leur diversité biologique. Ce réseau viserait à garantir, au minimum, qu'un échantillon de ces types de forêts soit préservé pour les générations futures. Ne peut-on pas imaginer que l'Amazonie, comme l'Antarctique, soit mise « hors champ » des activités humaines, en indemnisant conséquemment les pays concernés ?

1. Au total, la déforestation mondiale est de l'ordre de 13 à 14 millions d'hectares chaque année, selon les chiffres de la Food and Agriculture Organization (Organisation des Nations unies pour l'alimentation et l'agriculture) et de l'Organisation internationale des bois tropicaux. Cinq millions d'hectares sont récupérés par régénération naturelle ou plantations nouvelles.

Limiter le libre-échange et les subventions agricoles

Plutôt que de vouloir à tout prix aligner les prix des produits agricoles du marché commun de l'Union européenne sur les cours internationaux, ce qui oblige à verser aux agriculteurs des aides directes qui représentent désormais l'essentiel de leurs ressources, les négociateurs dépêchés par Bruxelles au sein de l'OMC devraient chercher à nouer des alliances avec les gouvernements des pays du Sud en déficit alimentaire, de façon que ces derniers soient autorisés à protéger leurs agricultures nourricières par des droits de douane importants. Cette protection de l'agriculture des pays du Sud pourrait d'ailleurs être encouragée par l'Europe dans le cadre de marchés communs régionaux (Afrique de l'Ouest, Communauté andine des nations, Association des pays du Sud-Est asiatique, etc.). Cela permettrait aux agriculteurs du Sud de subvenir très largement aux besoins alimentaires et donc de ne plus craindre d'éventuels embargos. Pour l'Union européenne, une telle alliance avec les pays pauvres du Sud se révélerait positive : elle rendrait possible le maintien de droits de douane sur ses propres productions laitières et de viande bovine, pour lesquelles l'application du principe de la préférence communautaire n'a pas encore complètement disparu. De même, l'Europe et la France seraient davantage en mesure de défendre leurs appellations d'origine contrôlée et leurs indications géographiques protégées.

De l'instauration de cette régulation douanière agricole dépend la survie d'un grand nombre d'exploitations agricoles familiales dans plusieurs régions herbagères françaises déjà très affectées par l'exode rural et la désertification comme la Haute-Savoie, l'Auvergne, le Limousin ou le Morvan. Il en va aussi et surtout de l'avenir de l'immense petite paysannerie mondiale (plus de un milliard d'actifs agricoles, dont les activités assurent l'existence de près de la moitié de la population mondiale), qui se verrait ainsi offrir les moyens de se maintenir sur ses terres plutôt que d'être forcée à l'exode vers des mégalopoles misérables ou condamnée à l'exil vers les mirages des pays industrialisés. En outre, cette régulation contribuerait de façon significative à la conservation de notre diversité biologique agricole, largement menacée par l'uniformisation actuelle de l'agriculture.

Parallèlement, cette initiative internationale en faveur de protections douanières ciblées devrait s'accompagner d'une action concertée des pays du Nord pour la disparition progressive des subventions à l'exportation de leurs produits agricoles. Ces subventions, qui s'élèvent à quelque trois cents milliards de dollars chaque année, ont des conséquences destructrices sur les économies du Sud et sont à l'origine de nombre de migrations (voir p. 94). En interrompant ces processus, la France et l'Europe pourraient montrer l'exemple, permettant de franchir un pas décisif en termes de développement durable mondial.

Renforcer le dispositif européen de lutte contre l'effet de serre

Le protocole de Kyoto a jeté les bases d'une gestion mondiale des émissions de gaz à effet de serre. Les directives européennes ont mis en œuvre les marchés de permis d'émission, limités à ce jour aux plus grosses industries et à l'énergie. La taxe carbone que nous proposons (voir p. 209) concerne les autres secteurs et les autres acteurs, dans la sphère productive comme dans la sphère domestique. Elle ne vient évidemment pas se rajouter aux contraintes des entreprises déjà soumises aux quotas. Il est possible de mettre en cohérence les deux dispositifs, c'est même fondamental en termes d'équité et d'efficacité. En effet, le système des quotas prévoit une pénalité en cas de dépassement des émissions (non compensé par des achats de permis). Aujourd'hui, cette pénalité est « non libératoire » ; l'industriel qui y est soumis n'est pas dégagé de son obligation de respect des quotas. C'est une sanction. On pourrait proposer dans un cadre négocié que cette pénalité soit transformée en prix-plafond, et que son niveau soit progressivement plus élevé et calé sur le prix de la taxe carbone pour que l'ensemble des acteurs soit soumis, de fait, aux mêmes contraintes. Cette proposition serait bien sûr à porter au niveau de l'Union européenne.

Au-delà de l'instauration d'une taxe carbone, il est indispensable que le dispositif européen de lutte contre l'effet de serre se renforce. On sait aujourd'hui que les quotas de gaz carbonique attribués aux entreprises dans la première phase d'application du protocole de Kyoto (à échéance fin 2007) ont été trop « généreux ». C'est pourquoi le prix de la tonne de CO_2 a fortement baissé sur le marché européen quand les émissions réelles de gaz carbonique pour l'année 2005 ont été connues et qu'il a été constaté que celles du secteur industriel étaient inférieures d'environ 20 millions de tonnes aux quotas qui avaient été fixés. Selon nous, la France pourrait proposer une base de négociation qui associerait :

- un abaissement progressif des quotas afin de rendre ceux-ci plus contraignants ;
- une mise aux enchères partielle des permis pour la période post-Kyoto ;
- la suppression des réserves prévues pour les nouvelles installations (les entrants) et du mécanisme de restitution de quotas pour les installations qui ferment (les sortants) ;
- l'extension des mécanismes de développement propre (MDP) aux projets domestiques ;
- outre la taxation du kérosène, l'extension du mécanisme des quotas aux transports aériens, dont la contribution aux rejets de gaz à effet de serre s'amplifie (en cours d'étude par la Commission européenne).

Par ailleurs, il conviendrait d'examiner la mise en place d'ajustements fiscaux aux frontières des pays ou régions ayant introduit une taxe carbone pour tous les produits importés dont la fabrication requiert une part importante de combustibles fossiles et dont les industriels ne sont pas soumis à une fiscalité carbone.

Renforcer l'aide publique au développement

Pour être crédible au niveau international, pour honorer ses engagements passés et pour contribuer significativement au développement durable dans les pays pauvres ou émergents, la France doit augmenter son aide publique pour le développement (APD). Elle s'était engagée lors du sommet de Rio de Janeiro en 1992 à ce que celle-ci atteigne 0,7 % de son PIB, avec l'objectif de parvenir à 1 % dans les dix ans. On en est loin.

Mais il ne s'agit pas de consacrer des crédits à n'importe quel type de développement. L'expérience montre que des sommes considérables ont été dilapidées pour des projets qui se sont révélés contraires au concept de développement durable, voire de développement tout court, souvent au profit unilatéral des entreprises des pays donateurs. Les fonds dégagés devraient être rigoureusement soumis à des critères écologiques afin qu'ils servent prioritairement au développement de modes de production et de consommation durables dans les pays du Sud et émergents. L'objectif est de contribuer, dans ces pays, à promouvoir une agriculture durable, à renforcer les modes de production et les marchés locaux, à lutter contre l'effet de serre par le transfert et l'utilisation de technologies appropriées, et à encourager la conservation de la diversité biologique, notamment par l'appui à la création d'espaces protégés et par le financement de grands travaux de restauration écologique.

La France pourrait ainsi développer, à une échelle significative, des contrats de désendettement-développement, en négociant des conversions de créances ou le réinvestissement de dettes pour des investissements en faveur du développement durable, comme elle vient de le faire pour le Cameroun. Elle pourrait s'impliquer auprès des pays d'Afrique avec lesquels elle entretient des rapports historiques et qui sont des sources importantes d'immigration, afin de mettre en œuvre un système de codéveloppement qui aide ces pays à maintenir ou à créer des activités et des emplois sur place.

CINQ PROPOSITIONS CONCRÈTES POUR CHANGER

Par quoi et par où commencer ? Les manifestations de la crise écologique, ses conséquences annoncées dans tous les secteurs vitaux invitent à réorienter sans attendre nos trajectoires. Mais nos sociétés sont tellement engluées dans leurs habitudes qu'il apparaît difficile de trouver des pistes claires. La course au toujours plus nous colle à la peau. Toute l'organisation collective lui est dédiée. Impossible de renoncer du jour au lendemain à nos modes de production et de consommation, à notre organisation économique, sociale, territoriale, à nos addictions quotidiennes. Personne ne possède de baguette magique pour passer d'une société de l'excès à une société de modération. C'est pourtant vers celle-ci qu'il faut s'orienter.

Seuls les premiers pas comptent, dit-on parfois. Ils marquent en tout cas un chemin. Les cinq propositions que nous faisons ici essaient d'en tracer un. Dans la partie précédente de cet ouvrage, nous avons tenté d'identifier les grands objectifs du changement et les principes d'action qu'ils supposent. Dans cette seconde partie, nous examinons les premières transitions qui, très rapidement, pourraient être mises en œuvre : la création, au sommet de la hiérarchie gouvernementale, d'un poste de vice-Premier ministre chargé du développement durable, l'instauration d'une taxe sur les combustibles fossiles différenciée selon les secteurs et en augmentation progressive, jusqu'à ce que les émissions de gaz carbonique soient divisées par quatre, la reconversion des subventions agricoles vers une agriculture de qualité, la systématisation de la démocratie participative pour toutes les questions concernant le développement durable, la promotion d'une grande politique d'éducation et de sensibilisation aux enjeux écologiques.

Ces différents moyens ne forment pas un programme exhaustif, et ils ne sont évidemment pas limitatifs. Ils constituent seulement une panoplie d'outils dont la mise en pratique nous paraît indispensable. Autrement dit, ces propositions concrètes peuvent commencer à s'appliquer quasi immédiatement, sans bouleversements économiques et sociaux traumatisants, sans besoins de financement extravagants, mais avec un niveau d'exigence à hauteur du défi, afin de prendre enfin le problème à bras-le-corps et de commencer à inverser les tendances.

1

METTRE L'ENVIRONNEMENT AU CŒUR DE L'ÉTAT AVEC UN VICE-PREMIER MINISTRE CHARGÉ DU DÉVELOPPEMENT DURABLE

Depuis la création du premier ministère de l'Environnement en 1971 – qualifié, déjà à l'époque, de « ministère de l'impossible » par le premier de ses ministres, Robert Poujade –, l'écologie a toujours été le parent pauvre de l'action publique. Il est d'ailleurs symptomatique que la quasi-totalité des titulaires de ce ministère aient éprouvé le besoin ultérieur de faire connaître dans des livres leur désarroi sur leur manque de marge de manœuvre…

Il est vrai qu'avec 0,3 % du budget de l'État, aucun fonctionnaire ni corps attitré – contrairement à l'ensemble des autres départements ministériels –, aucun service déconcentré à l'échelon départemental – là aussi, à la différence d'autres ministères comme l'Agriculture ou l'Équipement –, une faiblesse structurelle en termes de moyens et de prérogatives, des attributions à géométrie variable et souvent antagonistes avec la feuille de route d'autres ministères, le ministère chargé de l'environnement peut difficilement assurer un rôle moteur et exercer correctement ses missions, pourtant toujours plus nombreuses. De fait, il s'apparente essentiellement à une chambre d'enregistrement et d'application des directives européennes. Environ 80 % des textes émanant de ce ministère ne sont que la retranscription en droit français des directives européennes et des traités régionaux ou internationaux ; et encore la France a-t-elle été, pendant très longtemps, parmi les derniers États européens à les transcrire et à les appliquer dans les délais impartis.

La marginalisation du ministère chargé de l'environnement

Ce qui pouvait être la force de ce ministère, à savoir sa transversalité, est devenu sa plus grande faiblesse. Un sujet est rarement de sa compétence exclusive ; il est souvent du ressort de nombreux autres ministères, tels ceux de l'Économie et des Finances, de l'Industrie, de l'Agriculture, de l'Urbanisme et de l'Aménagement du territoire, de la Santé, du Tourisme, de la Recherche ou des Affaires étrangères, tout en ayant une incidence environnementale. La difficulté du ministère de l'Environnement est d'être, presque en permanence, dans un rapport de forces inégal avec les ministères plus puissants.

Les exemples sont nombreux. Le projet de loi sur l'eau prévoyant une réduction de la dose maximale des nitrates, pesticides et autres substances polluantes a été édulcoré par le ministère de l'Agriculture, qui veillait prioritairement à la sauvegarde des intérêts immédiats du secteur agricole ; le principe pollueur-payeur, acté par la loi Barnier de 1995 et dont le principe de réparation a été inscrit dans la Charte de l'environnement (adossée à la Constitution en 2005), a été écarté ; le ministère de l'Équipement a bloqué la sortie du décret d'application de la loi Littoral concernant les estuaires (au point qu'il aura fallu qu'une association, France Nature Environnement, intente un recours auprès du Conseil d'État pour obtenir la sortie du décret… dix-huit ans après le vote de la loi !) ; le projet de loi sur les OGM a complètement échappé au ministère de l'Écologie, alors que l'on sait que l'utilisation en milieu ouvert d'organismes transgéniques (essais et cultures) n'est pas neutre en matière d'environnement.

En fait, les rares moments de son histoire où ce ministère semble avoir réussi à asseoir quelques-unes de ses prérogatives sont ceux où son titulaire bénéficiait préalablement d'une relation de proximité avec le chef de l'État[1]. Ce qui, reconnaissons-le, ne saurait constituer un principe de bonne politique. Au final, il est difficile de trouver dans la législation environnementale du nouveau millénaire des textes ambitieux, à l'exemple de la loi du 10 juillet 1976 sur la protection de la nature.

La dilution des responsabilités

Une des caractéristiques fortes du droit de l'environnement actuel est l'empilement de textes législatifs sans aucun effet pratique faute, souvent, de décrets d'application. Les ministres qui se succèdent à la tête de ce département souhaitent donner leur nom à une grande loi. Le but est clair : récolter quelques bénéfices en termes d'image. Mais l'application des textes semble beaucoup moins les préoccuper. Ce fut le cas de la loi du 22 juillet 1960 sur les parcs nationaux : son décret d'application, datant du 31 octobre 1961, a annulé la cohérence de gestion zone centrale-zone périphérique voulue par le législateur. Ou encore celui de la loi du 10 juillet 1976 sur la protection de la nature, prévoyant que l'étude d'impact devait modifier en profondeur le processus de décision ; le décret d'application, sous la pression des ministères aménageurs, comme l'Équipement et l'Agriculture, a renvoyé la présentation des études d'impact au stade de l'enquête publique, c'est-à-dire en fin de procédure, une fois que la décision avait été quasiment prise.

Parallèlement, les « comités Théodules » se multiplient. Aux traditionnels observatoires, qui donnent souvent l'impression de n'exister que pour retarder la prise de déci-

1. Ce fut par exemple le cas du premier de ces ministres, Robert Poujade, proche de Georges Pompidou, ou de Michel d'Ornano, proche de Valéry Giscard d'Estaing, qui avait d'ailleurs réussi à obtenir un grand ministère chargé à la fois de l'équipement et de l'environnement comme Dominique Voynet avec l'environnement et l'aménagement du territoire sous le gouvernement Jospin.

sion (par exemple, l'Observatoire national de la faune sauvage et de ses habitats, créé en 2002, et qui, malgré son titre, ne s'occupe de facto que d'une infime partie de la faune sauvage, celle constituée par quelques espèces de gibier ; ou le Conseil scientifique du patrimoine naturel et de la biodiversité, créé en 2004, dont on ne sait toujours pas exactement à quoi il sert), se surajoutent désormais des missions interministérielles. Il en existe ainsi sur l'effet de serre, sur l'eau, sur le Marais poitevin, sur la mer, sur la biomasse... d'une utilité plus ou moins avérée.

On peut ajouter à ce tableau les « expérimentations » de fusion des directions régionales de l'environnement (DIREN) dans les directions régionales de l'industrie, de la recherche et de l'environnement (DRIRE), actuellement en cours, qui risquent de signer le démantèlement des services régionaux du ministère de l'Environnement en raison du poids incomparable des services du ministère de l'Industrie, la rotation des ministres en charge du domaine ; ou encore le poids des lobbies, dont celui des députés n'est pas le moins négligeable, comme on a pu le constater avec les tentatives d'affaiblissement de la loi Littoral et de la loi Montagne lors des discussions récentes sur le projet de loi sur les territoires ruraux.

Bref, la gestion des questions écologiques au niveau ministériel est à l'image de leur prise en compte stratégique : confuse, partielle, sans détermination claire ni perspective large.

Traduire concrètement la priorité du développement durable

Pour remédier à cette situation et installer le développement durable au cœur des politiques de l'État, plusieurs options sont possibles. Nous avons écarté la voie, séduisante en apparence, d'un grand ministère du Développement durable qui regrouperait l'environnement, l'aménagement du territoire, l'équipement et les transports, auxquels pourrait logiquement s'adjoindre la solidarité. À notre avis, cette solution risque de diluer encore davantage l'impératif écologique dans un conglomérat multiforme où l'énergie du titulaire du poste serait consacrée à traiter les urgences de chacun de ces secteurs, en passant des revendications des transporteurs routiers aux demandes régionales d'implantation d'activités industrielles. L'environnement doit rester l'objet d'un ministère spécifique avec ses missions traditionnelles (gestion des espaces et des ressources naturels, protection de la faune et de la flore, risques majeurs, pollutions et nuisances). Il importe d'ailleurs de renforcer les moyens matériels, humains et financiers alloués à ces missions, et de mobiliser des compétences qui soient directement liées au rôle de régulation et de gestion d'un tel ministère. De ce point de vue, il faut que la mer et la pêche, l'aménagement rural, les rivières et les eaux souterraines, les forêts lui soient également confiés.

Plus fondamentalement, si l'environnement doit rester l'affaire du ministère qui en est traditionnellement chargé, il est plus que temps que la stratégie de développement durable et l'impératif écologique général qu'elle véhicule reçoivent enfin leur traduction institutionnelle. La notion même de développement durable regroupe les sphères économique, sociale et environnementale. Autrement dit, sa mise en œuvre a vocation à affecter la quasi-totalité de nos modes d'existence : nos emplois, notre alimentation, notre consommation, nos déplacements, nos logements, nos impôts, nos routes, nos loisirs... C'est parce que notre avenir dépend d'une telle politique de développement durable que cette démarche doit devenir la priorité de l'action publique.

En bonne logique, nous proposons donc que les objectifs du développement durable et les impératifs de la crise écologique reçoivent enfin leur traduction concrète au plus haut niveau de l'action gouvernementale. Cela implique la création d'une nouvelle fonction, celle de vice-Premier ministre chargé du développement durable. Il s'agit là, dans notre esprit, d'une fonction de haut niveau : ce vice-Premier ministre sera responsable de l'insertion de l'impératif écologique dans l'ensemble des politiques de l'État. Si les candidats à la magistrature suprême veulent réellement convaincre l'opinion qu'ils sont acquis à la nécessité de placer le développement durable au cœur de leurs politique, ils doivent le montrer, en s'engageant à le faire figurer au cœur de l'action et de l'architecture gouvernementales.

En installant un vice-Premier ministre du développement durable à côté du Premier ministre, c'est-à-dire au sommet de la hiérarchie gouvernementale, il ne s'agit pas d'en rester à une décision symbolique, même si on connaît l'importance de tels signaux dans la vie politique. Le vice-Premier ministre disposera de prérogatives clairement définies pour impulser et coordonner son action. Il soumettra à étude d'impact tous les projets de loi du point de vue du développement durable ; il élaborera le calendrier à cinq ans des objectifs essentiels de l'action gouvernementale en la matière ; il contrôlera et coordonnera l'action des différents ministères ; il présidera le comité interministériel du développement durable, qui se réunira trimestriellement ; il présentera annuellement la stratégie nationale de développement durable et le bilan de sa mise en œuvre devant le Parlement... Autrement dit, il supervisera l'élaboration et validera la feuille de route de tout ministère dont l'action relève de l'impératif écologique et concourt au développement durable. Il aura, par exemple, l'autorité de convoquer chaque ministre pour examiner avec lui ses objectifs, ses actions et ses résultats au regard des critères écologiques.

L'une des caractéristiques de la vie politique dans une démocratie réside dans l'incapacité de ses acteurs à se projeter dans le futur, c'est-à-dire à anticiper les problèmes et à proposer une vision. Pour un homme politique, le long terme dépasse rarement l'horizon de son mandat électoral. Le développement durable, par nature, a pour objet de préparer l'avenir et d'anticiper les défis. Il est donc logique que l'ensemble des différents comités et instituts de prospective soit rattaché au vice-Premier ministre. Dans cet esprit, il disposerait des services du Centre d'analyse stratégique (ex-Commissariat général au Plan), de la DIACT (la DATAR) et de la MIES (Mission interministérielle de l'effet de serre), dont le rôle est d'imaginer la France de demain. Trois entités qui fonctionnent en parallèle et qu'il ne serait peut-être pas stupide de rassembler autour de l'objectif prioritaire.

Créer un système d'indicateurs du développement durable

L'un des premiers chantiers auxquels devra s'atteler le vice-Premier ministre en charge du développement durable sera la création de nouveaux instruments de pilotage avec la mise en place d'indicateurs de durabilité. Complétant le système traditionnel de la comptabilité nationale, ces indicateurs devront permettre, à terme, d'évaluer toutes les politiques publiques du point de vue du développement durable. Ils constitueront un élément essentiel pour l'articulation entre les processus décisionnels relevant du pouvoir exécutif et l'organisation des débats dans le cadre d'une démocratie participative renforcée (voir notre proposition p. 236).

Tout a été dit sur les faiblesses des indicateurs traditionnels de croissance pour qualifier la qualité et la durabilité du développement économique. Le roi d'entre eux, le PIB, mesure les quantités de travail et de capital consommées chaque année dans le système économique. Mais chacun sait qu'il comptabilise de la même manière les dépenses consacrées à la recherche médicale et celles destinées à soigner les victimes des accidents de la route, la construction d'une école et celle d'une prison... L'Espagne, par exemple, est montrée en exemple du fait de la bonne tenue de son PIB, sauf que ses émissions de gaz à effet de serre sont en très forte croissance et qu'il est vraiment improbable qu'elle tienne ses engagements de Kyoto. Le PIB constitue donc une mesure (rigoureuse) de certains « intrants » du système économique mais non de son résultat en termes de bien-être, immédiat et à long terme. Ce diagnostic a été porté depuis longtemps déjà et de nombreuses propositions d'indicateurs de richesse alternatifs ont été formulées : comptabilité patrimoniale, Indice de développement humain (IDH), PIB ajusté des prélèvements et dommages à l'environnement, etc.

Ces indicateurs synthétiques donnent une évaluation moins inexacte de la qualité de la vie et du bien-être dans chaque pays, comme de la capacité du système économique à se reproduire sur le long terme, compte tenu de la consommation de ressources et d'actifs naturels. De notre point de vue, ils ne constituent pas pour autant des outils directement mobilisables pour la réforme des politiques publiques dans le sens du développement durable. L'agrégation de différentes variables, dont certaines ne s'incarnent pas de manière monétaire, pose des problèmes techniques. Elle conduit surtout à ignorer l'existence, dans de nombreux domaines environnementaux (et sociaux), de seuils critiques ou de seuils d'irréversibilité[1] : une fois ces seuils franchis, les dommages ne peuvent plus être compensés par l'amélioration d'une autre variable[2]. On ne peut donc construire un seul indicateur agrégé et unidimensionnel de la durabilité d'un système économique.

C'est pourquoi nous proposons que la création d'un système d'indicateurs du développement durable s'inspire plutôt de la démarche – engagée par la Commission européenne – de l'évaluation systématique des politiques publiques par des études d'impact de durabilité (*Sustainability Impact Assessment*). Ces études reconnaissent la nature intrinsèquement multidimensionnelle des problèmes de développement durable (illustrée dans le schéma ci-après), en mettant en œuvre des indicateurs multiples – sociaux, environnementaux, économiques – dans le cadre d'une approche multicritères. Par exemple, l'utilisation d'un indicateur simple

1. Comme l'a fort justement noté Bruno Boidin dans sa présentation critique de l'ouvrage *Les Nouveaux Indicateurs de richesse* (J. Gadrey, F. Jany-Catrice, Paris, La Découverte, « Repères », 2005), dans la revue *Développement durable et territoires*, janvier 2006.

2. C'est notamment ce que soulignent les tenants de la « soutenabilité forte », qui affirment que l'on ne peut indéfiniment remplacer le capital naturel par du capital produit par l'homme.

sur le bilan carbone de la France, mesurant au minimum les émissions de gaz à effet de serre du pays, permettrait de suivre l'efficacité des mesures prises pour lutter contre l'effet de serre, comme la mise en œuvre d'une fiscalité carbone. On conçoit bien l'ampleur du chantier à ouvrir, mais aussi tout l'intérêt d'un tel dispositif, qui permettrait une connaissance objective des impacts multiples des politiques publiques et des choix technologiques.

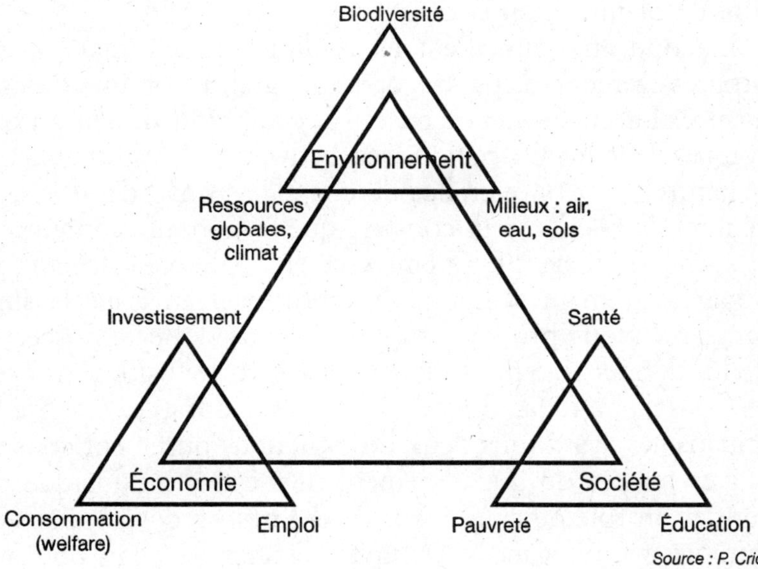

Source : P. Criqui

Les préfets concernés

Au niveau local, les faibles prérogatives de puissances publiques que possèdent les directions régionales de l'Environnement sont encore amoindries par celles des préfets. Le rattachement exclusif de ces derniers au ministère de l'Intérieur, alors même qu'ils représentent le gouvernement dans son ensemble, les empêche bien souvent de percevoir et de se préoccuper des problématiques environnementales. Celles-ci ne constituent pas en effet la priorité de leur ministre de tutelle. En conséquence, si l'on veut s'assurer de la mise en œuvre des choix politiques sur le terrain, au niveau des régions et des départements, les préfets doivent être placés sous la tutelle directe du vice-Premier ministre du développement durable. Cette proposition n'a rien d'impossible au regard du droit français. Si un poste et une fonction de vice-Premier ministre ne sont pas explicitement mentionnés dans la Constitution française, rien ne s'y oppose, et il n'y aurait donc pas besoin de recourir à une nouvelle révision constitutionnelle pour envoyer ce signal et créer cette structure de planification et d'action.

L'action environnementale publique de la France a été progressivement dispersée dans un grand nombre d'organismes. La conséquence en est une dilution de leurs pouvoirs et de leurs attributions respectives, des cloisonnements structurels et des querelles de chapelle. Ainsi, dès 1969, le général de Gaulle avait constaté que le Conseil économique et social, qu'il avait lui-même créé en 1958, était devenu un organe purement symbolique, et en avait envisagé la suppression. Nous proposons quant à nous de le renforcer et de lui donner une nouvelle légitimité, en le fusionnant avec le Conseil national du développement durable. Ces deux organismes ayant tous deux des fonctions purement consultatives auprès du gouvernement, il n'est guère logique de confier un rôle de conseil sur les thèmes du développement durable à un organe spécifique, distinct de ceux pouvant être donnés en matière économique et sociale. La réunion de ces deux instances – qui passe, elle, par une modification de la Constitution française – ne pourra qu'accroître la crédibilité du rôle consultatif d'une institution dont les avis seront alors prononcés en l'absence de tout cloisonnement.

2

INSTAURER UNE TAXE CARBONE EN CROISSANCE RÉGULIÈRE JUSQU'À LA RÉDUCTION PAR QUATRE DES ÉMISSIONS DE GAZ CARBONIQUE

Pour stabiliser la concentration de gaz carbonique (le principal gaz à effet de serre) dans l'air et éviter la catastrophe climatique, la communauté scientifique ne cache pas que l'objectif se situe à un très haut niveau d'exigence : les émissions mondiales de ce gaz doivent avoir diminué de moitié d'ici 2050 par rapport à ce qu'elles étaient en 1990. Il s'agit d'une exigence physique, non négociable. De toute façon, si la division par deux des émissions n'est pas volontaire, elle arrivera quand même sous l'impact de l'épuisement progressif des stocks d'hydrocarbures (pétrole et gaz naturel) et nous aurons pris des risques considérables. Afin d'anticiper cette contrainte inéluctable, la France, pays développé et par conséquent fortement émetteur de gaz à effet de serre, s'est engagée dans un plan ambitieux de réduction par quatre des émissions à l'horizon 2050 (ce qui signifie qu'il faudra, à cette échéance, avoir divisé par quatre notre consommation de pétrole, de charbon et de gaz naturel). Pour atteindre cet objectif, il faut que nous fassions baisser nos émissions annuelles de 3 % par an d'ici 2050 : ambitieux, mais pas impossible.

Le système européen de quotas qui s'est mis en place dans le cadre du protocole de Kyoto est un élément essentiel de cette politique, mais il ne suffira pas pour y parvenir.

Il ne permettra pas d'atteindre la diminution d'ensemble nécessaire, puisqu'il ne vise que 5 % de réduction pour une partie des pays du monde. Les permis d'émission ne le permettront pas plus car ils concernent seulement les gros acteurs industriels et énergétiques qui dépassent un certain plafond, représentant environ 25 % des émissions françaises de CO_2. À cause de ses coûts de gestion, il est peu probable qu'un tel système de quotas concerne un jour les émissions diffuses de gaz carbonique (transport, bâtiment, tertiaire et agriculture) qui représentent, en France, les trois quarts du total.

Les progrès technologiques ne suffiront pas non plus, à eux seuls, à résoudre le problème. Énergies renouvelables et efficacité énergétique n'interviendront dans les bons ordres de grandeur que dans un contexte de baisse de la consommation globale. Aucune autre source d'énergie, aucune nouvelle technologie n'est capable de se substituer en quantité aux hydrocarbures, qui représentent aujourd'hui plus des deux tiers de notre consommation d'énergie.

En outre, l'échéance de 2050 sur les émissions de Co_2 est à mettre en perspective avec un autre défi : le début de la décroissance de l'approvisionnement en hydrocarbures, soit une situation rigoureusement inverse de celle que nous connaissons depuis le début de la révolution industrielle, caractérisée par une augmentation permanente de l'offre. S'il n'est pas anticipé et géré, un tel événement conduira sans doute à une augmentation massive du prix des hydrocarbures, prélude à des conflits économiques, sociaux et politiques majeurs. Les combustibles fossiles ne représentent-ils pas 80 % de la consommation d'énergie mondiale (voir p. 79) ?

Il nous paraît donc indispensable de mettre rapidement en place un instrument qui permette de provoquer une baisse volontaire de nos émissions de gaz carbonique et, par voie de conséquence, de notre consommation d'énergie fossile. Il est préférable de le faire avant que nous y soyons contraints, dans des conditions qui risqueraient alors de nous faire amèrement regretter de ne pas nous y être pris avant. Cet instrument, c'est une taxe carbone, venant s'ajouter à la Taxe intérieure sur les produits pétroliers et applicable, de manière différenciée, à toutes les énergies fossiles (pétrole, gaz et charbon), à proportion de leurs émissions de CO_2. Cette taxe carbone aurait pour particularité de croître de manière régulière chaque année, jusqu'à ce que l'objectif d'une division par quatre des émissions soit atteint. Elle s'appliquerait à tous, administrations, collectivités territoriales, agriculture, pêche, industrie, services et ménages. Elle permettrait une évolution progressive de nos systèmes d'organisation économique et de transport, en encourageant le changement des comportements ainsi que le recours à d'autres sources d'énergie. Elle aboutirait à une augmentation importante du prix au consommateur des énergies fossiles d'ici 2050, avec des hausses différenciées selon les secteurs.

Les expériences du passé comme les études économiques montrent en effet que, par-delà les grands discours et les appels à la vertu, nous sommes tous pareils : nous devenons d'autant plus économes que les prix nous incitent à l'être.

En économie de marché (l'alternative, consistant en une restriction du recours aux combustibles fossiles gérée de manière centralisée, avec contingentement pour chaque entreprise et pour chaque foyer ou individu, n'a aucune chance de fonctionner efficacement), il faut faire payer ce choix en lui donnant un prix. Seule une taxe permettra que nous devenions tous plus sobres, non seulement par vertu, mais aussi par nécessité et par intérêt.

Une taxe aux effets bénéfiques

Le but d'une taxe carbone est de provoquer la baisse de la consommation d'énergie fossile de manière progressive, pas de remplir les caisses de l'État. La condition sine qua non pour y parvenir consiste à la mettre en place, pour commencer, à un niveau bas, un niveau qui ne soit pas fortement pénalisant, puis d'augmenter progressivement et de manière programmée ce niveau.

Que ferait-on de l'argent récolté ? Les recettes de la taxe devraient être traitées comme celles de la TIPP et rentrer dans le budget général de l'État, qui pourrait l'utiliser soit pour réduire d'autres prélèvements (notamment sur le travail), soit pour se désendetter, soit pour financer des mesures d'accompagnement (voir p. 127). Il s'agit là d'un débat à part entière, largement dépendant du montant effectivement récolté, lequel n'a aucune raison d'être indéfiniment croissant et qui devrait même finir par décroître, du fait de la réduction attendue de la demande.

Irréaliste politiquement, dira-t-on ! Une telle taxe ne serait-elle pas insupportable, puisqu'elle grèverait le budget de millions de gens, particulièrement les plus modestes, et qu'elle conduirait à la ruine nombre d'entreprises ? Ce serait en effet le cas si cette taxe était imposée sans explications ni débats préalables, et si elle était fixée immédiatement à un niveau élevé. Les défis énergétique et climatique sont en effet des enjeux majeurs pour l'avenir ; ils concernent chacun d'entre nous et requièrent la participation de tous. Dans une démocratie comme la nôtre, ils méritent donc des débats approfondis avant toute mise en œuvre de solutions. C'est ce que nous proposons par ailleurs avec la saisine de la Commission nationale de débat public (CNDP) sur des sujets de cet ordre (voir p. 236).

Il faut surtout se convaincre que, si une mesure de ce type n'est pas décidée dès à présent, l'ajustement se fera quand même, par des ponctions brutales et imprévues sur nos budgets. Les prix internationaux du pétrole et du gaz peuvent bondir et entraîner dans leur sillage les prix de tous les produits qui leur sont liés, autrement dit l'essentiel de nos consommations (produits alimentaires, biens manufacturés, logements, déplacements...). Il faudra aussi financer les conséquences du réchauffement climatique et dépenser pour réparer ce qui peut l'être. De telles hausses, qu'aucun pouvoir politique ne pourra éviter à bref délai si le laisser-faire continue de l'emporter sur ce sujet, toucheront durement et avant tout ceux dont les revenus sont les plus modestes.

A contrario, une taxe progressive incitera tout un chacun, les industriels comme les ménages, les agriculteurs comme les pêcheurs, à choisir, quand il en est encore temps, d'autres technologies, d'autres modes de production, de déplacement ou de chauffage, d'autres modes de vie. Elle supprimera les incertitudes sur les prix futurs de l'énergie, qui freinent souvent les investissements pour la maîtrise de l'énergie et le développement des énergies sans carbone, et elle assurera ainsi une visibilité indispensable à la conduite d'une politique de long terme, chaque entreprise ou chaque ménage pouvant ainsi « lisser » préventivement les hausses à venir, s'y préparer et agir en conséquence pour réduire sa consommation d'énergie. Elle garantira que les efforts inévitables seront partagés par l'ensemble des catégories sociales et des secteurs économiques, et elle s'avérera de ce fait bien plus équitable que le chaos économique et climatique qu'elle permettra d'éviter.

Au départ, la taxe sera donc fixée à un niveau assez bas pour être supportable. Les ménages à revenu modeste, en difficulté, ou de professions plus exposées que d'autres devront être spécifiquement accompagnées, sans perdre de vue l'objectif de baisse de la consommation. De même, s'il s'avérait nécessaire pour certaines industries de corriger un handicap concurrentiel créé par cette taxe, il est possible d'imaginer un ajustement fiscal aux frontières pour que le commerce des produits tienne compte de leur contenu en gaz carbonique, production par production (voir ci-dessous).

Si les prix du baril de pétrole et du gaz naturel continuaient à augmenter, la taxe ne deviendrait-elle pas inutile ? Rappelons tout d'abord qu'en flirtant avec les quatre-vingts dollars le baril en 2006, le pétrole n'est pas plus cher qu'en 1981, en euros constants, alors que depuis le pouvoir d'achat a crû de plus de 60 %. Le litre d'essence – la plus chère des énergies fossiles – ne représente aujourd'hui que dix minutes de Smic, contre près d'une demi-heure en 1976. À ce prix, la consommation d'énergie ne peut pas baisser spontanément et la porte reste ouverte à une régulation par les crises et les chocs pétroliers.

Compter sur le seul prix de marché pour inverser la tendance à la hausse de la consommation d'énergie serait une double erreur : d'abord, le marché ne peut jamais garantir une croissance régulière des prix et le yo-yo des prix de marché envoie des signaux contradictoires qui brouillent la vision et les stratégies à moyen et à long terme ; ensuite, les hausses sont parfois des chocs (comme en 1973 et en 1979), qui s'avèrent déstabilisateurs et créateurs de chômage. Par ailleurs, le produit de la taxe reste à l'intérieur des frontières ; il appartient donc toujours à la collectivité, alors que la hausse du prix international envoie l'argent chez les exportateurs d'hydrocarbures et prive donc le pays des moyens d'adaptation.

Cependant ne vaudrait-il pas mieux choisir des mesures moins brutales et plus incitatives, en subventionnant les énergies renouvelables et les comportements vertueux ? Les subventions et les crédits d'impôt, même s'ils ne doivent pas être exclus en tant que mesures d'accompagnement, présentent plusieurs inconvénients. D'abord, ils vident les caisses de l'État, alors qu'il faut commencer par les remplir pour attribuer des aides. Ensuite, ils sont lourds à administrer : il faut traiter tous les dossiers avant attribution, ce qui représente des coûts de gestion bien plus élevés que pour l'encadrement d'une fiscalité portant sur les mêmes montants. Enfin – et surtout – ils ne garantissent pas le règlement du problème : l'incitation à la croissance des énergies renouvelables n'a pas engendré, à ce jour, de décroissance des énergies fossiles ; or, c'est bien là l'objectif à atteindre. Taxer les énergies fossiles rendra de fait les énergies renouvelables de plus en plus compétitives, tout en ayant un effet baissier sur la consommation des énergies fossiles.

Une solution franco-française ne se révélera-t-elle pas inopérante dans la mesure où la croissance des émissions de gaz à effet de serre des États-Unis, de la Chine et des pays émergents risque d'annihiler tous nos efforts ? L'effet de serre constitue bien sûr un problème global. Mais la France, avec le dispositif actuel de son plan climat et malgré l'origine nucléaire de son électricité, ne va peut-être pas tenir ses engagements de Kyoto à l'horizon 2012. En effet, les quotas appliqués aux grandes entreprises ont été jusqu'à maintenant trop généreux et la consommation du secteur des transports a beaucoup augmenté jusqu'en 2000. On ne peut exclure le cas où la France serait amenée à payer le gaz carbonique qu'elle rejette, en achetant des permis d'émission. Pour quel montant ? Avec un dépassement de l'ordre de 10 millions de tonnes de CO_2 par exemple, elle devrait acheter pour 100 à 400 millions d'euros de permis d'émission, si, sur le marché des quotas, la tonne vaut entre 10 et 40 euros. En revanche, la taxe permettrait de réduire les émissions et, sans doute, de faire mieux que le seul respect des engagements du protocole de Kyoto. Surtout, elle permettrait la mise en place d'un dispositif qui prendra toute sa valeur lorsque les contraintes se feront plus sévères, ce qui est inscrit dans la logique même des politiques climatiques.

En mettant rapidement le cap sur le monde de demain, qui fonctionnera, qu'on le veuille ou non, avec de moins en moins de carbone, la France a tout à gagner : son territoire, son organisation urbaine, ses entreprises, ses bâtiments, ses modes de transport, son agriculture, la vie quotidienne de ses habitants se seront progressivement adaptés. Tout le monde d'ailleurs en bénéficiera : la congestion urbaine liée aux modes de transport polluants sera réduite, l'organisation spatiale sera globalement plus agréable à vivre, la facture de chauffage des habitations diminuera, l'agriculture aura intérêt à se réorienter vers la polyculture de qualité, etc. Cette anticipation se montrera d'autant plus bénéfique que les effets du changement climatique se feront surtout sentir quand le pétrole et le gaz deviendront rares et beaucoup plus coûteux.

C'est donc dès maintenant qu'il faut commencer à s'organiser. Les pays qui auront mis en œuvre avec succès une taxe carbone montreront l'exemple. Cette solution se généralisera pour la raison simple qu'il n'y a pas vraiment d'autre option !

En fait, ce type de taxe commence à être appliqué dans plusieurs pays européens et même à être prôné dans la presse américaine ! Depuis le début des années 80, la fiscalité écologique se développe en Europe du Nord[1], même si elle reste encore à un niveau modeste. Le Royaume-Uni a introduit la

1. Voir le Rapport parlementaire sur l'effet de serre, rapporteur Nathalie Kosciusko-Morizet, mai 2006.

Climate Change Levy, ou « taxe sur le changement climatique », qui concerne l'industrie. Ce pays a augmenté de 5 à 6 % par an les impôts sur les carburants. Les pays scandinaves ont tous instauré des taxes sur les émissions de CO_2. L'Allemagne a procédé à des augmentations annuelles des taxes sur les produits énergétiques depuis 1999.

Comment garantir juridiquement la pérennité de la croissance de la taxe ? Dans l'état actuel des choses, une loi de finances n'est valable que pour un an et peut défaire ce qu'ont fait les lois de finances précédentes. L'État aujourd'hui ne sait pas formellement garantir la continuité de sa politique fiscale, taxes, crédits d'impôt ou subventions. Ce manque de continuité engendre parfois des variations imprévisibles de la fiscalité, ce qui rend encore plus difficile pour les acteurs économiques la prise de décision concernant l'investissement dans un contexte déjà très aléatoire. Un tel obstacle ne saurait cependant être insurmontable. Bien au contraire, il doit être traité en partant du constat que nous sommes confrontés à un enjeu d'intérêt général exceptionnel, qui implique des décisions à long terme tout aussi exceptionnelles si l'on veut assurer la survie d'une société stable et prospère. Une réflexion spécifique doit donc être menée pour évaluer les différentes options (de la réforme constitutionnelle à la création d'une agence indépendante) qui permettront de surmonter ce problème de gouvernance fiscale.

C'est d'ailleurs le cas de l'ensemble de la problématique du développement durable, dont les enjeux relèvent tous du moyen et du long terme : leur traitement ne devra pas être soumis au rythme des consultations électorales. On peut enfin noter que, dans les faits, l'essentiel des prélèvements fiscaux survit très bien à l'alternance politique, qu'il s'agisse de la TVA, du stationnement payant, des cotisations sociales ou de l'impôt sur le revenu ! Certes, les assiettes et les taux varient un peu au fil du temps, mais au final, l'existence même du prélèvement perdure.

In fine, les efforts individuels et collectifs demandés par l'instauration d'une taxe carbone auraient de nombreux retours positifs, notamment :

- un prix unitaire de l'énergie d'origine fossile plus élevé et une consommation plus faible peuvent se compenser dans chaque budget énergétique : si nous divisons par deux, trois ou quatre notre consommation énergétique, nous pouvons accepter de multiplier par deux, trois ou quatre son coût unitaire ;
- nos enfants bénéficieront d'un environnement moins dévasté et souffriront moins des désordres climatiques et des maladies que cette dégradation provoquera ; cela signifie aussi pour eux des économies monétaires (ils hériteront de notre patrimoine au lieu d'avoir à gérer un fardeau de dettes) ;
- les grandes questions structurantes de l'aménagement du territoire, comme celles de l'urbanisation ou des modes de transport, de la relocalisation des activités ou de l'organisation de circuits d'échanges courts y trouveront un moteur pour leur mise en œuvre (voir p. 106 et 116) ;
- les entreprises qui se seront adaptées à l'avance à la contrainte climatique et énergétique seront favorisées par rapport aux autres, car elles bénéficieront d'un avantage concurrentiel du fait de leur maîtrise des nouvelles technologies ;
- les modèles technologiques et organisationnels qui auront été mis au point pourront s'exporter, devenir source de devises et d'activités, et la balance commerciale d'un pays importateur d'hydrocarbures comme la France s'en trouvera améliorée.

Toute la question est d'assurer la transition vers cette société sobre en consommation d'énergies fossiles : elle ne peut s'effectuer de manière spontanée. Avec assez de temps, les changements technologiques et organisationnels sont réalisables et soutenables, individuellement et collectivement. Mais, pour y parvenir, il faut que la puissance publique joue son rôle en fixant un cadre (ce qui est possible en France grâce à la loi de programme de juillet 2005 fixant les orientations de la politique énergétique), en créant les incitations économiques adaptées, en préparant et en accompagnant les mutations.

Des modalités concrètes différenciées

Malgré un principe économique simple (augmenter les prix pour diminuer la consommation), le niveau de hausse qui serait atteint via une taxe carbone est impossible à prévoir avec précision aujourd'hui car, évidemment, le prix à payer par le consommateur, taxe carbone incluse, dépendra aussi de la demande et du prix mondial du pétrole, du gaz et du charbon. Cependant, notre proposition prévoit un « calibrage » afin d'obtenir une augmentation à peu près linéaire du prix des énergies fossiles en évitant les à-coups trop violents.

La taxe carbone doit par ailleurs être différenciée par secteur, car le but visé est bien l'incitation au changement des comportements. À titre d'exemple, l'introduction d'une taxe uniforme de 100 euros par tonne de CO_2 entraînerait une hausse de 30 centimes seulement par litre d'essence, mais une augmentation de 50 % du prix du gaz pour les ménages et une multiplication par quatre du prix du charbon pour l'industrie. Si l'on veut obtenir des effets incitatifs comparables, le niveau de la taxe doit donc progresser plus rapidement dans le secteur des transports que dans le secteur résidentiel tertiaire et dans l'industrie.

D'autre part, afin d'améliorer la visibilité de la démarche et d'engager rapidement les effets incitatifs, il faut que la progression du niveau de la taxe soit bien dosée. Une croissance trop faible au démarrage n'accélérera pas assez les décisions d'investissement vertueuses, mais une croissance trop rapide créera des chocs inacceptables socialement et économiquement. C'est pourquoi nous proposons que la taxe augmente de manière linéaire. À titre d'illustration, l'augmentation serait de 80 euros par tonne de CO_2 tous les dix ans dans le secteur des transports ; elle serait de 40 euros par tonne de CO_2 par décennie dans le secteur résidentiel et, enfin, elle s'établirait à 15 euros par tonne de CO_2 par décennie dans le secteur de l'industrie, à partir d'un niveau initial de 40 euros par tonne de CO_2 en 2010[1].

Afin de donner une idée des ordres de grandeur en prenant l'exemple de l'essence, rappelons qu'une croissance de la taxe de 8 euros par tonne de CO_2 et par an représente chaque année une hausse du prix à la pompe d'environ 2 centimes le litre. Une augmentation du prix du baril de 20 dollars représente, elle, une augmentation du prix à la pompe de 10 centimes.

Le graphique ci-dessous montre, par secteurs économiques, le plan de progression en euros d'un coût possible de la taxe carbone.

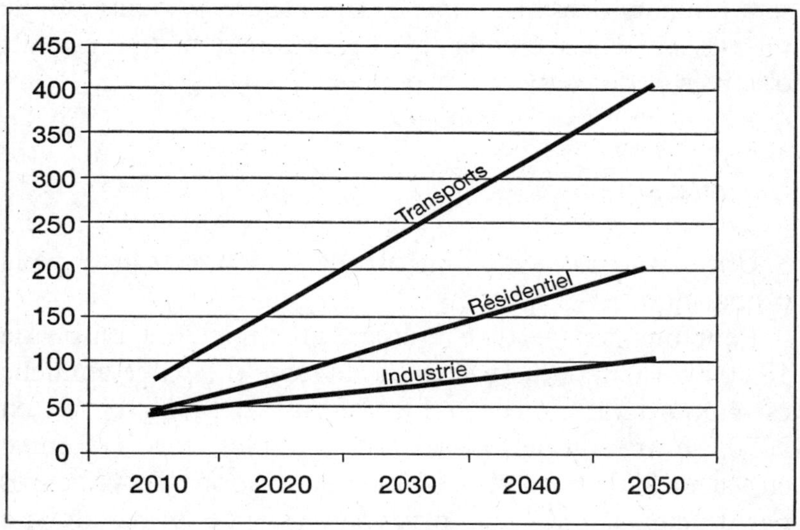

Si les prix internationaux et la fiscalité de l'énergie restaient, par ailleurs, inchangés, ce plan conduirait grosso modo à un doublement du prix au consommateur de chaque énergie fossile à l'horizon 2050. Le litre d'essence passerait à

1. Niveau de la pénalité retenue par la directive européenne en cas de non-respect des quotas sur la période 2005-2007, qui devrait passer à 100 euros entre 2008 et 2012, sans être pour autant considérée comme « libératoire », c'est-à-dire ne dégageant pas l'industriel de son obligation de respect des quotas.

2,5 euros en équivalent monnaie d'aujourd'hui ; le gaz naturel pour les ménages de 600 à 1 200 euros la tonne équivalent pétrole, le fioul lourd de 300 à 600 euros et le charbon utilisé par l'industrie de 125 à 250 euros. Évidemment, les prix internationaux vont connaître d'importantes variations au cours de la période considérée, mais plus des politiques climatiques vigoureuses seront mises en œuvre en France et dans d'autres pays, plus la hausse du prix international sera freinée : la limitation des émissions de CO_2 exercera, également, une contrainte sur la demande en énergies fossiles, ralentissant ainsi leur épuisement et la montée de leurs prix.

Enfin, l'objectif final n'étant pas tant le niveau de prix atteint que la baisse des émissions de gaz à effet de serre, il sera toujours possible, comme dans tout suivi politique, de ralentir ou d'accélérer la hausse en fonction des résultats observés et des retours d'expérience.

Une mesure réaliste

Une simulation simple montre le caractère réaliste de la proposition.

Pour un ménage type utilisant un véhicule à raison de 18 000 km parcourus par an, la dépense d'essence annuelle est aujourd'hui d'environ 1 800 euros ; si l'on projette, en 2050, un prix du pétrole doublé en termes réels (120 euros en valeur 2005 par baril) et une taxe carbone de 400 euros par tonne de CO_2, le prix de l'essence passe alors à 2,9 euros par litre. Mais une réduction de 10 % de la mobilité automobile et une réduction des consommations des moteurs de 8 litres à 4 litres aux 100 km en moyenne (ce qui semble très réaliste à cet horizon) suffiraient pour stabiliser le budget carburant, en niveau.

Pour la collectivité, la réduction du trafic et des consommations unitaires entraîne une baisse des ventes de carburant de plus de moitié, mais l'instauration de la taxe carbone permet d'augmenter les recettes de l'État sur les carburants (TIPP + taxe carbone) de 21 à 28 milliards d'euros par an, même si le rendement financier de la taxe carbone reste incertain.

Dans ce cas, la réduction des consommations de carburants ne permet pas à elle seule de diviser par quatre les émissions de gaz carbonique (objectif du scénario « facteur 4 »). Il faudra en plus développer l'alimentation hybride des véhicules (électrique et carburants) et intégrer dans les carburants restants des biocarburants de deuxième génération (avec faibles émissions de CO_2 dans leur fabrication), par exemple à hauteur de 50 %. Cela impliquerait qu'environ 20 % du territoire soient consacrés à la production de biocarburants et cela réduirait évidemment le revenu de la taxe carbone, d'environ 8 milliards d'euros pour 8 milliards de litres. On aboutirait alors à une stabilité des recettes pour des émissions de carburants répondant à l'objectif « facteur 4 ».

		2005 sans taxe carbone	**2050 avec taxe carbone**	**2050 avec taxe carbone et 50 % de carburants alternatifs**
Pour un ménage	Nb de km Consommation Prix de l'essence Coût annuel	18 000 km 8 l/100 km 1,25 €/l 1 800 €	16 000 km 4 l/100 km 2,90 €/l 1 856 €	17 000 km 4 l/100 km 2,30 €/l 1 564 €
Pour la collectivité	Consommation	42 milliards de litres	19 milliards de litres	
Pour l'État	TIPP Taxe carbone Recettes totales	0,5 €/l 0 €/l 21 milliards d'euros	0,5 €/1 1 €/l 28 milliards d'euros	0,5 €/l 0,5 €/l 20 milliards d'euros
Pour la planète	Émissions de CO_2	108 millions de tonnes	48 millions de tonnes	25 millions de tonnes

Cette simulation repose certes sur une hypothèse de progrès technique fort dans l'industrie automobile par rapport à l'efficacité énergétique et s'il s'avère possible de consacrer une fraction importante du territoire agricole à la production de biocarburants. Ses ordres de grandeur devraient donner à réfléchir aux pouvoirs publics. Elle montre que la proposition de taxe carbone est tenable à long terme du point de vue du budget de l'État comme de celui des ménages, tout en aboutissant à une réduction massive des émissions de CO_2.

Des mesures d'accompagnement nécessaires

La taxe carbone, si elle est efficace sur le long terme, pourrait, comme le montre la simulation précédente, ne pas engendrer de nouvelles recettes fiscales significatives. Au contraire, elle pourrait même être juste nécessaire pour compenser une possible baisse de la TIPP, du fait de la baisse de consommation de carburants fossiles, dont il faut se rappeler qu'elle est la quatrième ressource fiscale en France[1]. Ce serait d'ailleurs la preuve de son efficacité. Le but de cette taxe, répétons-le, n'est pas d'alimenter les caisses de l'État, mais d'inciter à la réduction des émissions de gaz à effet de serre, qui constituent précisément l'assiette de la taxe.

À très court terme, il ne faut pas non plus attendre de nouvelles recettes importantes, du fait du caractère très progressif de la mesure. En fait, il est très difficile, si ce n'est impossible, de prévoir précisément l'impact budgétaire de la taxe. Celui-ci dépendra de nombreux paramètres, dont le prix du pétrole, les mesures structurelles d'accompagnement, les évolutions technologiques et leur pénétration, etc.

Néanmoins, l'acceptabilité et la soutenabilité de cette taxe nécessitent à l'évidence la mise en œuvre d'un plan d'accompagnement qui lui donne tout son sens et qui crée les conditions économiques et sociales de sa faisabilité. Le financement de ce plan ne peut être attendu du seul produit de la taxe. Il doit donc s'inscrire dans un programme énergétique et clima-

1. En 2004, la TIPP a rapporté 20 milliards d'euros ; la TVA, 121 ; l'impôt sur le revenu, 47 ; et l'impôt sur les sociétés, 37.

tique global du gouvernement (voir p. 127). Rappelons par exemple que le secteur du bâtiment (résidentiel et tertiaire) consomme 45 % de l'énergie finale et émet 22 % des gaz à effet de serre en France et qu'un soutien à la rénovation et à l'efficacité thermique des logements et des bureaux permettrait de réduire considérablement cette facture énergétique.

Par ailleurs, la taxe carbone s'articulant au dispositif européen de lutte contre l'effet de serre (les marchés d'émissions) fournirait l'exemple d'un dispositif d'incitation économique « bouclé » pour tous les secteurs. La France pourrait ainsi devenir un pays pilote dans le renforcement de ce dispositif (voir p. 184).

Un débat public indispensable

L'idée de taxer des énergies fossiles se heurtera peut-être à une opposition de l'opinion publique. De nombreux ménages français ont des difficultés de fin de mois (300 000 familles sollicitent chaque année une aide sociale pour le règlement de leur facture énergétique). La demande sociale va majoritairement dans le sens d'une baisse de la TIPP ou, du moins, dans celui de sa stabilisation, revendication tentante à satisfaire en période électorale (c'est par exemple ce que le gouvernement français a décidé de faire pour le prix du gaz). Il est évidemment indispensable de lancer un vaste débat national sur le sujet pour le rendre politiquement acceptable, c'est-à-dire pour montrer qu'il en va de l'intérêt de tous, et en particulier que l'absence de taxe ne garantit en rien des prix bas pour l'éternité. Il faut ensuite négocier avec les partenaires sociaux les mesures d'accompagnement (voir notre proposition d'extension de la démocratie participative p. 236).

Mettre en place des ajustements fiscaux aux frontières

La principale réserve à l'application en Europe du protocole de Kyoto tient à la perte de compétitivité des entreprises, dans un contexte de compétition internationale très agressive, notamment du fait des écarts considérables de salaires entre les différentes régions du monde.

Les industriels des pays qui ont pris des engagements quantifiés de maîtrise de leurs émissions de gaz à effet de serre dans le cadre du protocole de Kyoto devraient être logiquement protégés, au moins partiellement, de la distorsion concurrentielle et des pertes de compétitivité qu'ils subiraient dès 2008 et encore plus après 2012 si le reste du monde demeurait à l'écart d'une politique volontaire de réduction du risque climatique. Que l'instrument de la maîtrise soit un système de quotas de CO_2 en réduction progressive, qu'il provienne de l'institution d'une taxe carbone en augmentation progressive ou encore d'une combinaison des deux, le problème est le même.

Le dispositif proposé consisterait à taxer les produits de base importés par les pays du périmètre Kyoto et à détaxer les produits de base exportés hors de ce périmètre, en fonction de leur contenu en émissions de CO_2, par grandes catégories de production. De telles taxes à l'importation permettraient de limiter les distorsions de marché et inciteraient peut-être les pays non tenus par des engagements de réduction à ne plus continuer à jouer les passagers clandestins. Sur le principe, ce mécanisme ressemblerait à ce qui se pratique avec la TVA, laquelle s'arrête aux frontières et connaît des taux différenciés par pays.

Il serait globalement incompréhensible que les acteurs les plus engagés dans la sauvegarde d'un bien public planétaire, le climat, en soient pénalisés. Cela reviendrait à punir la vertu et à encourager le vice. Plus encore, cette taxation aux frontières présenterait trois avantages majeurs :

- c'est de cette seule manière que l'Europe et les autres pays du périmètre Kyoto tiendront leurs engagements actuels et les renforceront à l'avenir sans mettre en péril leur industrie ;
- c'est la meilleure façon d'inciter les pays qui restent à l'extérieur du système (et qui comptent les plus gros émetteurs de CO_2) à y entrer ;
- la perspective de taxes légitimes pesant sur les exportations américaines ou chinoises vers le périmètre Kyoto

toucherait les industriels de ces pays et les pousserait à faire pression sur leurs gouvernements pour qu'ils adhèrent au régime Kyoto ou à un régime équivalent.

Ce type de compensations est-il contraire aux règles de l'OMC ? Avant de répondre en détail à cette objection, prenons un peu de recul. L'idée selon laquelle des règles et des organisations humaines, quelles qu'elles soient, puissent s'opposer à la mise en œuvre d'actions indispensables à un avenir soutenable pour l'humanité est intellectuellement absurde et éthiquement insupportable. N'est-il pas évident que le caractère fini de la planète nous oblige à remettre en cause des pratiques, des raisonnements et des règles institutionnelles fondés sur l'hypothèse inverse ?

Cela étant, une argumentation plus analytique montre que la mise en œuvre de droits de douane compensatoires est possible dans le cadre des règles actuelles[1]. On peut imaginer deux argumentaires. Tout d'abord, il est un domaine où l'OMC accepte une fiscalité de protection (alors que, rappelons-le, nous n'envisageons ici qu'une fiscalité de compensation qui rétablit une distorsion concurrentielle) : c'est l'exception sanitaire. Il est donc envisageable de faire accepter une « exception carbone », l'enjeu de santé publique étant considérable puisque le changement climatique est susceptible de mettre en péril la vie de centaines de millions d'habitants. Deuxième voie : l'OMC vise à assurer une égalité de traitement entre les entreprises de pays différents. Ses deux grands principes sont la clause de la nation la plus favorisée (absence de discrimination entre deux pays étrangers) et l'absence de discrimination entre entreprises nationales et entreprises étrangères. C'est ainsi que la TVA, s'appliquant tant aux produits intérieurs qu'aux produits étrangers, n'est pas contraire aux principes de l'OMC.

1. Des économistes du Massachusetts Institute of Technology (MIT) ont montré qu'il était possible de construire des taxes aux frontières du périmètre annexe 1 de Kyoto qui soient compatibles avec les règles de l'OMC. Voir l'article de R. Ismer et K. Neuhoff publié par le MIT, CMI Working, paper 36.

Concernant les quotas d'émission prévus dans le cadre du protocole de Kyoto et de la directive européenne, l'analyse se complique de deux éléments complémentaires :

- les quotas ne sont pas actuellement calculés sur des produits mais sur des activités de production. Une solution pour se conformer aux règles de l'OMC consisterait à calculer les émissions sur les produits, mais en les supposant fabriqués à partir des meilleures technologies disponibles au plan international (pour éviter la critique de protectionnisme déguisé) ;
- par ailleurs, il est évidemment nécessaire que les industriels européens soient réellement mis à contribution, en payant vraiment, ce qui n'est pas le cas aujourd'hui avec la distribution gratuite de quotas et des plafonds accordés trop généreusement ; l'ajustement aux frontières ne pourrait porter que sur la valeur moyenne payée pour accéder aux quotas ; par exemple, si 10 % du quota doit être acheté aux enchères, c'est une valeur de 10 % du prix de marché du quota de CO_2 qui pourrait servir de base au calcul de l'ajustement aux frontières.

Une taxe sur le carbone ajouté qui serait appliquée aussi bien aux produits français qu'étrangers ne serait, en théorie, pas plus contraire aux règles de l'OMC que si elle était imposée en fonction du contenu en émissions de CO_2, production par production[1]. Elle nécessiterait en fait que les industriels concernés achètent les quotas qui sont aujourd'hui attribués gratuitement mais qui pourraient être mis aux enchères, comme le prévoit le protocole de Kyoto. Cet achat permettrait de chiffrer un surcoût compensable selon les règles de l'OMC. À l'évidence, les modalités pratiques d'une telle mesure devront être étudiées dans le détail pour qu'elle soit praticable concrètement et ne conduise pas à l'élaboration d'une « usine à gaz » administrative. Mais il nous semble que le principe en est posé.

1. *Ibid.*

3

OFFRIR UN MARCHÉ À L'AGRICULTURE DE QUALITÉ EN RÉORIENTANT PROGRESSIVEMENT LES SUBVENTIONS AGRICOLES VERS UNE RESTAURATION COLLECTIVE À BASE DE PRODUITS CERTIFIÉS ET DE PROXIMITÉ ET EN NÉGOCIANT UNE RÉFORME DE LA PAC QUI AILLE DANS CE SENS

Les aides considérables qui sont actuellement versées aux agriculteurs français – de l'ordre de 9,5 milliards d'euros en provenance du budget européen et de 2,5 milliards d'euros en provenance du budget national, soit 12 milliards d'euros au total – ne satisfont plus personne. Ces subventions ne parviennent ni à maintenir une activité suffisante pour les ruraux, ni à fournir une alimentation de qualité pour les consommateurs. Elles coûtent cher à l'Europe, à l'État et aux contribuables. Elles placent les producteurs en position d'assistés. Elles contribuent à conforter un type d'agriculture incompatible avec la protection de l'environnement et le développement durable du territoire. Réorientées différemment, elles pourraient cependant s'avérer gagnantes sur tous les tableaux, aussi bien sur l'emploi agricole et rural que sur la qualité des produits alimentaires, l'accès des populations les moins aisées à une nourriture de qualité et la diminution de la pollution des eaux et du sol, la constitution de circuits d'échange de proximité et la protection des paysages et de la biodiversité.

C'est dans cet esprit que nous proposons que la manne financière des subventions agricoles soit progressivement transférée vers l'agriculture de qualité et certifiée (biologique, fermière, labellisée, d'appellation d'origine contrôlée) en lui ouvrant le marché de la restauration collective : cantines scolaires, restaurants d'entreprises, d'universités, d'hôpitaux, de cliniques et de maisons de retraite, associations caritatives. Soit 2,6 milliards de repas chaque année et quelque 10 millions de repas par jour ouvrable. L'organisation de ce marché s'effectuerait sur la base d'un cahier des charges imposé aux producteurs et à tous les acteurs engagés dans la restauration collective, selon des critères de qualité des produits, de saisonnalité et de proximité des productions.

Une telle redistribution des subventions au profit de la restauration collective aurait le mérite de relancer la demande en produits agricoles de qualité sur le marché intérieur, de permettre aux agriculteurs d'être rémunérés directement pour leur travail, sans assistanat puisque leurs clients – la restauration collective – seraient solvables pour des prix plus élevés, et de créer les emplois nécessaires au développement d'un type d'agriculture respectueux de l'environnement. En outre, elle diminuerait les coûts de transport des denrées et la consommation d'énergie, elle dynamiserait l'emploi local, elle permettrait la fourniture d'une alimentation de qualité à ceux qui recourent à la restauration collective – souvent les plus modestes. En permettant le maintien de productions maraîchères rentables en périphérie des villes, elle serait une contrainte – souhaitable – à l'étalement urbain. Elle contribuerait enfin à mettre fin à la distorsion des prix sur les marchés internationaux et à la concurrence déloyale imposée aux paysanneries des pays du Sud par le recours massif aux subventions.

Une situation insoutenable

À la suite des réformes successives de la PAC, les aides directement versées aux producteurs sont désormais largement découplées de la production, sans autres contreparties que des écoconditionnalités difficilement vérifiables et souvent fictives. Le système des subventions de la PAC et des États européens a fait son temps. Il est d'ailleurs dénoncé de tous côtés, y compris par de nombreux agriculteurs.

Dans les enceintes de l'Organisation mondiale du commerce, l'Union européenne ne parvient pas à convaincre les gouvernements des États-Unis et des pays du Sud que ces subventions n'ont aucun effet de distorsion sur les prix agricoles mondiaux, ainsi qu'en témoigne l'échec du cycle de Doha. L'Europe est encore accusée, non sans raison, de dumping, comme à l'époque des subventions à l'exportation.

Au sein même de l'Union européenne, ces subventions directes sans contreparties réelles sont dénoncées comme étant de même nature que le « chèque versé aux Britanniques ». Le gouvernement britannique n'acceptera d'ailleurs de renoncer à son chèque que s'il est mis fin aux aides directes aux producteurs agricoles.

En France, ces aides directes sont dénoncées pour leur caractère d'assistance à une catégorie socioprofessionnelle particulière et pour leur très inégale répartition au profit de ceux qui dégageaient déjà les revenus les plus élevés à l'époque de l'ancienne PAC. On sait que l'essentiel des aides (80 %) profite à une minorité d'agriculteurs (20 %). Les écoconditionnalités imposées par les autorités apparaissent bien bureaucratiques et tatillonnes ; leur mise en œuvre ne peut pas être réellement vérifiée sur le terrain. Actuellement, le versement de la totalité des aides directes est subordonné au respect d'un certain nombre d'exigences (conformité à dix-neuf directives et règlements européens, respect des bonnes pratiques agricoles et environnementales, maintien des pâturages permanents). Ces conditions sont encore très loin de permettre la préservation des biens et des services qu'offrent les écosystèmes, et de stopper l'appauvrissement de la biodiversité dans les zones rurales. À ce dispositif constitué de normes environnementales et administratives, considérées comme des contraintes par les agriculteurs et insuffisantes pour garantir le bon état écologique des milieux naturels et des paysages, il conviendrait de substituer un cadre d'engagement négocié au niveau régional et local, sous forme d'un cahier des charges, intégrant les priorités et les objectifs des schémas régionaux de préservation et de gestion du patrimoine naturel.

Plus généralement, le système des subventions agricoles génère une agriculture intensive dont les méfaits se vérifient sur plusieurs plans : l'emploi et l'activité du territoire rural, l'environnement, avec les pollutions des sols, des rivières et des eaux souterraines et avec la fragilisation de la biodiversité, le climat, à cause du recours massif à l'énergie fossile, ainsi que la santé publique. Ces impacts négatifs ne sont plus à démontrer : selon le rapport de l'OCDE publié fin juin 2006, « les aides agricoles ne servent pas à assurer la qualité de l'environnement et la prospérité des zones rurales[1] ». Ils obligent, en tout état de cause, à des modifications politiques majeures.

Changer la destination des aides

Nous proposons donc de changer la destination de ces aides. Le gouvernement français devrait ainsi s'engager pour une renégociation, au sein de l'Union européenne, de l'accord de Luxembourg du 26 juin 2003, afin que les droits à paiement unique (DPU) qu'il est prévu de verser directement aux producteurs soient progressivement remplacés (sous cinq ans) par des subventions à la restauration collective de qualité. Ce transfert s'appuierait sur un cahier des charges destiné à relancer la production de denrées alimentaires biologiques ou labellisées grâce à l'augmentation de la demande en produits agricoles de qualité et de proximité.

Au cours de la prochaine législature, sans attendre la réforme de la PAC que notre proposition suppose, la France pourrait commencer à appliquer ce système à son agriculture, en transférant les subventions directes dites du « premier pilier » de la PAC actuelle, qui sont totalement découplées de la production et dont les effets dépressifs sur les prix internationaux des produits agricoles sont les plus avérés.

1. OCDE, *Politiques agricoles des pays de l'OCDE : panorama*, 2006.

La mise au point des cahiers des charges qui seront finalement imposés en contrepartie des subventions devra résulter d'une négociation entre les différentes parties concernées : organismes de tutelle des divers types de restauration collective, syndicats agricoles, associations de parents d'élèves, associations environnementalistes, agronomes et chercheurs, etc. En France, un transfert d'environ 9 milliards d'euros pour 2,6 milliards de repas aboutirait à une subvention de plus de 3 euros par repas, largement suffisante pour parvenir à l'objectif.

La supervision de sa mise en œuvre ne serait pas tant le fait de fonctionnaires du ministère de l'Agriculture et de la Pêche que des représentants des organisations signataires, afin d'aboutir à une cogestion des filières d'approvisionnement. Les subventions pourraient d'ailleurs être distribuées par d'autres instances que le Fonds européen d'orientation et de garantie agricole (FEOGA) ou les ministères nationaux de l'Agriculture. Les collectivités territoriales pourraient dès maintenant commencer à subventionner les établissements dont elles ont la responsabilité et où l'on pratique la restauration collective de qualité, comme le font d'ores et déjà certaines mairies (à Lorient, à Pamiers ou à Paris, par exemple), quitte à demander ensuite des transferts financiers d'un même montant dans le cadre des négociations sur le financement de la décentralisation.

Cette réorientation irait de pair avec une modification du mandat donné aux représentants européens dans les négociations au sein de l'Organisation mondiale du commerce (cycle de Doha), afin que le renoncement aux subventions directes soit échangé contre une réaffirmation du droit à la préférence communautaire en ce qui concerne les importations de produits agricoles et alimentaires. Le choix d'encourager une agriculture de qualité ne doit pas ouvrir le marché européen, car il risquerait d'être envahi par des productions agricoles concurrentes à bas prix qui ne seraient pas soumises aux mêmes exigences.

Les subventions à la restauration collective sont inattaquables au sein de l'OMC, puisque les principaux pays qui dénoncent les subventions agricoles versées actuellement par l'Union européenne (États-Unis, Brésil, Argentine...) sont eux-mêmes contraints de subventionner l'alimentation de leurs populations les plus pauvres par le biais de programmes spécifiques (bons alimentaires aux États-Unis, *bolsas familiaies* au Brésil...). Le parlement des Pays-Bas vient d'ailleurs de voter une loi sur l'alimentation dans la restauration collective, applicable à partir de 2007, qui va dans ce sens.

Des avantages multiples

Le transfert des aides agricoles vers la restauration collective moyennant un engagement d'approvisionnement de proximité et de qualité présenterait des avantages considérables :

- augmentation de la demande en produits agricoles biologiques et certifiés ;
- hausse des prix payés aux producteurs, qui se verraient ainsi rémunérés pour leur travail, sans provoquer pour autant une hausse du prix des repas en restauration collective ;
- maintien, voire extension des exploitations agricoles, notamment polyculture et maraîchage, sur l'ensemble du territoire pour satisfaire cette demande ;
- encouragement à la création d'emplois, dans la mesure où ce type d'agriculture nécessite le recours accru au travail paysan ;
- promotion d'une agriculture non prédatrice en ressources naturelles, en particulier en eau, économe en pesticides et en engrais, respectueuse des sols, de la biodiversité et des écosystèmes, faisant appel à des processus de production plus diversifiés et artisanaux (productions fermières), moins standardisés et mécanisés, associant davantage agriculture et élevage ;
- mise en valeur diversifiée des terroirs agricoles ;
- développement social, avec la création d'emplois locaux ;
- organisation de la distribution en circuits courts, économes en moyens et en énergie, favorisant l'économie à

une échelle de proximité, les économies d'énergie et la lutte contre l'effet de serre ;
- fourniture d'une nourriture de qualité à des consommateurs qui, souvent, ne disposent pas de revenus suffisants pour y avoir accès ;
- éducation au goût des écoliers, collégiens, lycéens, étudiants et jeunes travailleurs.

Anticiper la réforme de la PAC

En 2003, l'Union européenne a décidé de conditionner le versement des aides directes (le premier pilier de la PAC) au respect d'obligations environnementales et sanitaires, et de renforcer le second pilier (le développement rural) en permettant aux États membres d'augmenter les financements en faveur de celui-ci. Ce second pilier est renégocié tous les sept ans (il est actuellement en cours de renégociation pour la période 2007-2013). La modulation obligatoire des aides du premier pilier vers le second pilier (3 % en 2005, 4 % en 2006 et 5 % en 2007) devrait passer à 7 % en 2013. Ces aides ne représentent cependant que 270 millions d'euros sur les 9,3 milliards d'euros de subventions du premier pilier en 2005, et restent donc insuffisantes pour infléchir valablement les conséquences de la PAC, d'autant que la France souhaite utiliser une partie de ces fonds pour mettre en place un dispositif de gestion de crise pour les secteurs qui ne bénéficient pas d'organisation commune de marché (porc, volailles, fruits et légumes).

D'ores et déjà, une marge de manœuvre existe pour infléchir plus significativement le transfert des aides agricoles vers le développement rural. C'est la « modulation volontaire », qui permettrait à la France de transférer jusqu'à 20 % des aides directes du premier pilier vers le second. Cela permettrait un doublement des aides au développement rural. Dans ce cadre, plusieurs dispositions mériteraient d'être soutenues, en attente d'une renégociation complète de la PAC d'ici 2013 :

- soutien affirmé à l'agriculture biologique. Elle représente seulement 2 % de la production en France, qui est en ce domaine largement importatrice. Le seul soutien consiste actuellement dans une aide à la conversion (sur 5 ans), pour prendre en compte des rendements moindres à l'hectare et le fait que pendant les trois premières années de la conversion, l'agriculteur ne peut pas vendre ses produits sous l'appellation bio alors que son exploitation en supporte les charges ;
- préparation de la révision de l'écoconditionnalité et anticipation sur un dispositif négocié de prestations écologiques conditionnant le maintien de tout paiement direct. L'objectif serait de responsabiliser l'agriculteur, avec des prix rémunérateurs de produits certifiés et sur des territoires de qualité, via des cahiers des charges évalués régionalement par les agriculteurs et leurs partenaires. Les prestations écologiques s'articuleraient autour de surfaces cultivées sans traitement phytosanitaire, de jachères fixes ou tournantes, de surfaces de cultures fourragères (légumineuses, prairies extensives, etc.) au titre de surfaces de compensation (ou de restitution) écologiques. Le tout représenterait une part significative de la surface agricole utile (au moins 7 % pour les systèmes les plus intensifiés) et permettrait de préserver les paysages et la biodiversité, de participer à la mise en place des schémas régionaux de préservation et de gestion du patrimoine naturel et à la création d'un réseau écologique national (voir p. 145). À terme, il s'agit bien de mettre fin aux droits à paiement unique découplés de la production et des dispositions actuelles de l'écoconditionnalité ;
- réorientation des jachères, doublement menacées par le découplage et par le développement des biocarburants de première génération, dont le bénéfice environnemental (coût en énergie fossile et réduction des émissions des gaz à effet de serre) reste très discutable. Les jachères doivent être prioritairement affectées à la production de protéines végétales (luzerne, prairies extensives) et de protéagineux. Il faut les inclure dans les cahiers des charges négociés

pour une agriculture de qualité et les dispositifs de compensation écologique ;

- encouragement au développement des biocarburants de deuxième génération (à partir de la biomasse, notamment forestière) et à la production de matières premières pour des biomatériaux et pour d'autres usages industriels. La deuxième génération de biocarburants, contrairement à la première, possède un bilan écologique positif (avec un rendement possible de deux à quatre tonnes équivalent pétrole par hectare, contre une seule aujourd'hui). Avec les biomatériaux, elle constitue un moyen significatif pour réduire l'introduction dans la biosphère d'éléments tirés de l'écorce terrestre qui perturbent les grands cycles biogéochimiques (comme les métaux lourds ou le carbone).

4

SOUMETTRE SYSTÉMATIQUEMENT LES ORIENTATIONS DU DÉVELOPPEMENT DURABLE AU DÉBAT PUBLIC

La crise écologique recouvre un redoutable paradoxe démocratique.

D'un côté, c'est à la faveur de l'importance croissante des problèmes écologiques, essentiellement locaux, et de la prise de conscience de leur existence que les procédures démocratiques se sont enrichies. Le mouvement qui a conduit à la reconnaissance internationale des principes d'information et de participation, avec la convention d'Aarhus (1998), ou, à l'échelle nationale, à l'introduction de ces deux principes dans la Constitution via l'article 7 de la Charte de l'environnement (2005), commence à Stockholm (1972 ; recommandation 97 du plan d'action) et passe par le principe 10 de la déclaration de Rio (1992).

D'un autre côté, si l'on considère les problèmes d'environnement non plus de manière locale mais globale, la démocratie apparaît au contraire comme un obstacle à l'adoption de mesures qui seraient des réponses à l'échelle de problèmes aussi graves que le réchauffement climatique, la fragilisation des services écologiques, la raréfaction et la pollution des réserves en eau douce, etc. Face à ces difficultés, les pouvoirs publics comptent avant tout sur le progrès technologique, tout en imposant avec plus ou moins de bonheur des normes aux industriels ; mais ils rechignent à exiger des électeurs de réels efforts en matière de modes de vie et de comportements. Et pourtant, les transports et le bâti (chauffage, production d'eau chaude et climatisation) sont en France à l'origine de plus de la moitié de nos émissions de gaz carbonique (dont 61 % dus aux voitures particulières et, pour la plus grande part, aux déplacements intra-urbains, ceux précisément pour lesquels nous disposons de solutions de substitution). Autre exemple : 80 % des biens mis sur le marché ne sont utilisés qu'une fois avant de partir directement à la poubelle ; or nous pouvons changer ces habitudes. Face aux enjeux écologiques globaux, ce ne sont pas seulement l'organisation et le fonctionnement des structures économiques et sociales qui sont en cause, mais aussi l'accumulation de nos consommations et l'addition de nos comportements. Il y a une trentaine d'années déjà, le philosophe Hans Jonas dénonçait l'incapacité des démocraties représentatives à faire face à leurs responsabilités, en raison de leur inféodation à l'hédonisme de l'individu vivant dans les sociétés modernes.

Afin que les démocraties puissent faire face à leurs responsabilités présentes et à venir, nous pensons que le moyen de surmonter ce paradoxe ne consiste pas à réduire l'expression démocratique mais à l'étendre. Par conséquent, nous proposons de recourir à des procédures de démocratie participative, en soumettant systématiquement en amont au débat public toutes les grandes décisions nationales en matière de développement durable, afin d'éclairer les choix des élus, d'informer et de responsabiliser la société. En effet, une certaine forme de débat public organisé – tout particulièrement les procédures délibératives – peut apporter un correctif puissant à quelques-uns des travers inhérents à la démocratie représentative – l'élection de gens qui débattent à notre place –, en permettant de rapprocher le politique de la population. Les autorités publiques se verraient ainsi contraintes de contre-argumenter, le cas échéant, face aux recommandations issues du débat public. Ce complément participatif à la démocratie élective permettrait peut-être à la démocratie représentative de sortir de la crise de légitimité qu'elle connaît, en France comme ailleurs.

Les modalités de la démocratie participative

Si l'on entend par démocratie l'institution et l'organisation de l'influence que les citoyens exercent sur la prise de décision publique, il convient alors de distinguer les trois modalités d'exercice du pouvoir démocratique : représentative, participative et directe. La démocratie élective conduit les citoyens à choisir ceux qui exerceront en leur nom le pouvoir de décision. La démocratie participative ne suppose pas une participation de tous à la décision, mais elle permet à un nombre limité de citoyens d'éclairer en amont la décision des élus sur un sujet particulier, alors que le mandat qui leur a été confié et la responsabilité qui leur a été accordée sont généraux. Enfin, la démocratie directe, qui peut être appliquée à l'échelle nationale aussi bien que locale, permet au plus grand nombre de décider de façon ultime ; cette dernière procédure s'incarne en France dans le référendum.

Le débat public se définit par les différentes procédures qui l'organisent. Il se déploie dans des situations très diverses et selon des modalités d'organisation elles-mêmes multiples. On peut au moins distinguer les trois modalités suivantes : les débats publics ouverts, les commissions liées à des institutions particulières et les panels de citoyens. Les débats publics ouverts – qu'il s'agisse de simples réunions de quartier ou des débats relatifs à des projets d'aménagement importants organisés par la Commission nationale du débat public – rassemblent avant la prise de décision les parties intéressées à la résolution d'un problème donné. Le débat y est ouvert au sens où toute partie se sentant intéressée peut en principe y participer, sans y être nécessairement formellement invitée. Tel n'est pas le cas en revanche des participants aux commissions institutionnelles du type des Comités locaux d'information (CLI) ou Commissions locales d'information et de surveillance (CLIS). Les membres de ces commissions ne sont pas désignés pour débattre d'un projet mais pour accompagner le fonctionnement d'un site ou d'une installation (généralement dangereux) grâce à l'information dispensée. On sort ici du débat public stricto sensu. Les panels de citoyens, eux, qu'il s'agisse des panels des conférences de consensus (ou conférences de citoyens, selon l'appellation française) ou de cercles plus informels, sont composés d'un nombre restreint d'individus, désignés au terme d'une procédure de sélection. Dans le cadre des conférences de citoyens organisées en France, le choix de la quinzaine de citoyens incombe à un institut de sondage, lequel suit en l'occurrence un cahier des charges ; au sein des forums délibératifs, ce sont les « facilitateurs » qui invitent les participants. Ces groupes sont destinés à délibérer, c'est-à-dire à peser le pour et le contre, à jauger l'éventail des possibles, sur une question d'intérêt général pour le moins problématique et dont la solution ne semble pas s'imposer a priori, tout particulièrement dans le cadre des conférences de consensus.

Les quelques expériences de démocratie participative menées jusqu'à présent révèlent de bonnes surprises. Au lieu de devenir un champ d'affrontement entre intérêts catégoriels et égoïsmes, elles ont montré l'aptitude des citoyens à s'autolimiter et à s'autocontraindre. Force est de constater que des citoyens préalablement informés, par d'excellents experts comme ce peut être le cas dans la phase préparatoire des conférences de citoyens, n'éprouvent aucune difficulté à prendre la mesure des problèmes et à proposer des solutions proportionnées et responsables. Tel a été le cas lors de la conférence « Changement climatique et citoyenneté », organisée par la Commission française du développement durable (CFDD) en 2002, ou pendant la conférence sur l'eau organisée en 2005 à l'initiative de la Commission locale de l'eau (CLE) à propos de la gestion du Drac et de la Romanche, deux affluents de l'Isère. D'autres formes de gouvernance participative ont fait leurs preuves, dans de tout autres contextes et contrées : pour une gestion coopérative des microcrédits et des taux d'intérêt afférents par exemple, ou encore pour la gestion des points d'eau entre pasteurs et agriculteurs dans les contrées arides. En revanche, l'atelier citoyen organisé en 2006 dans le cadre du débat public CNDP sur les politiques publiques de transport, avec pour objectif la régulation du trafic dans la vallée du Rhône et l'arc languedocien à l'horizon 2020, a fait part de sa réticence envers des mesures contraignantes imposées par une réglementation.

La réponse participative aux limites de la démocratie représentative

Quelle que soit la qualité individuelle des élus nationaux, le jeu de l'alternance pèse de tout son poids sur leurs jugements et constitue un véritable prisme. La compréhension des problèmes, leur communication au public ainsi que les décisions qui sont prises ou éludées subissent la déformation imposée par le souci de garder ou de conquérir le pouvoir. Le détachement et la distance propres au moment de la délibération n'existent pas dans la vie parlementaire. D'autant qu'à cette première restriction de l'angle de vision des élus s'en ajoute une seconde : l'opposition droite/gauche et la nécessité de se ranger dans l'un ou l'autre camp imposent deux façons de comprendre et de mettre en œuvre les conditions les plus favorables à la production de richesse et à la redistribution la plus équitable possible de cette richesse ; or, il existe bien d'autres problèmes qui ne relèvent pas directement de cette opposition, à commencer par ceux que posent la crise de l'environnement et les choix relevant d'une politique de développement durable.

La vie parlementaire, et la démocratie représentative par conséquent, se heurtent encore à deux autres limites : tous les élus ne peuvent être suffisamment informés de tous les problèmes[1] et des positions peuvent être définies par quel-

1. Par exemple, une enquête conduite par Daniel Boy auprès de deux cents parlementaires avait mis en lumière en 2003 leur ignorance du dossier scientifique relatif au changement climatique.

ques individus en dehors de toute transparence, puis reprises au nom de la discipline des partis par le plus grand nombre. À ce cumul de défauts inhérents à la démocratie représentative s'ajoutent les pratiques dites des « cavaliers législatifs », qui permettent à quelques élus d'introduire au dernier moment et à des heures tardives des amendements inspirés de lobbies divers, propres à détourner et à dénaturer les lois. Une autre caractéristique nationale, à savoir le caractère monarchique des institutions et des pratiques de la Ve République, réduit encore un peu plus l'espace de la démocratie parlementaire et représentative.

Les panels de citoyens échappent à toutes ces limites, à commencer par celles liées au jeu de l'alternance. Dans le cas des conférences de citoyens, ces derniers bénéficient d'une formation par les meilleurs experts du sujet traité, qui leur donnent des connaissances permettant la compréhension du sujet. Les conférences ou autres jurys de citoyens concernent généralement des sujets pour lesquels le clivage droite/gauche n'est guère pertinent, comme c'est le cas pour le changement climatique ou les OGM. Décider d'agir en priorité contre le changement climatique revient même à penser qu'il est des questions plus décisives que celles concernant strictement les meilleures modalités de production et de répartition de la richesse ; trancher au sujet des risques induits par telle ou telle application de la transgenèse n'implique pas de référence idéologique. Durant une conférence, les citoyens sont totalement anonymes, jusqu'au jour de la conférence de presse finale, moment où ils exposent le résultat de leur délibération. Ils ne peuvent donc être influencés par quelque lobby que ce soit. Un animateur veille à l'équilibre du groupe et, enfin, la procédure les contraint à délibérer, en ce sens qu'ils doivent entendre les principaux points de vue contradictoires défendus sur un sujet. Garantie de transparence : la formation préalable des citoyens ainsi que la conférence proprement dite, à savoir l'audition des parties prenantes défendant les principales positions relatives au sujet, sont entièrement filmées, et donc accessibles.

S'il respecte ces règles, le débat public peut constituer une sorte de correctif, de rééquilibrage vis-à-vis des torsions inévitablement introduites par la démocratie représentative. Il débouche en outre sur un argumentaire auquel le commanditaire, le pouvoir législatif ou exécutif, devrait être tenu de répondre publiquement. Si tel était le cas, le débat public permettrait de réintroduire de la rationalité et de l'efficacité au sein de la vie publique, impliquant et responsabilisant politiques et citoyens. Au total, les caractéristiques de la démocratie participative permettent de fournir de bons instruments pour contribuer à la détermination de l'intérêt général.

Multiplier les débats publics

Nous proposons de faire précéder systématiquement la détermination des politiques publiques sur le développement durable par des débats publics dont l'organisation serait confiée à la CNDP, au titre de tiers garant. Tous les projets de lois concernant nommément le développement durable ou affectant profondément l'une de ses dimensions (à savoir l'environnement et la biosphère, l'équité intra- et intergénérationnelle, les questions d'environnement et de santé, les rapports Nord-Sud et la gouvernance) donneraient lieu à une saisine de la CNDP. La saisine serait automatique pour les lois touchant expressément au développement durable ; dans les autres cas, elle devrait être argumentée par la CNDP dans le cadre d'une autosaisine. Par exemple, un projet de loi relatif à l'énergie ne saurait se soustraire au préalable à un débat public. L'aire de saisine de la CNDP recouvrerait le domaine de compétence du vice-Premier ministre chargé du développement durable (voir notre proposition p. 199). La CNDP recourrait alors tant aux panels qu'aux débats ouverts, du type de ceux organisés par toutes les Commissions particulières du débat public (CPDP), créées chaque fois qu'on lance un débat. Les panels pourraient conforter les pouvoirs publics dans l'adoption de mesures courageuses, tandis que les débats ouverts et leurs cahiers d'acteurs permettraient la remontée de multiples propositions. Dans la continuité des cahiers d'acteurs, on peut imaginer des sites Internet dédiés à la discussion ouverte de projets de lois. Il conviendrait encore de donner le maximum de publicité possible, via les grands médias nationaux de service public, radiophoniques et télévisuels, aux propositions et aux recommandations issues du débat public et à l'information transmise aux panels.

Considérons, à titre d'exemple, l'une des propositions faites ici même, à savoir la taxation différenciée et continûment croissante des énergies fossiles pour répondre au double problème de la raréfaction des ressources et du changement climatique (voir p. 209). Il est clair que le débat public, réunissant des citoyens-consommateurs concernés, permettrait de cerner mieux que n'importe quelle réunion interministérielle ou autre commission de sages les conditions d'acceptabilité d'une telle taxe, aussi bien sa progressivité (le taux qu'il conviendrait de retenir) que les mesures d'accompagnement qui assureraient l'équité d'une telle mesure fiscale. Avec la mise en place de panels, il serait possible d'aborder aussi bien les fondements de ce type de taxe que ses aspects de technique économique et fiscale.

Les débats ouverts permettraient, redisons-le, la remontée de toutes sortes de propositions à propos de questions qui constituent les principaux enjeux de notre temps. L'exécutif et le législatif pourraient alors prendre leurs décisions en connaissance de cause. Les choix finaux relèvent de la responsabilité du politique, fondement de notre démocratie. Mais il va sans dire que la démocratie participative se ruinerait elle-même, en emportant avec elle le reste de légitimité de la démocratie représentative, si les commanditaires du débat public n'étaient pas obligés par la loi de répondre aux propositions faites par les citoyens.

Ces fonctions nouvelles pour la CNDP devraient influer sur le choix de ses membres. Il serait par exemple opportun de choisir systématiquement pour président un ancien élu, à la croisée de la société civile et de ses représentants ; la moitié des autres membres devrait être choisie parmi des personnalités reconnues pour leur compétence en matière de développement durable.

Enfin, il serait bon de compléter ce dispositif à l'amont de la décision publique par un processus de transparence à l'aval de la décision. La chaîne des décisions allant de l'adoption d'une loi à ses décrets d'application, voire à sa mise en œuvre concrète, devrait pouvoir être suivie, pour chaque loi, sur un site approprié avec le nom des responsables administratifs en charge du dossier et un calendrier. Compte tenu du caractère souvent décisif des décrets d'application, il serait aussi opportun de les soumettre pour avis avant adoption aux parties prenantes intéressées, en contraignant là encore l'administration à répondre et, le cas échéant, à contre-argumenter. Un organe comme le Conseil national du développement durable ou le nouveau Conseil économique et social élargi et intégrant le CNDD (voir p. 199), composé pour l'essentiel de personnalités issues de la société civile organisée, pourrait être systématiquement saisi pour l'examen préalable des décrets d'application des textes soumis au débat public avant leur adoption par le parlement, au titre du développement durable.

Par ailleurs, une amélioration des processus administratifs conduisant à l'autorisation de travaux est indispensable : publicité des études d'impact, possibilité de discussion des décisions en amont et non pas en aval, commissions d'enquêtes publiques plurielles, composées de personnes aux compétences diverses en lieu et place de commissaires enquêteurs isolés.

L'élaboration d'un système d'indicateurs du développement durable, sous la responsabilité du vice-Premier ministre en charge du développement durable (voir p. 199) peut constituer un atout décisif dans la mise en œuvre systématique des démarches participatives. Elle permettrait en effet à la fois de structurer la recherche, de mobiliser l'expertise scientifique, de quantifier et d'objectiver la connaissance de l'impact des décisions. Sans pour autant éliminer les controverses, des indicateurs de développement durable offriraient un meilleur cadre à la gestion du débat citoyen.

Le fait de mettre en place une méthodologie multicritères est sans doute la meilleure garantie du déroulement d'un processus et de l'expression d'un choix démocratique. Dans les évaluations classiques, de type coût-avantage, la décision peut en effet être facilement confisquée par l'expert, puisqu'elle découle directement du bilan global traduit en termes monétaires. Or, les impacts environnementaux sont souvent, malgré les efforts déployés, difficilement quantifiables d'un point de vue strictement monétaire. Dans de très nombreux cas, ils demeurent incommensurables, au sens fort du terme : que l'on pense par exemple à la comparaison des risques associés au développement de l'énergie nucléaire avec les risques associés au changement climatique...

Alors que le risque zéro n'existe pas, alors qu'il n'y a pas de solution miracle, l'arbitrage entre différents risques, différents types d'impacts doit devenir un outil privilégié d'exercice et d'expression de la démocratie. Plus le système d'indicateurs du développement durable sera complet et fiable et plus ces choix pourront être faits dans la rationalité et la responsabilité.

5

PROMOUVOIR UNE GRANDE POLITIQUE NATIONALE D'ÉDUCATION ET DE SENSIBILISATION À L'ÉCOLOGIE ET AU DÉVELOPPEMENT DURABLE

Pour obtenir l'adhésion de la société à cet immense projet de notre temps que constitue le développement durable, en rupture avec le mythe d'une croissance illimitée des biens, des consommations et des déplacements, et susciter les changements de comportements qu'il impose, il convient que chacun dispose, préalablement, d'un niveau d'information, de formation, d'éducation et de sensibilisation qui soit en rapport avec cet enjeu. C'est pourquoi ce pacte écologique propose que le futur président de la République française lance, dès la nomination de son gouvernement, un grand chantier portant sur les questions qui, dans tous les domaines, sont liées à cet enjeu, un chantier qui s'adresse aux actuels et aux futurs décideurs, aux enseignants et aux étudiants, aux secteurs de la société qui ont un impact déterminant sur les équilibres naturels, mais aussi à l'ensemble de nos concitoyens, puisque rien ne sera possible sans la participation de chacun.

Le lancement de ce chantier nous paraît d'autant plus nécessaire que la crise écologique actuelle n'est comparable à nul autre événement de cette ampleur et que nos sociétés, par conséquent, ne disposent d'aucun référent historique pour le comprendre, l'évaluer, l'anticiper et le gérer.

En outre, les caractéristiques et les conséquences de la crise ne sont pas immédiatement perceptibles, ce qui conduit facilement à les nier ou à s'y habituer. Dans de nombreux cas, seules des analyses scientifiques et des études menées dans la durée permettent d'identifier les problèmes. La difficulté à admettre la gravité du défi tient, par ailleurs, aux conditions socioculturelles contemporaines, dont certaines plongent leurs racines dans les siècles passés. Nos sociétés continuent de porter des présupposés qui empêchent de reconnaître la réalité des enjeux. Par exemple, la croyance persistante que la nature est un réservoir de ressources illimitées et à la seule disposition de l'espèce humaine, que notre espèce est indépendante ou au-dessus des lois naturelles, que l'homme tout-puissant sera capable de résoudre l'ensemble des problèmes grâce à son intelligence et aux apports de sa science et de sa technologie.

Cette situation d'incompréhension, de sous-perception, voire de déni des problèmes écologiques, est largement accentuée par la perte de contact direct avec la nature chez un nombre de plus en plus important de nos contemporains. La moitié de la population mondiale vit désormais en milieu urbain et artificialisé (près de 80 % en France). Parmi ces populations urbanisées figurent des générations qui n'ont jamais vécu en relation avec la nature, si ce n'est au cours de loisirs dans des espaces aménagés ou au travers de quelques émissions de télévision. Le milieu naturel tend ainsi à devenir un univers lointain, abstrait, réduit à une toile de fond des activités humaines ou à une esthétique virtuelle. La conscience des interactions entre les agissements humains et leurs impacts sur ce milieu s'avère alors très limitée, et la déresponsabilisation peut se généraliser.

Mobiliser vite pour agir vite

L'urgence écologique nécessite selon nous que l'ensemble des acteurs de la société intègre, dans des délais rapides, des connaissances sur le monde environnant ainsi que les pratiques adaptées à un développement durable. Il s'agit de faire comprendre à chacun et, en quelque sorte, ressentir, la complexité, la gravité et l'urgence de la situation. Autre temps, autres mœurs : l'acquisition de ces connaissances et de ces pratiques est désormais aussi importante pour notre avenir à tous que l'éducation aux principes de la démocratie, aux lois de l'économie ou aux règles de bonne conduite en société.

Nous pensons qu'il s'agit là d'un préalable indispensable pour qu'émergent chez nos concitoyens, le plus tôt possible, les profonds changements en termes de perception, de valeurs, de modes de pensée et, conséquemment, de comportements que le péril écologique exige.

Ce projet s'incarnerait dans la mission confiée au vice-Premier ministre chargé du développement durable (voir p. 199) de lancer l'élaboration et la mise en œuvre d'une grande politique d'éducation à l'écologie et au développement durable, le mot « éducation » étant pris ici dans son sens le plus large, c'est-à-dire incluant l'information, la communication, la formation, l'éducation traditionnelle et la sensibilisation. Assortie d'une ligne budgétaire appropriée, une telle initiative politique devrait porter sur le champ d'activités de l'ensemble des ministères concernés, mais aussi des établissements publics, des médias, voire des entreprises et des organisations non gouvernementales. Elle s'accompagnerait de la création de structures et d'organisations spécifiques, nécessaires au suivi de cette politique et à l'organisation des relations entre partenaires institutionnels et acteurs sociaux (avec la mise en place, par exemple, d'un Observatoire national des pratiques, des outils et des référents).

Des mesures portant sur l'éducation formelle

L'importance de l'éducation à l'environnement a été reconnue depuis de nombreuses années, y compris au niveau international (chapitre 36 de l'Agenda 21 de la Conférence des Nations unies sur l'environnement et le développement durable de Rio de Janeiro en juin 1992 ; Conférence des Nations unies sur le développement durable de Johannesburg en août-septembre 2002). L'Assemblée générale des Nations unies du 20 décembre 2002, dans sa résolution 57/254, a proclamé la période de dix ans commençant le 1er janvier 2005 « Décennie des Nations unies pour l'éducation en vue du développement durable » et a demandé à l'Unesco d'élaborer un projet de programme d'application internationale pour cette décennie.

Au niveau européen, lors de la cinquième conférence ministérielle « Un environnement pour l'Europe » (Kiev, 21-23 mai 2003), les ministres de l'Environnement européens ont adopté une déclaration sur l'éducation au développement durable, soulignant que « l'éducation est non seulement un droit de l'homme, mais également une condition sine qua non du développement durable et un outil indispensable à une bonne gouvernance ». Ils ont également adopté plusieurs principes fondamentaux[1] sur le sujet, dont l'initiative française pourrait avantageusement s'inspirer.

En France, l'éducation à l'environnement a fait son entrée officielle dans le système scolaire grâce à une circulaire du ministre de l'Éducation nationale, le 29 août 1977. Plus récemment, la stratégie nationale du développement durable, adoptée par le gouvernement en 2002, renouvelle un appui à l'éducation à l'environnement par un plan d'action spécifique visant à généraliser l'éducation dans le

1. Principes fondamentaux adoptés par la Conférence : « a) L'éducation au développement durable est une question intersectorielle, qui revêt des dimensions économiques, environnementales et sociales, et exige une démarche participative et globale ; b) il conviendrait d'inciter les apprenants, à tous les niveaux, à engager une analyse et une réflexion critiques comme préalables à des mesures concrètes en faveur du développement durable ; c) le développement durable devrait faire partie intégrante de l'ensemble des programmes éducatifs à tous les niveaux, y compris l'enseignement professionnel et la formation continue ; d) l'éducation est un processus permanent qui comprend l'enseignement de type scolaire et celui qui est dispensé dans un cadre non institutionnel ou informel ; e) le but général de l'éducation au développement durable est de donner aux citoyens les moyens d'exercer une action positive sur l'environnement, ce qui suppose une approche empirique et participative. »

milieu scolaire. Le plan a été confirmé et mis en œuvre par la circulaire du ministère de l'Éducation nationale en date du 8 juillet 2004.

Enfin, le Parlement, réuni le 28 février en congrès à Versailles, a entériné le projet de loi constitutionnelle relatif à la Charte de l'environnement qui, dans son article 8, proclame : « L'éducation et la formation à l'environnement doivent contribuer à l'exercice des droits et devoirs définis par la présente charte. »

Ces différents textes, internationaux et nationaux, constituent d'indéniables progrès pour inciter l'ensemble des acteurs de la société à pratiquer le développement durable. Nous pensons cependant que la lenteur observée dans l'émergence des changements, d'une part, et l'urgence de la crise écologique, d'autre part, obligent à aller beaucoup plus vite et plus loin.

Nous proposons donc les mesures suivantes :

Réformer en profondeur l'ensemble du système scolaire français pour l'ajuster aux nécessités et à l'urgence de la crise écologique actuelle

L'ensemble des programmes et activités scolaires – y compris les activités sportives, de loisirs et parascolaires –, du primaire à la terminale, ainsi que les cursus supérieurs devront être progressivement réformés dans leur contenu afin qu'y soit intégré, dans toute la mesure du possible et lorsque cela est pertinent au regard des cours concernés[1], l'enseignement des connaissances permettant de comprendre pourquoi ce qui a fonctionné jusqu'à présent cesse d'être valide, ainsi que des notions de base sur le fonctionnement de notre environnement. Il ne s'agit ni de créer une nouvelle discipline ni d'augmenter les horaires, mais d'imprégner l'ensemble des enseignements afin que, au minimum, les élèves et étudiants les intègrent au même titre que l'orthographe ou la grammaire.

1. Exemple : insérer la problématique du commerce équitable et la question du développement de l'agriculture biologique en quatrième, lorsque sont abordés les enjeux de l'alimentation.

Cette réforme du système scolaire français pourrait être opportunément combinée avec la mise en place d'un livret de l'éducation à l'environnement vers un développement durable. Ce livret suivrait l'élève et l'étudiant tout au long de sa scolarité et de ses études, tout comme un carnet de santé, sauf qu'il s'agit de la santé de la planète, et permettrait de suivre et d'évaluer ses savoirs et ses comportements dans le temps.

Dans tous les cursus supérieurs (BTS, DUT, fac, écoles d'ingénieurs, mastères...), quelle que soit la spécialité sanctionnée par ces diplômes, particulièrement dans les disciplines ayant des liens directs avec la gestion de la nature et de l'environnement (agriculture, architecture, urbanisme, paysage, ingénierie, industrie, chimie, transports, journalisme, sciences politiques...), des modules sur l'écologie et les différentes composantes du développement durable (énergie, pollutions, changement climatique, érosion de la diversité biologique...) seront obligatoirement inclus. Ces cursus devront être habilités par l'État à un intervalle régulier.

Adoption d'un plan national d'action de formation des enseignants

Pour réussir cette réforme du système scolaire français, il conviendra, au préalable, de mobiliser le corps enseignant, de le former à ces questions et de l'associer à son élaboration. Cela conduira notamment à modifier en profondeur le plan de formation des maîtres et à revoir les missions des Instituts universitaires de formation des maîtres (IUFM). Il conviendra aussi de leur fournir toute la matière utile à la conception d'exercices sur les nouveaux sujets traités.

Création d'une grande école de l'écologie et du développement durable

Pour accomplir de la manière la plus efficiente possible les missions qui leur sont dévolues, le ministère de l'Environnement, ses services déconcentrés, ses établissements publics et ses agences sous tutelle ont besoin d'agents spécifiquement formés. Ce besoin se rencontre également chez un nombre croissant d'entreprises spécialisées dans la gestion des problèmes d'environnement (prévention, traitement, réparation). Or, celle-ci est actuellement confiée à des agents issus de corps techniques, dont les compétences en écologie sont limitées, voire inexistantes, ou qui reçoivent des directives qui ne sont pas adaptées.

La création d'une grande école de l'écologie et du développement durable aurait comme première mission de former des hauts fonctionnaires ou des ingénieurs en environnement, réunis dans un corps spécifique. Ils seraient dotés d'une solide formation dans tous les domaines de l'environnement, sociologie comprise (l'homme fait aussi partie de la diversité biologique), afin de développer une approche plurielle et transversale des problèmes. Ces ingénieurs constitueraient un vivier au service des nouvelles missions de l'État. Une des options possibles consisterait à réorienter une des grandes écoles existantes (Mines, GREF, Ponts...) dans la direction proposée ici.

Création d'un Institut des hautes études de l'écologie et du développement durable

En attendant la relève par des agents tels que ceux issus de cette grande école, les décisions qui vont être prises au cours des vingt prochaines années par les décideurs publics ou privés actuellement en fonction et sous-formés sur les questions écologiques, qu'ils appartiennent à l'administration, aux établissements publics, aux entreprises ou aux collectivités territoriales, ont toutes les chances de continuer à peser gravement sur l'environnement. Un Institut des hautes études de l'écologie et du développement durable aura vocation à mettre progressivement à niveau les « élites » aux cursus disciplinaires et institutionnels différenciés en leur offrant une formation continue appropriée, assortie d'une valorisation en termes de carrière et d'accès aux responsabilités.

Création d'une chaire de développement durable par région

Afin de favoriser le développement de la recherche dans l'ensemble des nombreux secteurs appelés à intégrer la problématique de développement durable dans les prochaines décennies (notamment les sciences politiques, le droit, l'économie, l'agriculture, les énergies, les transports, l'industrie), une chaire de développement durable pourrait être mise en place dans chaque région de France, voire dans chaque université. Ces chaires se spécialiseraient dans l'un ou l'autre de ces secteurs selon les compétences disponibles dans la région ou en fonction de leurs besoins les plus urgents. Ainsi, on pourrait imaginer la création d'une chaire de la pêche ou de l'agriculture durable en Bretagne, d'une chaire de conservation et de gestion durable de la biodiversité en Guyane ou d'une chaire de l'industrie durable à Lyon.

Des mesures d'information, de formation et de sensibilisation

L'objectif de cette politique d'éducation, c'est d'obtenir que la majorité de la population puisse intégrer, dans des délais rapides, les connaissances et pratiques fondamentales en écologie et en développement durable. À cette fin, le vice-Premier ministre devra être chargé d'élaborer et de mettre en œuvre, au-delà du strict périmètre éducatif, un ambitieux plan d'action national d'information, d'éducation et de sensibilisation visant l'ensemble des acteurs de la société.

Lancement par l'État de vastes campagnes nationales de communication et de sensibilisation

Le vice-Premier ministre s'adressera directement à l'opinion publique, en s'appuyant sur les médias et les technologies : télévision, Internet, presse écrite, radiophonie. Ces campagnes se feront aux conditions tarifaires réservées aux campagnes de sensibilisation aux questions d'intérêt public, sur le modèle des campagnes de la sécurité routière ou de la lutte contre le tabagisme. Elles concerneront tous les publics et tous les temps de vie, y compris les périodes de loisirs, de vacances et de retraite. Elles porteront des messages simples, clairs, visant des objectifs précis et mesurables, en vue de préparer l'opinion aux changements de société à venir et de modifier ainsi les comportements. Elles viendront en appui des mesures que le gouvernement pourra être amené à développer parallèlement.

Responsabilisation des médias et de la publicité

Les médias, et au premier rang de ceux-ci la télévision, jouent un rôle déterminant sur les esprits et les comportements : non seulement par la diffusion (ou non) d'informations, mais aussi par la transmission de valeurs et de modes de pensée à leur public, notamment par l'intermédiaire des messages publicitaires. Or, les informations diffusées n'accordent encore qu'une faible place aux questions d'environnement, alors que les valeurs véhiculées font la part belle aux modes de production et de consommation non durables. Il en va d'abord et avant tout de la responsabilité des journalistes pour qu'ils intègrent cette dimension dans leur métier. Des aides spécifiques et modulables pourraient être néanmoins dégagées pour la production de documentaires, de fictions, de programmes pour enfants, de programmes courts traitant des problèmes d'environnement, d'écologie et de développement durable, de bulletins sur l'état de l'environnement en France et dans le monde, sur le modèle des bulletins météorologiques existants[1].

Il n'y a pas de tabous. Il faut étudier la faisabilité d'une interdiction progressive de l'accès à la publicité télévisée aux produits et aux services qui ont un impact écologique significativement négatif (un organisme scientifique indépendant pourrait en faire l'évaluation). Dans cet esprit, il faudra étudier la possibilité d'interdire graduellement toute publicité pendant les programmes destinés aux enfants, en particulier les messages valorisant des produits préjudiciables à leur santé. L'objectif, ici, est de limiter le conditionnement à la consommation de téléspectateurs à un âge où ils n'ont pas la distance critique nécessaire vis-à-vis des sollicitations publicitaires.

1. Sur proposition de la ministre de l'Écologie, Nelly Olin, le gouvernement de Dominique de Villepin s'est engagé à ce que des dispositions relatives à la prise en compte de l'environnement et du développement durable figurent désormais dans les cahiers des charges des chaînes de télévision publique.

Création d'un portail national d'informations environnementales de haute performance

La mise en œuvre de la convention d'Aarhus sur l'accès à l'information et la participation du public au processus décisionnel et celle de la directive européenne qui lui est liée doivent conduire à une meilleure organisation de l'accès à l'information, et à une meilleure réactivité aux demandes du public. L'ouverture d'un portail national qui offrirait une information environnementale actualisée et fiable, facile d'accès et lisible par l'utilisateur non averti, répondra à cette exigence.

Inscription de la formation à l'écologie et au développement durable dans les politiques territoriales

La formation à l'écologie et au développement durable doit également être déclinée à tous les niveaux du territoire national. L'État veillera à ce que les contrats de plan État-régions, les plans départementaux, les contrats de pays, les contrats de ville, les contrats éducatifs locaux, les Agendas 21, les documents d'application des programmes européens, les chartes d'environnement et les contrats territoriaux d'exploitation contiennent un volet « Éducation à l'environnement ».

L'État pourra également inciter chaque échelon territorial (régional, départemental, pays et agglomération, intercommunal, communal) à développer des politiques locales de formation et d'éducation à l'écologie et au développement durable, par exemple en formant et en nommant des conseillers ou référents dans ces domaines aux différents niveaux territoriaux, en élaborant des plans d'éducation-formation pour l'ensemble des personnels des collectivités territoriales (élus et personnels), avec un calendrier prioritaire pour les personnels ayant l'impact le plus immédiat et le plus important sur l'environnement.

Enfin, les pouvoirs des communautés locales devront être renforcés, leurs savoirs et savoir-faire traditionnels valorisés, notamment par la mise en œuvre concrète de projets et d'actions d'éducation sur le terrain local. Il s'agit ici de favoriser le développement d'une culture de l'information, du débat et de la contribution de chacun aux questions d'environnement, ainsi que de soutenir l'appropriation de ces questions par les habitants, premiers acteurs de leur cadre de vie, de sa préservation et de son amélioration.

Obligation d'apposer des informations écologiques sur les produits ayant un impact significatif sur l'environnement

Actuellement, l'apposition de l'écolabel « NF Environnement » est effectuée sur une base volontaire par les seules entreprises qui le demandent. Afin que l'information et l'éducation du consommateur soient suffisantes et effectives et qu'il puisse, ainsi, effectuer ses choix en toute connaissance de cause, un système d'étiquetage permettant une information environnementale claire serait généralisé, au même titre que celui portant sur les informations nutritionnelles. Ainsi, par exemple, un code en trois couleurs (verte, orange, rouge) pourrait figurer sur les produits de grande consommation (tels ceux qui entrent dans la composition du panier type de la ménagère et qui servent de référence à l'INSEE pour calculer l'inflation), selon que leur écobilan est positif, moyen ou médiocre.

Intégration de l'écologie et du développement durable dans les formations professionnelles

Il convient aussi d'intégrer l'enseignement de l'écologie et du développement durable dans les actions de formation continue, d'apprentissage et de formation professionnelle. Sont prioritairement concernées les professions ayant un impact environnemental significatif (agriculture, forêt, pêche, tourisme, urbanisme, industrie, transports), ainsi que celles à caractère social. Par cohérence, tous les dispositifs d'emplois aidés par l'État devraient également intégrer un volet environnemental. Par ailleurs, les corps de métiers seraient également formés par les chambres consulaires de commerce ou de métiers, l'Association pour la formation professionnelle des adultes (AFPA), le Centre national de la fonction publique territoriale (CNFPT), les Comités d'hygiène, de sécurité et des conditions de travail (CHSCT) et les fédérations agricoles. De manière plus générale, la formation et l'éducation à l'écologie et au développement durable devront être intégrées dans l'information et la formation des salariés et des artisans dans tous les secteurs d'activités et leurs organisations.

Il va enfin falloir encourager la création de filières professionnelles spécialisées dans les différents secteurs du développement durable. En effet, la crise écologique oblige, entre autres, à mettre en œuvre de nouvelles technologies (dans les domaines tels que les économies d'énergie, les énergies renouvelables, les transports peu polluants, les substances non toxiques). Nombre d'entre elles existent déjà, d'autres vont naître, mais chacun peut cependant constater l'insuffisance de professionnalisme dans leur mise en œuvre et leur suivi.

Des méthodes d'approche différentes

Afin que cette politique d'éducation et de sensibilisation puisse répondre au mieux aux différentes caractéristiques de la crise écologique, et qu'elle suscite sans attendre les profonds changements de société et de comportements qui s'imposent, il convient aussi qu'elle soit elle-même porteuse de ces changements par ses caractéristiques propres.

À cet effet, les mesures proposées devraient intégrer des approches nouvelles, en s'appuyant en premier lieu sur les recherches en sciences sociales (psychologie, psychanalyse, sociologie, anthropologie). Il est en effet nécessaire de connaître les mécanismes psychologiques et les composantes culturelles dominants chez nos concitoyens pour comprendre pourquoi la conscience de la crise ne se développe pas suffisamment – comme en témoigne le peu de changements observé dans les comportements – et identifier les noyaux de résistance.

Cette éducation et cette sensibilisation à l'écologie et au développement durable devront, par ailleurs, s'inscrire dans une approche systémique et dans une connaissance, au moins élémentaire, de la complexité[1] (sans renier pour autant la valeur et l'usage de la traditionnelle approche cartésienne, linéaire et analytique). Il s'agit d'appréhender et de faire comprendre la complexité des problèmes d'environnement et, in fine, de faire prendre conscience de la situation d'interrelation et d'interdépendance des êtres humains avec la nature. De fait, l'écologie et le développement durable sont par nature systémiques. De ce point de vue, l'économique et le social sont des sous-ensembles de la biosphère ; la santé et la pérennité des équilibres naturels deviennent ainsi des conditions sine qua non du développement économique et social.

Il ne saurait s'agir d'enseigner l'écologie et le développement durable comme des disciplines à part, mais, au contraire, de les intégrer comme un sujet transversal.

Pour réellement comprendre et intégrer la complexité des principes de l'écologie ainsi que les problèmes d'environnement, trop souvent perçus comme abstraits et lointains, les enseignements et les formations ne doivent pas se contenter d'apporter de nouvelles connaissances intellectuelles mais, dans la mesure du possible, inclure des expériences de terrain afin de mettre les étudiants, les jeunes et les adultes en contact concret et émotionnel avec la nature, l'environnement et les problèmes dont ils font l'objet. L'imprégnation, l'apprentissage, la réappropriation, le sens du respect et de la responsabilité n'en seront que plus profonds et plus pérennes.

1. Nous utilisons ici les notions de système et de complexe en référence aux systèmes complexes, tels que la biosphère, un écosystème ou le cerveau humain, et par distinction des systèmes compliqués, tels qu'une horloge ou un avion. Contrairement à un système compliqué, un système complexe est presque impossible à décrire dans sa totalité. Il est très difficile de déduire son comportement à partir de la connaissance des comportements de ses parties. La complexité d'un système peut tenir à la grande variété de ses composants, à l'organisation de ses éléments en niveaux hiérarchiques internes, aux interactions non linéaires entre ses composants, à la difficulté, voire à l'impossibilité de dénombrer de façon exhaustive les éléments qui le constituent, enfin, à la grande variété des liaisons possibles entre ses composants internes.

On pourra par exemple assigner non seulement un temps mais aussi un lieu pour l'éducation à l'écologie et au développement durable : associer à chaque lieu d'enseignement, dans la mesure du possible, un jardin, un square, un lieu d'élevage, un étang ou un morceau de forêt. Le développement de projets de terrain pilotes et démonstratifs sera, à cet égard, particulièrement utile.

La crise écologique est aussi, selon nous, une crise de représentation. Un anthropocentrisme trop arrogant et dominateur a installé des présupposés culturels qui affaiblissent notre perception de la biosphère et notre interdépendance avec elle. Les enseignements donnés devront inciter à questionner ces représentations qui, inconsciemment, ont souvent encouragé la crise actuelle. Il s'agit ainsi d'amener l'étudiant à voir l'ensemble des liens que l'homme entretient avec la nature et des risques encourus si ses équilibres sont perturbés.

Une telle politique d'éducation et de sensibilisation devra également intégrer le fait que le développement durable n'est pas antiéconomique, même s'il s'oppose aux conceptions dépassées d'une économie fondée sur le seul indice du Produit intérieur brut. Aujourd'hui, un pays développé, tout autant qu'un pays en voie de développement, n'a pas d'autre choix que de préserver et de gérer ses richesses naturelles s'il veut assurer un futur durable à ses populations. À cet égard, de nouveaux indices de richesse des nations doivent êtres identifiés, référencés et développés (voir p. 199).

Enfin, la pédagogie par la beauté, le rêve et le désir peut contribuer à changer la perception des liens entre l'homme et la nature. C'est aussi par l'émotion, l'émerveillement et le respect que nous relèverons le défi écologique et que nous engagerons la mutation de nos sociétés.

Glossaire

Acidification des océans : Phénomène chimique provoqué par l'accroissement de l'absorption de dioxyde de carbone (CO_2) par les eaux à la suite de l'augmentation de la concentration de ce gaz dans l'atmosphère. L'acidification des océans menace de nombreux organismes marins (coraux, mollusques, crustacés, phytoplancton…) et la continuité de la chaîne alimentaire qui prend naissance dans les micro-organismes marins.

Agriculture biologique : Mode de production agricole désignant des pratiques culturales et d'élevage faisant appel à des méthodes biologiques respectueuses des équilibres naturels et excluant notamment l'utilisation de produits chimiques de synthèse. Les règles de production sont consignées dans des cahiers des charges établis par des professionnels et homologués par l'État.

Aménagement du territoire : Politique d'organisation spatiale des activités économiques, sociales, culturelles, sportives, d'éducation, de formation, de protection de l'environnement, du logement et des infrastructures afin de garantir la cohésion sociale, la mise en valeur et l'équilibre d'un territoire donné.

Anthropique : Phénomène d'origine humaine ou découlant de l'activité humaine.

Artificialisation : Toute construction ou transformation qui modifie, de manière généralement irréversible, la physionomie et le fonctionnement d'un milieu ou d'un paysage (la conversion des terres pour un usage agricole n'est pas considérée comme une forme d'artificialisation dans les statistiques).

Assolement : Terme agricole désignant la répartition des cultures sur les différentes parcelles d'une exploitation.

Bassin versant : Territoire occupé par toutes les eaux, souterraines comme de surface, qui convergent vers un cours d'eau, un plan d'eau ou une nappe phréatique. Il est délimité par une ligne de partage des eaux.

Biocarburant : Carburant d'origine organique, agricole (issu de cultures telles que la betterave, le blé, le colza, le tournesol...) ou non (gaz issus de la fermentation de matières organiques diverses : déchets alimentaires, végétaux...), utilisé dans les moteurs thermiques pour se substituer partiellement aux carburants pétroliers.

Biocide : Substance ou produit chimique, d'origine naturelle ou synthétique, capable de tuer ou de limiter la croissance d'un organisme vivant.

Biodiversité : Désigne la variété des espèces animales et végétales, la variabilité génétique de chacune de ces espèces ainsi que la diversité des écosystèmes que ces espèces forment entre elles.

Bioéthique : Ensemble des principes moraux et valeurs concernant la recherche biologique, ses applications et plus généralement l'utilisation et la manipulation d'éléments vivants (expérimentations, greffes, technologie de la reproduction, manipulations génétiques...).

Biologie intégrative : Étude du fonctionnement global d'un organisme par l'analyse des mécanismes et interactions moléculaires, cellulaires et physiologiques qui président au développement, à la reproduction, aux grandes fonctions physiologiques de cet organisme et à son évolution.

Biomasse : Quantité de matière que représente l'ensemble des organismes vivants d'un milieu naturel donné. Dans le domaine de l'énergie, ce terme désigne la quantité de matière organique, végétale ou animale, non fossile, pouvant être utilisée à des fins énergétiques.

Biosphère : Désigne à la fois le monde vivant et les milieux qu'il occupe sur terre : elle se compose de tous les organismes vivants, y compris les êtres humains, d'une partie de l'atmosphère, du sol et des océans.

Bouquet énergétique primaire : Toute source d'énergie disponible dans la nature avant toute forme de traitement (énergie primaire). Cela inclut le pétrole, le gaz naturel, le charbon, les éléments pouvant être utilisés dans les réactions nucléaires (uranium, thorinum), la biomasse, le rayonnement solaire, la chaleur terrestre (géothermie), l'énergie éolienne, l'énergie hydraulique et marémotrice.

Composé organique volatile (COV) : Substance organique, issue de vapeurs d'hydrocarbures (essence...), gaz d'échappement, solvants utilisés dans divers matériaux et produits d'usage courant (peintures, colles, bombes aérosols, cosmétiques) ou issue de l'utilisation de ces produits et qui passe facilement à l'état gazeux. Il en existe également d'origine naturelle (c'est le cas de certaines huiles essentielles). Ces composés peuvent provoquer des gênes respiratoires, irritations cutanées ou avoir un effet directement nocif sur l'organisme (cancérigène, notamment).

Corridor écologique : Espace naturel (terrestre, aquatique ou aérien) assurant la connexion entre des milieux d'intérêt écologique, garantissant ainsi le déplacement, la dispersion des espèces et leur permettant d'exploiter au mieux ces milieux en fonction de leurs besoins et de stabiliser leur population.

Décroissance : Concept désignant un paradigme économique basé non pas sur une consommation toujours accrue d'énergie et de matières premières mais sur la réduction de la consommation de ces ressources.

Déforestation : Destruction systématique et généralement définitive de surfaces forestières du fait de la surexploitation ou dans le but de les transformer en surfaces cultivées ou habitables.

Dématérialisation de l'économie : Diminution de l'utilisation de ressources naturelles et énergétiques impliquées dans le développement économique.

Désertification : Phénomène de dégradation des terres (destruction du couvert végétal, diminution de la ressource en eau, dégradation des sols) dans les zones arides, semi-arides et subhumides sèches en raison des activités humaines et des variations climatiques. Parmi les causes anthropiques figurent le surpâturage, la déforestation, les mises en culture inadaptées, pratiques découlant d'une pression démographique trop forte et d'une gestion inappropriée de terres déjà vulnérables.

Développement durable : Mode de développement qui répond aux besoins du présent sans compromettre la capacité des générations futures à répondre aux leurs. Cherche à concilier développement économique, progrès social et préservation de l'environnement.

Écoconception : Démarche qui consiste à prendre en compte la préservation de l'environnement dans la conception d'un produit afin de minimiser son impact sur l'environnement et la santé (consommation d'énergie, de ressources, atteinte à la biodiversité, aux milieux naturels, pollution…) tout au long de son cycle de vie.

Écoconditionnalité : Subordination du versement d'une aide au respect de normes environnementales et à la mise en œuvre de mesures prédéfinies comme favorables à l'environnement.

Économie circulaire : Conception de l'organisation économique basée sur le recyclage, la réutilisation des matériaux, des produits, de leurs co-produits, sous-produits et déchets, afin de réduire la consommation en matières premières, en énergie et la pollution engendrée par leur fabrication ou leur destruction.

Économie de fonctionnalité : Économie basée sur la substitution de la vente d'un produit par la vente du service que rend ce produit, ce qui revient, pour le consommateur, à privilégier l'usage d'un produit à son achat (principe de la location d'un bien).

Écoparc : Parc d'activité ou zone industrielle dont l'aménagement et la gestion visent à minimiser l'impact environnemental des activités qui y sont implantées et à organiser leurs synergies.

Écosystème : Ensemble formé par une communauté d'organismes vivants et le milieu dans lequel elle vit et avec lequel elle interagit.

Écotaxe : Taxe dont les effets et/ou le bénéfice ont une répercussion favorable sur l'environnement et permettant de donner une valeur monétaire aux coûts cachés de l'exploitation des écosystèmes et des biens communs.

Écotourisme : Forme de tourisme basée sur la découverte d'un patrimoine naturel et culturel (milieux naturels, espèces particulières, paysages, terroirs, traditions…) tout en contribuant à sa protection ainsi qu'à son économie et au bien-être de la population locale.

Effet de serre : Opacité de l'atmosphère au rayonnement infrarouge émis par la Terre, ce qui limite le refroidissement du sol. Ce processus naturel est dû à la présence dans l'atmosphère de gaz qui empêchent une partie de cette chaleur d'être dissipée vers l'espace (qui sont principalement la vapeur d'eau, le dioxyde de carbone et le méthane). Cet effet est actuellement accentué par les activités humaines et provoque le réchauffement climatique.

Énergie finale : Énergie directement utilisable livrée au consommateur (produits pétroliers tels que essence ou fioul, électricité, gaz naturel purifié, charbon purifié, énergie mécanique), par opposition à l'énergie primaire qui est la somme des prélèvements dans l'environnement. Entre énergie primaire et finale, on trouve les pertes du système énergétique liées à la conversion, au raffinage ou à la distribution.

Énergie fossile : Énergie dégagée par un combustible issu de la décomposition, pendant des millions d'années, de matière organique (pétrole, charbon, gaz naturel). En pratique, le pétrole, le charbon et le gaz naturel.

Énergie intermittente : Énergie dont la production ne peut pas être régulière, comme celle du vent ou du soleil.

Énergie primaire : voir Énergie finale.

Énergie renouvelable : Énergie qui est renouvelée grâce à des phénomènes naturels (rayonnement solaire, mouvement de l'eau, souffle du vent, production végétale...) et qui ne s'épuise pas à cause de son usage. Il s'agit d'énergies non (ou peu) polluantes mais dont la disponibilité peut néamoins être localement ou temporairement limitée.

Éolien : Activité liée à la production d'énergie par des dispositifs actionnés par la force du vent (nom) ; relatif au vent (adjectif).

Facteur 4 : Facteur par lequel il faudrait diviser les émissions de gaz à effet de serre de chaque Français pour parvenir à stabiliser la quantité de Co_2 dans l'air.

Fardeau global de la maladie : Indicateur exprimé en années de vie ; il tient compte du nombre d'années de vie perdues du fait d'une mortalité prématurée et du nombre d'années où les individus sont privés d'une vie normale, du fait de la sévérité des troubles subis.

Forêt primaire : Forêt n'ayant subi aucune intervention humaine depuis la fin de la dernière glaciation, il y a 10 000 ans.

Fusion nucléaire : Réaction atomique consistant en la réunion des noyaux de deux atomes pour n'en former plus qu'un et dégageant une énergie considérable. Mécanisme dont les étoiles, comme le Soleil, tirent leur énergie. Par opposition à la fission nucléaire (fracture d'un noyau lourd en deux noyaux plus légers) aujourd'hui utilisée pour la production d'énergie.

Génomique : Science qui a pour objet l'étude de l'ensemble des gènes (génome) d'un organisme vivant. Elle travaille au séquençage des chromosomes (détermination de l'enchaînement des composants des gènes) et à l'étude des fonctions associées aux différents gènes.

Géothermie : Procédé permettant de capter la chaleur emmagasinée dans le sol pour l'exploiter directement sous forme de chauffage ou la transformer en énergie électrique.

Halieutique : Relatif à la pêche en milieu marin ou lacustre (adjectif) ; science étudiant tous les aspects de l'exploitation des ressources en poissons (nom).

Haute qualité environnementale (HQE) : Label concernant les opérations de construction et de rénovation de bâtiments et visant à intégrer des objectifs environnementaux dans leur conception, leur gestion afin d'assurer la préservation de l'environnement, de la santé et de la qualité de vie.

Hors-sol : Mode de culture ou d'élevage où les végétaux ou les animaux se développent sans contact avec le sol ; la croissance s'opère alors dans un milieu inerte, généralement minéral, avec des apports extérieurs.

Hydrolien : Procédé de production d'énergie basé sur des dispositifs utilisant la circulation des courants marins et la houle (mouvement des vagues).

Lacustre : Relatif aux lacs.

Lit majeur : Espace, appelé aussi « champ d'inondation », pouvant être submergé par les eaux d'un cours d'eau lors de ses crues les plus fortes. Le lit mineur est celui délimité par les berges du cours d'eau, le lit moyen celui concerné par les inondations les plus fréquentes.

Microélectricité : Électricité produite par des installations hydroélectriques de petite échelle et destinée à un particulier ou à un collectif réduit.

Nature ordinaire : Ensemble des éléments naturels (espèces, milieux, paysages…) communs, ne présentant pas de risque d'extinction immédiat.

Organisme génétiquement modifié (OGM) : Organisme vivant dont le patrimoine génétique (ensemble de ses gènes) a été modifié par des techniques de génie génétique en y insérant un ou plusieurs gènes de la même espèce ou provenant d'une espèce différente.

Paléoclimatologie : Étude des climats qui se sont développés au cours des temps géologiques.

Pandémie : Épidémie, propagation d'une maladie infectieuse qui s'étend à l'échelle d'un continent, voire de la planète entière.

Périurbanisation : Extension des villes à l'espace naturel ou rural qui les entoure.

Photovoltaïque : Procédé permettant de convertir l'énergie lumineuse en énergie électrique (nom) ; relatif à cette transformation (adjectif).

Phytosanitaire : Relatif aux soins chimiques apportés aux plantes et à leur protection contre les maladies et les parasites (adjectif) ; produit ou substance chimique (pesticides, fongicides, insecticides...) utilisé à cet effet (nom).

Point chaud : Région terrestre dont la richesse en espèces endémiques (c'est-à-dire localisées exclusivement dans cette région du monde) est exceptionnelle et fortement menacée. Il s'agit souvent d'îles.

Pollinisation : Transport du pollen depuis l'organe mâle (étamine) d'une fleur vers l'organe femelle (pistil) d'une autre fleur, plus rarement de la même fleur. Transport effectué par le vent, les insectes ou l'eau en fonction des espèces de fleurs et qui permet la production de plantes et de fruits.

Pollueur-payeur (Principe de) : Principe général de droit de l'environnement selon lequel l'émetteur d'une pollution est celui qui doit supporter les dépenses occasionnées par cette pollution pour sa prévention, sa réduction ou pour lutter contre celle-ci.

Principe de précaution : Principe invoqué lorsqu'un phénomène, un procédé ou un produit représente un danger possible pour la santé ou la protection de l'environnement et dont les données scientifiques existantes ne permettent pas d'évaluer plus précisément le risque encouru.

Réchauffement climatique : Augmentation de la température moyenne terrestre. Ce terme est le plus souvent employé pour désigner la conséquence des émissions de gaz à effet de serre par l'homme. Le réchauffement provoque un changement climatique qui se traduit notamment par l'accentuation des phénomènes extrêmes (tempêtes, cyclones, canicules, sécheresses, inondations...), la fonte des glaces, l'assèchement des fleuves, la migration des espèces, le réchauffement et la hausse du niveau des océans.

Rectification de cours d'eau : Aménagement d'un cours d'eau consistant à recouper un ou plusieurs méandres, c'est-à-dire à en supprimer les boucles, afin d'obtenir un tracé plus rectiligne.

Reprotoxique : Ayant un effet nocif sur la reproduction, notamment la fertilité, ou sur le développement embryonnaire.

Solaire à concentration : Procédé de production d'électricité consistant à utiliser la chaleur engendrée par le rayonnement solaire (par la production de vapeur d'eau actionnant une turbine).

Systémique : Se dit d'une approche qui consiste à étudier les éléments d'un ensemble non pas isolément les uns des autres mais globalement, afin de prendre en compte les relations qui les lient.

Tonne équivalent pétrole (TEP) : Unité de mesure utilisée pour les combustibles qui correspond à la masse qu'il faudrait brûler pour obtenir la même quantité d'énergie que dégagerait la combustion d'une tonne de pétrole (1 TEP correspond donc à 42 milliards de joules, soit 11 630 kWh).

Traçabilité : Procédure permettant de connaître l'origine et le parcours d'un produit et de ses composants tout au long de sa chaîne de production et de distribution, jusqu'au consommateur ou utilisateur final.

Transgenèse : Procédé consistant à introduire artificiellement un gène nouveau dans le patrimoine génétique d'un être vivant. Le gène introduit peut provenir de la même espèce ou d'une espèce différente.

Sigles

ADEME : Agence de l'environnement et de maîtrise de l'énergie

AFPA : Association pour la formation professionnelle des adultes

ANR : Agence nationale de la recherche

APD : Aide publique pour le développement

CEE : Communauté économique européenne

CFDD : Commission française du développement durable

CHSCT : Comité d'hygiène, de sécurité et des conditions de travail

CIADT : Comité interministériel d'aménagement et de développement du territoire

CLE : Commission locale de l'eau

CLI : Commission locale d'information

CLIS : Comité local d'information et de suivi

CNDD : Conseil national du développement durable

CNDP : Commission nationale de débat public

CNFPT : Centre national de la fonction publique territoriale

CNRS : Centre national de la recherche scientifique

CPDP : Commission particulière de débat public

DATAR : Délégation à l'aménagement du territoire et à l'action régionale

DIACT : Délégation interministérielle à l'aménagement et à la compétitivité des territoires

DIREN : Direction régionale de l'environnement

DRIRE : Direction régionale de l'industrie, de la recherche et de l'environnement

DPU : Droit à paiement unique

ENS : Espace naturel sensible

FEOGA : Fonds européen d'orientation et de garantie agricole

FMI : Fonds monétaire international

GIEC : Groupe d'experts intergouvernemental sur l'évolution du climat (en anglais IPCC : Intergovernmental Panel on Climate Change)

HQE : Haute qualité environnementale

ICPE : Installation classée pour la protection de l'environnement

ICSU : Conseil international pour les sciences

IDH : Indice de développement humain

IFB : Institut français de la biodiversité

IFEN : Institut français de l'environnement

INRA : Institut national de la recherche agronomique

INSEE : Institut national de la statistique et des études économiques

INVS : Institut national de veille sanitaire

IUFM : Institut universitaire de formation des maîtres

LPO : Ligue de protection des oiseaux

MDP : Mécanisme pour un développement propre

MIES : Mission interministérielle de l'effet de serre

OCDE : Organisation de coopération et de développement économiques

OGM : Organisme génétiquement modifié

OMC : Organisation mondiale du commerce

OMM : Organisation météorologique mondiale

OMS : Organisation mondiale de la santé

ONCFS : Office national de la chasse et de la faune sauvage

ONG : Organisation non gouvernementale

PAC : Politique agricole commune

PADD : Projet d'aménagement et de développement durable

PIG : Projet d'intérêt général

PLU : Plan local d'urbanisme

PNSE : Plan national santé environnement

PNUE : Programme des Nations unies pour l'environnement

PPR : Plan de prévention des risques

REACH : Registration, Evaluation and Autorisation of Chemicals (enregistrement, évaluation et autorisation des produits chimiques).

SAGE : Schéma d'aménagement et de gestion des eaux

SCOT : Schéma de cohérence territoriale

SDAGE : Schéma directeur d'aménagement et de gestion des eaux

TDENS : Taxe départementale des espaces naturels sensibles

TGAP : Taxe générale sur les activités polluantes

TIPP : Taxe intérieure sur les produits pétroliers

Unesco : Organisation des Nations unies pour l'éducation, la science et la culture

ZAC : Zone d'aménagement concerté

ZAD : Zone d'aménagement différé

ZNIEFF : Zone naturelle d'intérêt écologique faunistique et floristique

Bibliographie

Ouvrages généraux

BESSET Jean-Paul, *Comment ne plus être progressiste... sans devenir réactionnaire*, Paris, Fayard, 2005.

BOURG Dominique, *Les Scénarios de l'écologie*, Paris, Hachette, 1996.

–, *Le Nouvel Âge de l'écologie*, Paris, Descartes & Cie/FPH, 2003.

–, SCHLEGEL Jean-Louis, *Parer au risque de demain*, Paris, Seuil, 2001.

BRODHAG Christian, *Rapport 2005 sur la mise en œuvre de la stratégie nationale de développement durable*, ministère de l'Écologie et du Développement durable, juin 2006.

BROWN Lester, *Éco-économie*, Paris, Seuil, 2003.

CAPRA Fritjof, *Les Connexions invisibles*, Paris/Monaco, Le Rocher, 2004.

COCHET Yves, SINAI Agnès, *Sauver la terre*, Paris, Fayard, 2003.

DE BARTILLAT Laurent, RATALLACK Simon, *Stop*, Paris, Seuil, 2003.

DELÉAGE Jean-Paul, *Histoire de l'écologie*, Paris, La Découverte, 1999.

DIAMOND Jared, *Effondrement. Comment les sociétés décident de leur disparition ou de leur survie*, Paris, Gallimard, 2006.

DUPUY Jean-Pierre, *Pour un catastrophisme éclairé*, Paris, Seuil, 2004.

HULOT Nicolas, COMITÉ DE VEILLE ÉCOLOGIQUE, *Combien de catastrophes avant d'agir*, Paris, Seuil, 2002.

–, *Le Syndrome du Titanic*, Paris, Calmann-Lévy, 2003.

–, RHABI Pierre, *Graines de possibles*, Paris, Calmann-Lévy, 2005.

JACQUARD Albert, *Voici le temps du monde fini*, Paris, Seuil, 1991.

LOVELOCK James, *La Terre est un être vivant*, Paris, Presses de la Cité, 1986.

MONGEAU Serge, *La Simplicité volontaire*, Montréal, Écosociété, 1998.

MORIN Edgar, *Terre-Patrie*, Paris, Seuil, 1993.

PELT Jean-Marie, SERALINI Gilles-Éric, *Après nous le déluge*, Paris, Stock, 2006.

PARTANT François, *La Ligne d'horizon*, Paris, La Découverte, 1988.

RAMADE François, *Éléments d'écologie : écologie appliquée*, Paris, Dunod, 2004.

ROBIN Jacques, *Changer d'ère*, Paris, Seuil, 1989.

TERRASSON François, *La Peur de la nature*, Paris, Sang de la terre, 1988.

–, *En finir avec la nature*, Paris/Monaco, Le Rocher, 2002.

REEVES Hubert, *Mal de terre*, Paris, Seuil, 2003.

SERRES Michel, *Le Contrat naturel*, Paris, Flammarion, 1992.

WORLDWATCH INSTITUTE, *État de la planète 2006*, Genève, L'État de la planète éditions, 2006.

WWF, *Planète attitude*, Paris, Seuil, 2004.

Société, institutionnel

BOURG Dominique, BOY Daniel, *Conférences de citoyens, mode d'emploi*, Paris, Éditions Charles Léopold Mayer/Descartes et Cie, 2005.

CASTORIADIS Cornelius, *Une société à la dérive*, Paris, Seuil, 2005.

CYRULNIK Boris, *Mémoire de singe et paroles d'homme*, Paris, Hachette, 1983.

COMMISSARIAT GÉNÉRAL DU PLAN, *Horizon 2020 : l'État face aux enjeux du développement durable*, 2005.

DE ROSNAY Joël, *L'Homme symbiotique*, Paris, Seuil, 1995.

DUFOUR Dany-Robert, *On achève bien les hommes*, Paris, Denoël, 2005.

DUPUY Jean-Pierre, « Quand les technologies convergeront », *Futuribles*, n° 300, septembre 2004.

ELLUL Jacques, *Le Système technicien*, Paris, Le Cherche Midi, 2004.

GODARD Olivier, *Le Principe de précaution dans la conduite des affaires humaines*, Paris, Éditions de la Maison des sciences de l'homme, 1997.

HABERMAS Jürgen, *L'Avenir de la nature humaine*, Paris, Gallimard, 2002.

ILLICH Ivan, *Œuvres complètes*, t. I et II, Paris, Fayard, 2004, 2006.

JONAS, Hans, *Le Principe de responsabilité*, Paris, Le Cerf, 1991.

LAVILLE Bettina, *La Machine ronde. La planète, le peuple et le politique*, Paris, Autrement, 2002.

LEPAGE Corinne, *On ne peut rien faire, madame le ministre. Chronique d'un État impuissant*, Paris, Albin Michel, 1998.

LIBAERT Thierry, *La Transparence en trompe-l'œil*, Paris, Éditions Charles Léopold Mayer/Descartes et Cie, 2003.

PICQ Pascal, *Les Origines de l'homme : l'odyssée de l'espèce*, Paris, Seuil, 2005.

RAHNENA Majid, *Quand la misère chasse la pauvreté*, Arles/Paris, Actes Sud/Fayard, 2003.

TAGUIEFF Pierre-André, *Résister au bougisme*, Paris, Mille et une nuits, 2002.

VIVERET Patrick, *Pourquoi ça ne va pas plus mal ?* Paris, Fayard, 2005.

VOYNET Dominique, *Voix off*, Paris, Stock, 2003.

Agriculture, alimentation, eau

AUBERT Claude, *Espérance de vie, la fin des illusions*, Mens, Terre vivante, 2006.

BERLAN Jean-Pierre, *La Guerre au vivant*, Marseille, Agone, 2001.

CAMDESSUS Michel, BADRÉ Bertrand, CHERET Ivan, TÉNIÈRE-BUCHOT Pierre-Frédéric, *Eau*, Paris, Robert Laffont, 2004.

DELÉAGE Édith, *Paysans, de la parcelle à la planète*, Paris, Syllepse, 2004.

DESBROSSES Philippe, *Le Pouvoir de changer le monde. L'intelligence verte*, Monaco, Alphée, 2006.

–, *Nous redeviendrons paysans*, Paris/Monaco, Le Rocher, 1993.

DUFUMIER Marc, *Un agronome dans son siècle. Actualité de René Dumont*, Paris, Karthala, 2004.

–, *Agricultures et paysanneries des tiers-mondes*, Paris, Karthala, 2004.

HULOT Nicolas, COMITÉ DE VEILLE ÉCOLOGIQUE, MATIGNON Karine Lou, *L'Impasse alimentaire ?*, Paris, Fayard, 2004.

KEMPF Hervé, *La Guerre secrète des OGM*, Paris, Seuil, 2003.

LE GOFF Lilian, *Manger bio, c'est pas du luxe*, Mens, Terre vivante, 2006.

PEARCE Fred, *Quand meurent les grands fleuves*, Paris, Calmann-Lévy, 2006.

PISANI Edgar, *Un vieil homme et la Terre*, Paris, Seuil, 2005.

POCHON André, *Les Champs du possible*, Paris, Syros, 1998.

REMESY Christian, *Que mangerons-nous demain ?*, Paris, Odile Jacob, 2005.

SERALINI Gilles-Éric, *Génétiquement incorrect*, Paris, Flammarion, 2003.

SHIVA Vandana, *La Guerre de l'eau*, Paris, Parangon l'Aventurine, 2003.

Économie

BEAUMAUIS Olivier, *Économie de l'environnement : méthodes et débats*, Paris, Commission générale du Plan/La Documentation française, 2002.

BONTEMS Philippe, ROTILLON Gilles, *Économie de l'environnement*, Paris, La Découverte, « Repères », 2003.

BOURG Dominique, « Développement durable. L'écologie industrielle », in *La Science au présent*, Paris, Encyclopaedia Universalis, 2006.

–, BUCLET Nicolas, « L'économie de fonctionnalité. Changer la consommation dans le sens du développement durable », *Futuribles*, n° 313, novembre 2005.

–, GRANDJEAN Alain, LIBAERT Thierry, *Environnement et entreprises. En finir avec les discours*, Paris, Village mondial, 2006.

DE BACKER Paul, *Les Indicateurs du développement durable, coûts, tableaux de bord, rentabilité,* Paris, Éditions d'organisation, 2005.

DE BRITO César, DESMARTIN Jean-Philippe, LUCAS-LECLIN Valéry, PERRIN François, *L'Investissement socialement responsable*, Paris, Economica, 2005.

ERKMAN Suren, *Vers une écologie industrielle. Comment mettre en pratique le développement durable dans une société hyperindustrielle*, Paris, Éditions Charles Léopold Mayer, 2004.

GADREY Jean, JANY-CATRICE Florence, *Les Nouveaux Indicateurs de richesse*, Paris, La Découverte, 2005.

GORZ André, *Misères du présent, richesse du possible*, Paris, Galilée, 1997.

HAWKEN Paul, *L'Écologie de marché ou l'économie quand tout le monde gagne, enquête et propositions*, Paris, Le Souffle d'or, 1995.

LATOUCHE Serge, *L'Invention de l'économie*, Paris, Albin Michel, 2005.

LÉVÊQUE François, *Économie de la réglementation*, Paris, La Découverte, « Repères », 2003.

PASSET René, *L'Économique et le Vivant*, Paris, Payot, 1979.

ROTILLON Gilles, *Économie des ressources naturelles*, Paris, La Découverte, « Repères », 2005.

SACHS Ignacy, *L'Écodéveloppement*, Paris, Syros, 1997.

VIVERET Patrick, *Reconsidérer la richesse*, La Tour d'Aigues, L'Aube, 2004.

Changement climatique et énergie

BAUQUIS Pierre-René et Emmanuelle, *Pétrole et gaz naturel, comprendre l'avenir*, Strasbourg, Hirle, 2005.

CHEVALIER Jean-Marie, *Les Grandes Batailles de l'énergie*, Paris, Gallimard, « Folio actuel », 2004.

COCHET Yves, *Pétrole apocalypse*, Paris, Fayard, 2005.

DESSUS Benjamin, GASSIN Hélène, *So watt ?*, La Tour d'Aigues, L'Aube, 2004.

FAUCHEUX Sylvie, HAÏTAM Joumni, *Économie et politique des changements climatiques*, Paris, La Découverte, « Repères », 2005.

GUESNERIE Roger, *Kyoto et l'économie de l'effet de serre*, rapport, CAE/La Documentation française, 2003.

GOODSTEIN David, *Panne sèche, la fin de l'ère du pétrole*, Paris, Buchet-Chastel, 2005.

JANCOVICI Jean-Marc, *L'Avenir climatique. Quel temps ferons-nous ?*, Paris, Seuil, 2002.

–, GRANDJEAN Alain, *Le Plein, s'il vous plaît*, Paris, Seuil, 2006.

JOUSSEAUM Sylvie, *Climats d'hier à demain*, Paris, CNRS Éditions, 1999.

LE TREUT Hervé, JANCOVICI Jean-Marc, *L'Effet de serre*, Paris, Flammarion, 2002.

NGO Christian, *L'Énergie*, Paris, Dunod, 2002.

RADANNE Pierre, *Énergies de ton siècle ! Des crises à la mutation*, Paris, Lignes de repères, 2005.

RIFKIN Jeremy, *L'Économie hydrogène*, Paris, La Découverte, 2002.

VON WEIZSÄCKER Ernst Ulrich, LOVINS Amory Bloch, LOVINS L. Hunter, *Facteur 4, deux fois plus de bien-être en consommant deux fois moins de ressources*, Mens, Terre vivante, 1997.

WINGERT Jean-Luc, *La Vie après le pétrole, de la pénurie aux énergies renouvelables*, Paris, Autrement, 2005.

Biodiversité

BARBAULT Robert, *Un éléphant dans un jeu de quilles*, Paris, Seuil, 2006.

–, CHEVASSU-AU-LOUIS Bernard, TEYSSÈDRE André, *Biodiversité et changement globaux : enjeux de société et défis pour la recherche*, Paris, ADPF, 2004.

GOULD, S. J., *Le Livre de la vie*, Paris, Seuil, 1993.

LÉVÊQUE Claude, *Écologie. De l'écosystème à la biosphère*, Paris, Dunod, 2001.

–, MOUNOLOU J. C., *Biodiversité*, Paris, Dunod, 2001.

LIGUE ROC POUR LA PRÉSERVATION DE LA FAUNE SAUVAGE ET LA DÉFENSE DES NON-CHASSEURS, *Pour la biodiversité*, Paris, A. Venir, 2005.

MUSÉUM NATIONAL D'HISTOIRE NATURELLE, *Actes de la conférence internationale Biodiversité, science et gouvernance*, Paris, 2005.

PELT Jean-Marie, *Nouveau tour du monde d'un écologiste*, Paris, Fayard, 2005.

UICN, *Liste rouge des espèces menacées*, 2006.

WILSON Edward O., *L'Avenir de la vie*, Paris, Seuil, 2003.

Santé et risques

AFSSET, *Santé et environnement. Enjeux et clés de lecture*, Paris, 2005.

BECK Ulrich, *La Société du risque*, Paris, Aubier, 2001.

BELPOMME Dominique, *Ces maladies créées par l'homme*, Paris, Albin Michel, 2003.

–, *Guérir du cancer ou s'en protéger*, Paris, Fayard, 2005.

COMITÉ DE LA PRÉVENTION ET DE LA PRÉCAUTION, *Risques sanitaires liés à l'utilisation des produits phytosanitaires*, 2002.

GERIN M., GOSSELIN P., CORDIER S., VIAU C., QUÉNEL P., DEWAILLY E., *Environnement et santé publique. Fondements et pratiques*, Québec, TEC & DOC, Edisem inc., 2003.

GODARD Olivier, HENRY Claude, LAGADEC Patrick, MICHEL-KERJAN Erwan, *Traité des nouveaux risques*, Paris, Gallimard, 2002.

MOMAS *et al.*, *Plan national santé environnement*, AFSSET, 2004.

Éducation à l'environnement

SAUVÉ Lucie, *Pour une éducation relative à l'environnement. Éléments de design pédagogique. Guide de développement professionnel à l'intention des éducateurs*, Montréal, Guérin-Eska, 2e éd., 1997.

–, ORELLANA Isabel, QUALMAN Sarah, DUBÉ Sonia, *L'Éducation relative à l'environnement. École et communauté*, Montréal, Hurtubise HMH, 2002.

ZIAKA Yolanda, *Éducation à l'environnement*, Paris, Éditions Charles Leopold Mayer, 2004.

Table

LETTRE OUVERTE
AU FUTUR PRÉSIDENT DE LA RÉPUBLIQUE
11

DIX OBJECTIFS
POUR UN CHANGEMENT DE CAP

1. Économie : vers une logique de durabilité 67
2. Énergie : organiser la baisse de la consommation..... 79
3. Agriculture : produire autrement 94
4. Territoire : contenir l'extension périurbaine et relocaliser les activités humaines 106
5. Transports : sortir du tout routier............................ 116
6. Fiscalité : établir le véritable prix des services rendus par la nature.............................. 127
7. Biodiversité : faire entrer la nature dans l'aménagement du territoire............................ 145
8. Santé : prévenir avant de guérir................................ 160
9. Recherche et innovation : sortir l'écologie scientifique de l'isolement 174
10. Politique internationale : prendre l'initiative............ 184

CINQ PROPOSITIONS CONCRÈTES POUR CHANGER

1. Mettre l'environnement au cœur de l'État avec un vice-Premier ministre chargé du développement durable 199

2. Instaurer une taxe carbone en croissance régulière jusqu'à la réduction par quatre des émissions de gaz carbonique 209

3. Offrir un marché à l'agriculture de qualité en réorientant progressivement les subventions agricoles vers une restauration collective à base de produits certifiés et de proximité et en négociant une réforme de la PAC qui aille dans ce sens 227

4. Soumettre systématiquement les orientations du développement durable au débat public 236

5. Promouvoir une grande politique nationale d'éducation et de sensibilisation à l'écologie et au développement durable 246

Glossaire 261

Sigles 269

Bibliographie 273

PHOTOCOMPOSITION NORD COMPO – IMPRESSION BRODARD ET TAUPIN –
N° D'ÉDITEUR 14187/02 N° D'IMPRIMEUR : 38404 – DÉPÔT LÉGAL : NOVEMBRE 2006
Imprimé en France

FONDATION NICOLAS HULOT POUR LA NATURE ET L'HOMME

www.pacte-ecologique-2007.org

ENSEMBLE, ADRESSONS UN SIGNAL FORT AUX CANDIDATS

« Nous risquons de laisser à nos enfants un terrible héritage, une dette écologique dont nous subissons déjà les premières conséquences sociales et économiques. L'avenir de l'humanité est aujourd'hui en jeu.

À l'heure où la France s'apprête à exercer un choix politique majeur en désignant un nouveau président de la République, j'invite, avec le soutien des experts du Comité de Veille Écologique de la Fondation, l'ensemble des candidats à faire de l'impératif écologique la priorité nationale.

Il est en effet urgent d'engager une vaste mutation de nos sociétés pour réduire une menace qui accélère et amplifie toutes les autres crises.

Je propose que cette mobilisation s'organise autour d'un Pacte écologique, un nouveau contrat pour une nouvelle donne. »

Nicolas Hulot

Président de la Fondation Nicolas Hulot pour la Nature et l'Homme

---

Le Pacte écologique est également disponible sur Internet et peut être signé en ligne.

LE PACTE ÉCOLOGIQUE

Je soutiens le Pacte pour que les enjeux écologiques et climatiques soient au cœur des programmes de tous les candidats à la présidence de la République de 2007.

Je demande aux candidats de :

- considérer que l'enjeu écologique est une priorité commune qui dépasse les clivages entre partis politiques ; et faire de la France un pays exemplaire en matière de développement durable ;
- faire de la lutte contre le changement climatique et de la préservation de la biodiversité les déterminants majeurs de l'action publique ;
- mettre en place les outils économiques, juridiques, technologiques et éducatifs pour adapter ou réduire notre consommation en fonction des exigences écologiques et sociales actuelles et futures ;
- engager immédiatement une révision fondamentale des politiques de l'énergie, du transport et de l'agriculture ;
- se prononcer sur les 10 objectifs et les 5 propositions concrètes pour un changement de cap présentés dans ce livre ou en résumé sur le site **www.pacte-ecologique-2007.org.**

www.pacte-ecologique-2007.org

Fondation Nicolas Hulot - 6 rue de l'Est - 92100 Boulogne-Billancourt

Nom :

Prénom :

Adresse :

Code postal :

Ville :

Email :

☐ Je souhaite recevoir des informations de la Fondation Nicolas Hulot.

Le destinataire des données est la Fondation Nicolas Hulot. Conformément à la loi " informatique et libertés du 6 janvier 1978 modifiée, vous bénéficiez d'un droit d'accès et de rectification aux informations qui vous concernent. Si vous souhaitez exercer ce droit et obtenir communication des informations vous concernant, veuillez vous adresser à : Pacte écologique, Fondation Nicolas Hulot pour la Nature et l'Homme, 6 rue de l'Est, 92100 Boulogne-Billancourt.

SIGNATURE :

Signer le Pacte écologique, c'est placer l'écologie au cœur du débat et des programmes politiques.

D'avance merci pour votre soutien.

Nicolas Hulot

FONDATION RECONNUE D'UTILITÉ PUBLIQUE DÉDIÉE À L'ÉDUCATION À L'ENVIRONNEMENT